日本社会の人種主義・ヘイトを超えて

増補改訂版

裁判の中の在日コリアン

在日コリアン弁護士協会

編著 LAZAK

現代人文社

はしがき

本書は、二〇〇八年に刊行された初版を大幅に増補改訂するものです。

本書の目的は、在日コリアンを当事者とした裁判や事件を題材にして、在日コリアンと呼ばれる民族的マイノリティ（少数者）が戦後の日本社会をどのように生きてきたかを、読者の皆さんに知ってもらうことにあります。本書の特徴は、このような裁判や事件について、在日コリアン弁護士や事件に携わってきた弁護士が当事者の視点から執筆をしている点にあります。これら本書の目的や特徴は初版当時と変わりません。

初版が刊行されて以来一四年近く経ちましたが、この間、日本における在日コリアンをとりまく環境は大きく変化しました。

在日コリアンの排斥を訴える右派団体が活発に活動を始め、団体構成員が京都朝鮮第一初級学校を襲撃するヘイトクライム事件が起こったのは二〇〇九年一二月のことです。以後、韓国との国交断絶や在日コリアンの排斥を訴える過激なデモ・街頭宣伝が、全国各地で毎週のように行われるようになりました。在日コリアンを差別し排斥する言動が「ヘイトスピーチ」と呼ばれるようになり、インターネットには在日コリアンに対するヘイトスピーチが氾濫しています。書店には嫌韓本が平積みで並べられるようになりました。二〇一三年には「ヘイトスピーチ」が「流行語」大賞にノミネートされました。このような時代状況を反映して、二〇一六年にはいわゆるヘイトスピーチ解消法が成立・施行されました。

私たち在日コリアン弁護士も標的にされました。二〇一七年から二〇一八年にかけて差別を煽動するブログに煽られた人たち約一〇〇〇名が、全国の在日コリアン弁護士に対して、各自が所属する弁護士会に懲戒を求める請求を行いました。「大量懲戒請求事件」と呼ばれる事件です。

このように、日本において在日コリアンをとりまく人権状況は、本書初版の刊行当時には想像することができないほど悪化しています。

なぜ、在日コリアンをとりまく人権状況はこれほどまでに悪化してしまったのでしょうか。そもそも、日本社会の中でヘイトスピーチやヘイトクライムの標的とされている「在日コリアン」とは、どのような人々なのでしょうか。このような問題を正しく理解するために、本書のような書籍の意義はますます高まっていると感じます。

本書では、第一章で、「在日コリアン」とはどのような人々であるのかを知ってもらうため、在日コリアンの「生い立ち」、在日コリアン形成の歴史について説明しています。第二章以降では、戦後から現在にかけて、裁判を通じて不合理な差別と闘ってきた在日コリアンについて取り上げています。とくに今回の増補改訂では、第八章「ヘイトスピーチ・ヘイトクライムとの闘い」を新設して、近時の課題であるヘイトスピーチ・ヘイトクライムと闘う在日コリアンの裁判を取り上げました。在日コリアンの日本での定住が進み、一世、二世から三世、四世へと世代が変わっていくにつれて、在日コリアンが置かれている社会状況や在日コリアンの意識も変わってきています。読者のみなさんには、そのような変化についても感じ取っていただければと思います。その他、初版以降進展のあった事件について加筆を行うなど、全般にわたって改訂を行っています。

さらに今回の増補改訂では、コラムも充実させました。元「徴用工」や元「慰安婦」に関する韓国の最高裁判決を契機としてイシューとなった「日韓請求権協定」や、在日コリアンのアイデンティティに関わる名前（本名と通称名）と国籍（帰化）の問題についての記載を充実させました。

本書は、多くの読者に読んでいただけるよう、できる限り平易な文章で執筆することに努めました。とくに、次世代を担う中高生・大学生に広く読んでいただければ幸いです。

日本社会における多数者（マジョリティ）の声は、選挙を通じて国会・内閣によってくみ取られます（間接民主制、議院内閣制）。裁判は、多数者から漏れた少数者（マイノリティ）が救いを求めることができる唯一の手段です。裁判が、「社会を映す鏡」と言われるゆえんです。

本書を通じて、「社会を映す鏡」として、裁判の中の在日コリアンが戦後の日本社会をどのように生きてきたか、そして今どのような状況に置かれているのかについて考えていただくきっかけになれば幸いです。

ちょうど増補改訂の作業を行っていた二〇二一年は、東京オリンピック・パラリンピックが開催された年でした。新国立競技場の開会式では、全世界に向けて、オリンピック・パラリンピックの理念である「多様性と調和」が高らかに謳われました。ここでいう「多様性と調和」とは、どういうことなのでしょうか。

在日コリアンは、朝鮮半島が日本の植民地であった歴史から、約一〇〇年もの間、何世代にもわたって日本社会で生活してきた存在です。在日コリアンが、生まれ育った日本社会の中で、自らのルーツ（出自）を否定されず、尊厳をもって生活していくことが保障されてはじめて、日本社会の「多様性と調和」が実現されるのではないでしょうか。

オリンピック・パラリンピックの理念である「多様性と調和」が、開催期間中の、一時的な看板だけに終わらないことを切に願います。

最後に、初版に続き、増補改訂版についても出版を引き受けいただき、ご尽力いただいた現代人文社、多数の執筆者を抱えるなか、編集責任者として一手に編集作業を管理いただいた金奉植弁護士（大阪弁護士会）、自らの執筆のみならず全原稿について貴重なコメントをいただいた殷勇基弁護士（東京弁護士会）および林範夫弁護士（大阪弁護士会）に、心より感謝申し上げます。

二〇二二年一月

在日コリアン弁護士協会（LAZAK）代表　韓　雅　之

[目次]

第3章◉解決されない戦後

コラム

第1章

在日コリアンの「生い立ち」

在日コリアン形成の歴史

在日コリアン(一)が登場する数々の判決は、日本社会が抱える根強い民族差別と偏見という病を映し出す鏡のようなものです。一九世紀後半の明治維新後、日本は脱亜入欧、富国強兵をめざしますが、日本以外のアジア諸国については、進歩がなく停滞した国々であり、アジア民族は劣等民族であるなどの根強い差別意識を抱き、二〇世紀にかけて朝鮮半島の植民地化やアジア侵略を正当化し実行してきました。その後、日本がアジアとの関係で形成してきた歴史も現代の諸問題も、根本的原因はこのような日本社会の抱える民族差別と偏見、それを克服できない自浄能力のなさにあります。第二章以下で個々の判決や課題を検討する前に、第一章では判決の時代背景を見ていくことにします。このような作業なしには、判決の真の意味や、戦後八〇年近くも経過したにもかかわらずなぜ課題が解決されずに残っているのかを理解できないと思われるからです。

まず、在日コリアン、すなわち日本に生活の本拠をおいて継続的に居住するコリアンが、歴史的にどのように形成されてきたかを振り返ってみましょう。その際、時期を区切るほうが理解しやすいと思われますので、「一五年戦争(二)」を在日コリアン形成の歴史を区切る基準にします。

一五年戦争前

一八世紀後半、イギリスに興った産業革命による工業化の波は、商品・資本・人口の国際移動を伴いながら、一九世紀に入ると、フランス・ベルギー・ドイツなどの欧州各国にとどまらず、大西洋を越えてアメリカに及び、一九世紀後半にはロシアやアジア圏の日本にまで達しました。それらの列強と呼ばれた資本主義大国は、競って植民地を求めました。天然資源、安い労働力、製品を購入してくれる市場を植民地が提供してくれることを目論んだのです。そして当時、資本主義列強の中では最も後発であった日本は、まず、歴史的にも地理的にも近い関係にあった朝鮮半島、次に中国大陸に目を向けました。

日本の朝鮮半島に対する進出と支配は一九世紀後半まで遡りますが、日本が韓国(三)を併合し植民地化した一九一〇年当時、日本には留学生を中心として約八〇〇人のコリアンが生活していました。

併合後、日本は朝鮮総督府をおいて朝鮮半島を支配し、朝鮮総督府は一九一一年から一八年までの間、植

一　この章では、朝鮮、朝鮮人、韓国、韓国人、コリアンなどの用語が使用されており、読者に混乱を与えるかもしれない。日本では、一九六五年の日韓協定締結前は、朝鮮半島、朝鮮人という用語を一般的に使用してきたので、その慣行にならっている。ただし、植民地化に利用された併合条約の対象国は韓国であったし、分断国家となっている韓国人および朝鮮人を総称する適切な言葉は見当たらないので、ここでは適宜「コリアン」と表記した。

二　一九三一年の満州事変、三七年の日中戦争、四一年の太平洋戦争、四五年の終戦までの一連の戦争を、個々に区切らずに一五年戦争と呼んでいる。

三　李朝が一八九七年に定めた国号「大韓」の通称であり、現在の大韓民国の通称「韓国」とは異なる。

大阪筑港に上陸する朝鮮人

1923 年に済州島⇔大阪間の定期航路が開設された。船名は「君が代丸」(『朝鮮の人口現象』朝鮮総督府、1927 年)
(在日韓人歴史資料館提供)

民地化した朝鮮半島の土地調査事業を行いました。日本国内において明治政府の行った地租改正[四]と同様のものですが、その目的は、日本の朝鮮統治および中国等への侵略のための財源を確保することでした。これにより、土地の権利関係が近代化されるのですが、その過程で多くの朝鮮人は土地を奪われ、流民化します。一方、その土地は、日本からやって来た植民に安く払い下げられました。また、一九一八年に日本各地で起こった米騒動[五]にみられる米不足を補うため、一九二〇年に朝鮮総督府が開始した産米増殖計画により、朝鮮農民は、今度は米を奪われ、ますます貧窮化し、土地を失うようになりました。このようにして土地を奪われた朝鮮人は、中国の東北地方や日本に生活の糧を求めて移住するようになりました。その結果、一九二〇年には約

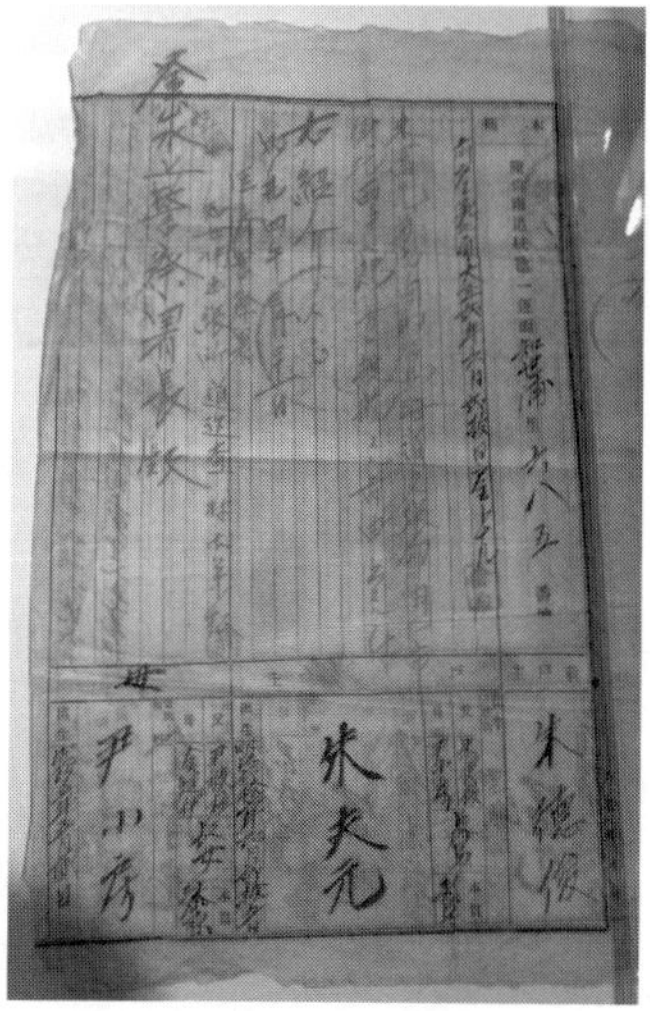

渡航証明書
（慶尚南道（キョンサンナムド）巨済（コジェ）郡出身者が日本へ渡るときに発行〔1929年3月30日〕された渡航証明書）
（在日韓人歴史資料館提供）

三万人、三〇年には約三〇万人と在日コリアンが急増しました。

要するに、朝鮮半島で日本人により土地を奪われた人々をはじめ、植民地支配によって窮乏化したコリアンたちが日本に渡って来たのです。その結果、「在日コリアン」が誕生したのです。

一五年戦争中

日本は、一九三一年に満州事変（一五年戦争の第一段階）を引き起こし対中侵略戦争へ突入していきますが、一九三七年には日中戦争（一五年戦争の第二段階）へと対中侵略戦争を本格化し、一九四一年一二月の真珠湾攻撃により太平洋戦争（一五年戦争の第三段階）を開始し、戦

四　明治政府による土地・租税制度の改革。土地の私的所有を認め、地価の三%を金納としたが、江戸時代の年貢収入額を維持する高額地租であり、軽減を要求して各地に農民一揆が起こった。

五　高騰した米価の引下げを求めて大衆が米屋や富豪などを襲撃した事件で、これにより寺内内閣が倒れた。

強制連行

北海道・尺別炭坑に連行された炭坑夫たち（韓国・国立日帝強制動員歴史館所蔵・提供）

線を拡大化していきます。

このような戦線拡大につれて、日本は朝鮮半島を対中侵略戦争の兵站基地化しようとします[六]。そのため、朝鮮半島における植民地収奪を深めていきます。一方、日本国内では戦線拡大に伴い、重筋肉労働力である成年男子が不足するようになりました。そこで、重筋肉労働力の不足を補うため、朝鮮半島で生活している成年男子を強制的に日本に連行する「強制連行」が開始されたのです。

一九三九年に「国民徴用令」が出され、労働力を組織的に集める計画が立てられましたが、その労働力の一部として朝鮮人労働者を重要産業へ連行することが決定されたのです。一九三九年から四一年までは、朝鮮人労働者を必要とする各事業所が直接募集を行っていましたが（募集方式）、四二年以降、戦争の激化、労働力の不足が深刻化するにつれて、国家権力が一元的に労働者の募集に乗り出しました（官斡旋方式）。そして、四四年には国民徴用令が朝鮮人にも適用され、徴用が始まりました（徴用方式）。これにより、わずか六年の間に七二万もの朝鮮人青壮年が日本に連行されたのです。そして、炭鉱に三四万人、土木工事に一一万人、鉱山に七万人など奴隷のように酷使され、六万人にも及ぶ死者と無数の逃亡者を出しました。なお、強制連行の方式をこのように区分することはできますが、いずれも本人の意思を無視した強権的な連行であったといわれています。

朝鮮人労働者の強制連行以外にも、朝鮮人青壮年が軍人・軍属として駆り出されました。一九四〇年の陸軍特別志願兵令、四三年の海軍特別志願兵令により強要されて、すでに約一万人の朝鮮人兵が誕生していましたが、四四年には徴兵令が適用されるようになり、その結果、陸軍軍人一八万七〇〇〇人、海軍軍人二万二〇〇〇人の朝鮮人兵士がつくり出されました。また、一四万人以上の軍属(七)が主に南方に送られ、飛行場建設などの工事に従事させられました。このほか、朝鮮人女性が「慰安婦」として前線に多数動員されており、広島と長崎で被爆した朝鮮人も一万人以上に達しています。

このようにして在日コリアンは、一九四〇年には約一二〇万人、四一年には約一四七万人、四二年には約一六三万人、四三年には約一八九万人、四四年には約一九四万人、四五年には約二一〇万人と激増しました。

六　戦場の後方にあって前線への補給を担当する機関。
七　軍人でなくて、軍に所属する者。陸海軍文官や技師などの総称。

流民化して日本に渡り居住していた「在日コリアン」に、強制連行などにより日本に連れて来られたコリアンが加わって、新たな「在日コリアン」が形成されたのです。

一五年戦争後

一九四五年八月一五日の日本の敗戦は、コリアンたちにとっては、祖国の独立、解放を意味しました。在日コリアンのうち、強制連行されて日本にやって来た者たちのなかには、故郷に妻子や土地などの財産を残してきた者も多く、このような人々の大半は一斉に帰国を始め、四六年三月までの約八カ月間に約一四〇万人が帰国したといわれています。しかしながら、朝鮮半島における不安定な政治状況、日本から持ち出す財産の制限などの理由で、約六五万人の在日コリアンが日本で引き続き生活をするようになり、次第に日本社会に定着するようになりました。この人々とその子孫が現在の在日コリアンを構成しているのです。

（裵薫）

在日コリアンの法的地位の変遷

植民地時代（一九一〇〜四五年）

一九一〇年の韓国併合により、在日コリアンは日本国籍を強制的に付与されました。韓国併合条約が国際法上、有効であったか否かは、いまだに両国の国際法学者間に争いがありますが、日本軍が銃剣をもって強制的にコリアンの意思に反して併合条約を締結したことは間違いありません。併合条約の意図はコリアンを日本政府の統治の対象にすることであり、それは戸籍制度において、コリアンが日本国民を対象とする「内地戸籍」とは異なる「朝鮮戸籍」により管理されていたことに象徴的に現れています。

日本政府の朝鮮政策の特徴の一つに「同化教育」があります。朝鮮半島では、一九一一年に朝鮮教育令が制定され、朝鮮人を天皇の臣民とすることをめざし、日本語による教育を強制しました。同化教育政策は、その後の一九三八年の朝鮮教育令の改正により「皇国臣民化教育」政策へと推進され、いわゆる文化的ジェノサイド（一）（民族抹殺）と評される歴史的にも稀有な植民地政策が行われます。このような同化政策の目的は、

一　人種・民族・宗教などの異なる集団を迫害し、殺害する行為。

関東大震災時の朝鮮人虐殺

赤羽付近での自警団による撲殺（姜徳相氏所蔵、在日韓人歴史資料館提供）

植民地支配を正当化し、三・一独立運動[三]などの数々の独立闘争などによって抵抗する朝鮮人を日本人化することにより、植民地支配を容易にすることにありました。朝鮮半島においてすらこのような状態ですから、日本に居住するコリアンに対しても民族教育の保障は皆無でした。七〇年前のこのような日本政府の対コリアン同化政策は、基本的には現在も変わっていません。

在日コリアンのおかれた状況を示す象徴的な事件が起きました。一九二三年九月一日に発生したマグニチュード七・九の関東大震災です。その当時、日本に居住する在日コリアンの人口は約八万人、そのうち東京に一万二〜三〇〇〇人、神奈川に約三〇〇〇人が居住していたといわれています。このとき、日本の軍隊や警察のみならず、自警団を中心とした一般民衆までもが六〇〇〇人以上の朝鮮人を虐殺しました。朝鮮人が井戸に毒を入れたとか、暴動を起こしたなどのデマを信じた日本人により、朝鮮人であるというただそのことだけを理由に虐殺されたのです。関東に住む朝鮮人の約半数に匹敵する朝鮮人が虐殺されるという、おぞましいジェノサイド（民族抹殺）が、たった八〇年前に発生したのです。

実生活の面でも、在日コリアンは劣悪な状態におかれていました。一九二七年の東京府社会課の調査報告は、在日コリアンの労働条件の特徴として、日本人と比べて、①賃金が安いこと、②労働時間が長いこと、③いわゆる３Ｋ労働（危険、きたない、きつい）の三点を挙げています。在日コリアンの一世に多い「くず屋」「よせ屋」（三）「土方」といった職業を思い起こしてもらえば、容易に想像することができます。現在、合法・不法を問わず、日本で就労しているニューカマーの人々のおかれた状態は、在日コリアン一世の境遇と通じるものがあります。また、在日コリアン一世の労働現場では、朝鮮人の命が虫けら同然に軽々しく扱われることが少なくなく、ダム建設の人柱として朝鮮人労働者が生き埋めにされたり、困難な鉄道建設工事では「枕木一本に朝鮮人一人の命」（四）という言葉まで生まれました。

一九二五年、日本にも普通選挙制度が導入され、二五歳以上の在日コリアン男性にも選挙権・被選挙権が与えられ、在日コリアンの市町村の議員が多数誕生し、衆議院議員にも当選するに至りました。このほかにも、公務就任権・義務教育を受ける権利が付与されていましたが、いずれも同化を促進するために認められ

二　一九一九年三月一日、朝鮮で起こった汎民族独立運動。
三　古紙・鉄くずなどの廃品を買い取る業者。
四　枕木一本を敷くのに一人のコリアンが亡くなったといわれるほど多くの犠牲者が出た。

解放１周年を祝う福井市内での記念パレード（文公輝氏所蔵、在日韓人歴史資料館提供）

利用されたにすぎず、真の意味で在日コリアンの人権を保障するものではありませんでした。

戦後（一九四五〜五二年）

一九四五年八月、日本の無条件降伏による太平洋戦争（一五年戦争の第三段階）の終結により、一九一〇年から三五年間に及ぶ植民地支配が終わるはずでした。前述のとおり、終戦後八カ月の間に、当時日本に居住していた約二一〇万人のうち、約一四〇万人の在日コリアンが帰国しますが、諸般の事情により、約六五万人のコリアンが日本での生活を余儀なくされました。一九五二年のサンフランシスコ講和条約[五]（以下、「講和条約」）の発効までは日本国民であったにもかかわらず、日本政府は、コリアンに対する処遇を矢継ぎ早に変更していきます。

日本政府の在日コリアンに対する施策を背後で支えたのは、ＧＨＱ（連合国総司令部）でした。太平洋戦争の終結した一九四五年八月一五日から戦争状態が法的に終了する一九五二年四月二八日の講和条約の発効までの約七年間、日本は連合軍の占領下におかれていました。その結果、在日コリアンもGHQの支配を受けるようになりましたが、GHQは在日コリアンを「特殊地位国に属する者」と規定しました。すなわち、解放人民であって日本人に含まれないとしながらも、日本国民であったという理由から敵国民として処遇する方針をとったのです。

まず、四七年五月二日、外国人登録令（勅令第二〇七号）を公布・施行し、「朝鮮人は、この勅令の適用については、当分の間これを外国人とみなす」（一一条）と規定し、事実上、在日コリアンを外国人として扱い始めます。また、前述の参政権についても、四五年一二月の衆議院議員選挙法、四七年四月の参議院議員選挙法、同月の地方自治法、五〇年四月の公職選挙法の各附則において、朝鮮戸籍令の適用を受けていた在日コリアンに対し、「戸籍法の適用をうけないものの選挙権および被選挙権は当分の間停止する……」と規定することにより、参政権を剥奪しました。

四五年八月の終戦後、日本政府の同化教育・皇国臣民化政策により奪われた言語や歴史・文化を取り戻すため、在日コリアンたちは各地に民族学校を設立しました。その結果、四七年一〇月までに、帰国者の便宜を図り、在留者の生活の安定を目的に組織された在日朝鮮人連盟（六）の傘下に初等学校が五四一校、中等学校が

五　一五年戦争の終了、講和の条件を定めた条約。
六　戦後、各地に誕生した在日コリアンの自主的小組織の全国的規模の連合体。

七校、高等学校が八校、青年学校が二二校設立されました。また、韓国系の居留民団(七)の傘下にも、国民学校が五二校、中学校が二校設立されました。当初、日本政府は、在日コリアンの民族学校の存在を放任していましたが、東西冷戦の深化に伴い、在日朝鮮人連盟傘下の民族学校では共産主義教育を行っているとして、四八年一月、文部省は都道府県知事に宛てた学校教育局長通達により、在日コリアンの子どもたちに対し日本の義務教育を強制し、民族教育を否定することを明らかにしました。これに呼応して各府県は、朝鮮学校の改組・閉鎖を迫りました。これに対し在日コリアンは、各地で激しい抗議活動や交渉を展開しましたが、当局は大量の警察力を導入し、教室にいた子どもを実力でもって外に追い出すような暴挙も行われました。四月二四日、在日コリアンは、粘り強い交渉の結果、兵庫県から学校閉鎖令の撤回文書を勝ち取りましたが、その夜、ＧＨＱは非常事態宣言を出し、閉鎖命令撤回文書を無効として二〇〇〇人以上の在日コリアンを逮捕しました。また、四月二六日、大阪では、大手前公園に集まっていたコリアンの集会に武装警官が発砲し、当時一六歳であった金太一(キムテイル)少年が死亡しました。在日コリアン自らがその子どもたちを教育する民族教育権が侵害されたこの一連の事件は、「阪神教育事件」と呼ばれています。日本政府の在日コリアンに対する同化教育は現在も引き継がれており、依然として在日コリアンの克服すべき一大課題となっています。

講和条約後、日韓条約まで（一九五二〜六五年）

一九五二年四月二八日、講和条約の発効により、日本は朝鮮半島に対する主権を放棄し、三五年間にわたる植民地支配も終焉を迎えます。しかしながら、講和条約発効後も引き続き日本に在住する在日コリアンの国籍については、講和条約は何も触れていませんでした。それにもかかわらず日本政府は、講和条約の発効と同時に「平和条約[八]の発効に伴う朝鮮人、台湾人等に関する国籍及び戸籍事務の処理について」という法務省民事局長の単なる通達でもって、「朝鮮人及び台湾人は、内地に在住している者を含めてすべて日本の国籍を喪失する」と規定し、在日コリアンを名実ともに外国人として権利保障の蚊帳の外に追いやりました。ドイツ政府が、在日コリアンと同じような立場にあったドイツ在住のオーストリア人に対して、領土帰属の変更に伴ってドイツ国籍を選択することを個人の意思に委ねたのとは対照的に、日本政府は一方的に在日コリアンの国籍を喪失させるという処置をとったのです。それも、日本国憲法一〇条が日本国民たる要件(国籍)は法律で定めるとしているにもかかわらず、法律よりも下位にある一片の民事局長通達により在日コリアンの日本国籍を喪失せしめ、一切の人権保障を否定したのです。

このようにして、約五五万人の在日コリアンは一夜にして外国人として放り出されましたが、在留資格についても例外ではありませんでした。講和条約発効前の五一年に施行された出入国管理令では、この外国人登録令のような「在日コリアンを外国人とみなす」という規定はGHQの反対にあって設けることができませんでした。しかしながら、すでに述べたとおり、在日コリアンは、日本の植民地政策の結果、土地を失っ

七　戦後、朝鮮半島の南半分に樹立された大韓民国（韓国）を政治的に支持することを表明した在日コリアンの組織。
八　日本政府は講和条約を「平和条約」と言い換えている。

て流民化したり、強制連行で連れて来られた「元日本人」であり、一般の外国人の出入国を管理する「出入国管理令」が定める、通り一遍の在留資格の範疇に収まる存在ではありませんでした。そこで日本政府は、「ポツダム宣言の受諾に伴い発する命令に関する件に基づく外務省関係諸命令の措置に関する法律」（法律第一二六号）を制定し、その二条六項において、「日本国との平和条約の規定に基づき同条約の最初の効力発生の日（以下「平和条約発効日という。）において日本の国籍を離脱した者」で、「昭和二〇年九月二日以前からこの法律施行の日まで引き続き本邦に在留するもの（昭和二〇年九月三日からこの法律施行の日までに本邦に出生したその子を含む。）は、出入国管理令第二二条の二項一の規定にかかわらず、別に法律で定めるところによりその者の在留資格及び在留期間が決定されるまでの間、引き続き在留資格を有することなく本邦に在留することができる」と定めたのです。在日コリアンから一方的に日本国籍を剥奪したにもかかわらず、永住権を与えるのではなく、不安定な在留資格に落とし込めたのです。そのうえ、在留資格と在留期間以外の事項については出入国管理令を適用し、一般外国人と同様に退去強制の対象としました。

在日コリアンが一応日本国籍を有していた講和条約の発効前においても、一九四七年の外国人登録令により在日コリアンは外国人とみなされていたことはすでに述べたとおりですが、講和条約の発効に合わせて、外国人登録令に代わって新たに外国人登録法が制定されました。それにより、第一に、在日コリアンが日本の植民地政策の結果、日本人として日本に居住するようになったにもかかわらず、一般外国人と同様に二〇項目にも及ぶ登録事項を市区町村に申請しなければならなくなりました。第二に、外国人登録証を常時携帯し、警察などの要求があったときは提示しなければならなくなりました。第三に、新規登録時のみならず切替時においても指紋押捺義務が課されました（ただし、指紋押捺の強制は、外国人登録法の施行の三年後である五五年四月二七日以降）。この指紋押捺義務に対しては、その後、長期間にわたって在日コリアンによる根強い撤廃運動が展開されていきます。

今までに述べてきたことからも明らかなように、日本政府は植民地支配政策の産物である在日コリアンについて、日本国籍を一方的に剥奪しただけでなく、不安定な在留地位に陥れ、外国人登録義務・登録証常時携帯義務・指紋押捺義務を課して在日コリアンを徹底的に管理し、退去強制事由に該当するや強制的に追放するという基本方針をとったのです。そこには、朝鮮半島を植民地支配し、コリアンの自由・人権を蹂躙したことへの反省の念は微塵もみられません。

このような日本政府の基本的スタンスは、あらゆる面に顕著に現れました。日本国憲法二五条が「すべて国民は、健康で文化的な最低限度の生活を営む権利を有する」、世界人権宣言二二条が「すべて人は、社会の一員として、社会保障を受ける権利を有し」、経済的・社会的及び文化的権利に関する国際規約九条が「すべての者が社会保険を含む社会保障を受ける権利を有する」と規定、在日コリアンが日本社会の実質的構成員として日本人と同じように労働と納税を通じて社会保障の財政的基盤の形成に寄与していたにもかかわらず、生活保護を除きすべての社会保障および社会福祉から在日コリアンは排除されました（生活保護も権利としてではなく恩恵として認められていたにすぎません）。

外国人を明文でもって公務就任から排除する法規範[九]は、公職選挙法一〇条、外務公務員法七条のほかにありませんが、これらの法律が禁止するのも特別職公務員であり、いわゆる一般職公務員については、国家公務員法や地方公務員法も外国人の就任を制限していません。それにもかかわらず、「照会」に対する「回答」や「政府答弁」という形で広く外国人の公務就任を排除してきたのです。一般に政府見解とされてきたのは、内閣官房総務課長に対する一九五三年三月二五日法制局第一部長の回答です。この回答は、「法の明文の規定が存在するわけではないが、公務員に関する当然の法理として、公権力の行使又は国家意思の形成への参画にたずさわる公務員となるためには日本国籍を必要とするものと解すべきであり、他方において、それ以外の公務員となるためには日本国籍を必要としないものと解せられる」としていますが、どのような行為が公権力の行使であり、国家意思形成への参画になるのか、きわめて抽象的であり曖昧です。到底、行為を区分する基準になりえません。最も公権力の行使らしい行為といえば軍事力・警察力でしょうが、防衛のためとはいえ、日本にはアメリカ軍が駐留して、アメリカ人が黙示的に軍事力を行使しています。いずれにしても在日コリアンは、「公権力の行使」「公の意思形成への参画」に当たるとして、教育・研究という専門的職種さえからも排除されました。また、このような公的機関による外国人排除の論理は、民間における国籍・民族による就職差別を助長し、在日コリアンの職業選択の自由は侵害され続けました。そして、残念ながら現在においても、この傾向は是正されていません。

日韓法的地位協定（一九六五年）

一九四五年八月一五日以降、解放を迎えた朝鮮半島では、米ソの世界戦略が激突し、新政府樹立をめぐる対立が生じ、四八年八月、朝鮮半島の三八度線以南では米国の支持する大韓民国（以下、「韓国」）が独立を宣言し、次いで九月、三八度線以北にはソ連の支持する朝鮮民主主義人民共和国（以下、「北朝鮮」）が成立し、三八度線を挟んで同一民族が分断国家として対峙するという最悪の事態になってしまいました。四八年に朝鮮半島に二つの祖国が分断国家として誕生した後も、両国とも日本との国交を回復していませんでしたので、在日コリアンは、講和条約が発効し名実ともに外国人として処遇された後も外国人登録の国籍欄上は朝鮮半島という地域を意味する「朝鮮」（一〇）と記載されており、真の意味の帰属国家は記載されていませんでした。在日コリアンは外国人であったにもかかわらず、二つの分断国家が誕生したため、中途半端な立場に立たされてしまったのです。

一九五二年四月、講和条約が発効し、日本は、朝鮮に対するすべての権利、権限および請求権を放棄しましたが、植民地支配の相手方当事者である朝鮮半島の政府や民衆、在日コリアンとの間では法的・政治的・道徳的清算はまったくなされていませんでした。日本も韓国も親米政府という点では同じでしたが、そのアメリカは、日本と韓国が自由主義陣営の一員としてアメリカと一緒になって共産主義諸国を封じ込め、その勢力の拡大を防止してくれることを望んでいました。それに加えて、東西冷戦が激化するにつれて、GHQの日本占領政策も日本の民主化から西側陣営における防共（反共産主義）基地化に変更されました。その結果、

九　判断・評価・行為などの基準となるべき原則としての法。

一〇　この「朝鮮」の記載は朝鮮民主主義人民共和国（北朝鮮）のことではないが、これを国籍と誤解し、在日コリアンは「朝鮮国籍」と「韓国国籍」がいると間違った理解をしている者も多い（本書コラム「『韓国籍』と『朝鮮籍』」〔四〇頁〕参照）。

過去の植民地支配や侵略戦争を遂行した人々やそれを支持した人々が日本の政治や社会の中枢を掌握するようになってしまい、朝鮮半島の植民地化や一五年戦争に対する反省や責任遂行は問題視されないようになってしまったのです。

日本と韓国の両政府はアメリカの意向を汲んで、一九五一年一〇月以降、国交回復のためのいわゆる日韓会談を何度も開きましたが、植民地支配を正当化する日本政府代表のたび重なる発言などもあり、決裂を繰り返しました。両国内では、問題の多い両国間の条約締結には多くの国民が反対していましたが、十数余年の交渉の結果、六五年六月二二日、日韓基本条約と四協定（請求権・経済協力協定、漁業協定、在日韓国人の法的地位協定、文化財・文化協力協定）がこれらの反対を押し切って強行的に調印されました。しかしながら、そこには植民地化に対する謝罪や反省は一切ありませんでした。この日韓協定の一つに「日本国に居住する大韓民国国民の法的地位及び待遇に関する日本国と大韓民国との間の協定」（以下、「法的地位協定」）があります。そこで日本政府は初めて「多年の間日本国に居住している大韓民国国民が日本国の社会と特別な関係を有するに至っていることを考慮し」（前文）、一定の条件を満たす在日コリアンに「永住権」（以下、「協定永住権」といいます）を付与することを認めました（一条）。しかしながら、在日コリアンの子々孫々に永住権を認めたわけではなく、九一年までに韓国側から日本側に対し再協議の要請があれば協議に応じるという程度のものでした（二条）。退去強制事由に関しては、日本国において内乱罪・外患罪により禁錮刑以上の刑に処せられた者、無期または七年を超える懲役または禁錮に処せられた者を除いて、強制退去されなくなりました（三条）。また、「日本国における教育、生活保護及び国民健康保険」に関しては、日本政府が「妥当な考慮を払う」

とされましたが（四条）、残念ながら、在日コリアンの就職差別問題や指紋押捺問題などについては言及さえなされませんでした。

このように在日コリアンは、数々の餌をぶら下げられて、韓国か北朝鮮かの選択を迫られたのです（本書コラム「『韓国籍』と『朝鮮籍』」〔四〇頁〕参照）。いわば、日本社会にも三八度線が生まれたのです。韓国を選択した在日コリアンについては、協定永住権が付与され、退去強制事由が制限され、国民健康保険への加入（六五年）が認められるようになりましたが、その他の社会保障・社会福祉には変化はありませんでした。このように、日本自らの総括に基づく自浄作用は、結局のところ一度も見られませんでした。また、アメリカの肝入りにより調印された日韓基本条約も、過去の清算にはほど遠いものでした。しかしながら、在日コリアンも手をこまねいていたわけではありません。本書に取り上げられた日立製作所就職差別裁判闘争での勝訴（七四年、本書一三二頁参照）や司法修習生の採用運動（七七年、本書二二〇頁参照）など、在日コリアンに対する不当な差別に対し、在日コリアンは一部の良心的な日本人とともに粘り強く闘っていました。

一一　大韓民国国民で一九四五年八月一五日以前から申請時まで引き続き日本に居住していて協定が結ばれてから五年以内に申請した者、その直系卑属（子や孫のこと）として一九四五年八月一六日以後、この協定の効力発効の日から五年以内に日本国で出生しその後申請時まで引き続き日本に居住している者、その子で出生後六〇日以内に申請した者を指す。ただし、日本と韓国との二国間条約であったため、「協定永住権」が認められたのは外国人登録の国籍欄の国名の記載が「韓国」となっている者のみであり、「朝鮮」表示の者には認められなかった。

国際人権規約（一九七九年）と難民条約（八二年）

残念ながら、日本社会を本格的に改革へと進めたのは、外圧でした。

まず日本政府が、国際世論の圧力により遅ればせながら七九年に国際人権規約[二二]を批准しました。国際人権規約には、「経済的、社会的及び文化的権利に関する国際規約」（以下、「社会権規約」）と「市民的及び政治的権利に関する国際規約」（以下、「自由権規約」）と「自由権規約の選択議定書」の三つがあります。日本政府は、社会権規約と自由権規約を批准し、両規約は一九七九年九月二一日に発効していますが、外国人の人権保障に大きな影響を与える自由権規約の選択議定書はいまだに批准されていません。自由権規約の選択議定書とは、自由権規約の保障する権利が侵害され、国内手続によっても救済されない場合に、規約人権委員会に苦情を申し立てる権利を認めるものです。いわば、身内でなあなあで済ませることができない制度です。日本政府が選択議定書を批准しない理由は、在日コリアンをはじめとする在日外国人の人権保障が十分でなく、その点を指摘されることを恐れているからです。ともあれ、日本が批准している社会権規約も自由権規約も、内外人平等を含む非差別平等を基本原則にしており、法的地位協定での不完全な決着を是正する法規範になりうるものであるため、翌八〇年には、住宅金融公庫法、公営住宅法、住宅都市整備公団法、地方住宅供給公社法に関する国籍条項の解釈変更がなされました。

次いで、ベトナムの難民受入れに対する日本政府の消極的態度に対し国際世論が日本政府を強く非難するや、日本政府も重い腰を上げて難民条約を批准せざるをえなくなり、ついに八二年一月一日、難民条約が発効し、日本も難民を受け入れることになりました。難民条約は、政治的迫害または戦乱などを逃れるために自国を離れた人々に入国と居住を認め、立法・行政および社会的に保護しようとするものであり、とくに職業および社会保障に対する権利については内国民待遇または最恵国民待遇(一三)を付与しています。難民条約は、一般外国人に関する条約ではありません。しかし、日本で生まれ育った在日コリアンの享有する権利と難民に保障される権利との間に不合理な格差が生じたため、難民条約の発効した八二年一月一日、国民年金の被保険者資格が「日本国内に住所を有する日本国民」から「日本国内に住所を有する者」に改正され、在日コリアンにも加入資格が認められるようになりました。同じ八二年には、国民年金法、児童扶養手当法、特別児童扶養手当法、児童手当法から国籍条項が撤廃され、国公立大学の教授任用法案が成立しました。八四年には、郵政省外務員の国籍条項が撤廃されました。難民条約の批准は、協定永住権から除外された在日コリアンにも影響を与え、一定の要件を充足することにより永住権が付与されました。

このように、将来に解決を委ねられた課題はあったものの、国際人権規約と難民条約の批准は、日本社会のみならず、外国人にも大きな影響を与えたのです。

その後も、九一年には、全国的規模で国公立小中高校教員採用試験における国籍条項が撤廃されました。また、法的地位協定の積み残した協定永住権三世の在留資格については、九一年に日本と韓国との間で再協

一二　世界人権宣言の内容を基礎として、これを条約化したもの。社会権規約を国際人権Ａ規約、自由権規約を国際人権Ｂ規約と呼ぶこともある。
一三　一般的な定義としては、外国人に与える待遇のうち最も有利な待遇。

議が行われ（いわゆる「九一年問題」）、九一年一一月に特例法[一四]が制定されました。これにより、戦前から在留する在日コリアンおよびその子孫はすべて「特別永住者」の資格を有することになり、在日コリアンの在留資格が一本化されました。また、九三年には外国人登録法が改正され、永住権者には指紋押捺が免除されることとなりました。

以上、在日コリアンの約一〇〇年の「形成の歴史」とおかれた境遇「法的地位の変遷」を概観しましたが、到底、この短い文章で言い表すことはできません。筆舌に尽くしがたい辛酸を舐めてきたのです。次章以下では、日本の裁判所で現れたそのほんの一部を紹介しましょう。皆さんは、在日コリアンのおかれてきた過酷な状況をこの本で初めて知るかもしれませんが、それは日本社会を映し出す鏡にすぎないのです。

《参考文献》

渡部学編『朝鮮近代史』（勁草書房、一九六八年）
朴慶植『在日朝鮮人運動史』（三一書房、一九七九年）
姜在彦『日本による朝鮮支配の40年』（大阪書籍、一九八三年）
姜在彦『朝鮮近代史』（平凡社選書、一九八六年）
朝鮮史研究会編『入門　朝鮮の歴史』（三省堂、一九八六年）
長尾一紘『日本国憲法〔新版〕』（世界思想社、一九八八年）
中井清美『定住外国人と公務就任権』（柘植書房新社、一九八九年）
朴慶植『解放後　在日朝鮮人運動史』（三一書房、一九八九年）

浦部法穂「日本国憲法と外国人の参政権」徐龍達先生還暦記念委員会編『アジア市民と韓朝鮮人』（日本評論社、一九九三年）六九三〜七〇六頁
仲原良二『在日韓国・朝鮮人の就職差別と国籍条項』（明石書店、一九九三年）
姜在彦・金東勲『在日韓国・朝鮮人　歴史と展望〔改訂版〕』（労働経済社、一九九四年）
高崎宗司『検証　日韓会談』（岩波新書、一九九六年）
宮崎繁樹編著『解説　国際人権規約』（日本評論社、一九九六年）
日本弁護士連合会編著『国際人権規約と日本の司法・市民の権利』（こうち書房、一九九七年）
朴鐘鳴編『在日朝鮮人――歴史・現状・展望〔第二版〕』（明石書店、一九九九年）
松井茂記『日本国憲法』（有斐閣、一九九九年）
浦部法穂『全訂　憲法学教室』（日本評論社、二〇〇〇年）
金東勲『国際人権法とマイノリティの地位』（東信堂、二〇〇三年）
金東勲『共生時代の在日コリアン』（東信堂、二〇〇四年）
日本弁護士連合会編『第四七回人権擁護大会シンポジウム第一分科会基調報告書』（二〇〇四年）
金敬得『新版　在日コリアンのアイデンティティと法的地位』（明石書店、二〇〇五年）
近畿弁護士連合会人権擁護委員会『外国人の司法への参加を考えるシンポジウム報告書』（二〇〇五年）

（裵薫）

一四　日本国との平和条約に基づき日本の国籍を離脱した者等の出入国管理に関する特例法。

column

「韓国籍」と「朝鮮籍」

▼「在日北朝鮮人」

北朝鮮（朝鮮民主主義人民共和国）に関する報道で、「北朝鮮人」とか、「在日北朝鮮人」という言葉が使われている例を見かけることがあります。あまり使われていない表現なのですが、この言葉を用いる人は、三八度線を境にして、朝鮮半島の北部から来た人やその子孫が「在日（北）朝鮮人」、南部の場合が「在日韓国人」と考えているのかもしれません。しかし実際には、そもそも在日コリアン（の父祖）は朝鮮半島の南部から来ている人が圧倒的に多いのです。

▼韓国籍と朝鮮籍

とはいえ、在日コリアン自身も「自分は韓国籍だ」「朝鮮籍だ」という言い方をよくします。これは、日本政府が外国人に発行している特別永住者証明書・在留カードに「国籍・地域」欄があり、そこに「韓国（朝鮮）」と記載してあれば韓国（朝鮮）籍だと言っているのが普通です。だから、「国籍・地域」の欄の記載には大変重要な意味があると在日コリアン自身にも考えられてきたのです。南北朝鮮両国の国籍の意味だと理解している在日コリアンも多い印象です。

しかし、正確に言うと、こうした理解は誤解を含んでいます。韓国や北朝鮮の法律も関係するのでややこしいところがありますが、法的には、韓国は平壌（ピョンヤン）に住んでいる住民も韓国の国民だという建前をとっているし、逆に北朝鮮もソウルの住民を北朝鮮の国民だとしています。これは、日本に住んでいて、まだ日本国籍を取っていないコリアンについても当てはまるので、その意味では、一種の二重国籍（南と北との）を持っているような状態になっていることになります。ただ、南と北とは互いに承認していないので、「一種の」二重国籍、ということになります。

しかも、戦後まもなく日本の外国人登録制度ができた頃には在日コリアンの国籍・地域欄の表示は「朝鮮」となっていて、その後「韓国」という表示が認められてから韓国表示に切り替える人が出たという歴史的な経緯があります。だから、戦後まもなくの頃には、韓国支持者の国籍・地域欄も「朝鮮」と表示されていたのです。

▼戦後の経緯

もっとも、実は、南北政府やその支援団体自体が、そもそも国籍・地域欄の表示が自分への支持を示すと考えて振る舞ってきたので、このような理解はやむをえないところもあります。現在でも、たとえば国籍・地域欄が朝鮮表示のままの在日コリアンには、韓国政府は韓国のパスポートを原則として発給しません（朝鮮表示であっても韓国国籍を持っている建前だから、本来もらえるはずであるにもかかわらず）。その意味では、国籍・地域欄表示が、一定の法的な（しかも大きな）意味を有する場合もあるといえるでしょう。

ただそれでも、法的な表現としては、特別永住者証明書などの国籍・地域欄の表示を捉えて「韓国籍（人）」「朝鮮籍（人）」と呼ぶよりは、「韓国（朝鮮）表示（の人）」くらいの言い方をしたほうが適切（この程度の言い方しかできない）ということになります。

かなり以前のニュースですが、北朝鮮の核実験をきっかけにして朝鮮学校の生徒への嫌がらせや脅迫が多発しているという報道の後に、アナウンサーが、「北朝鮮出身者ということだけで、このような被害を子どもたちが受けることはあってはならないことです」とのコメントを述べていることがありました。しかし、「朝鮮表示」の在日コリアンたちを北朝鮮出身者というのは不正確ですから、視聴者に誤解を招く発言だったといえるでしょう。

（殷勇基）

第2章

刑事事件と差別

小松川事件——在日二世の苦悩

小松川事件とは

一九五八年四月と八月に江戸川区で二人の女性が殺害され、小松川高校定時制一年生の李珍宇（イジヌ）少年（日本名：金子鎮宇）が逮捕されました。李珍宇は、極貧の生活の中でも優秀な成績で中学校を卒業した少年でしたが、その後の紆余曲折から一八歳で定時制高校に入学していました。逮捕後、東京家裁で審理を受けた後、一審の刑事裁判で死刑判決、二審を経て最高裁で上告棄却となり、死刑が確定しました（一九六一年八月一七日）。少年法では、犯行のときに一八歳未満の者には死刑を適用しないと定められているのですが、李珍宇は犯行時に一八歳になっていたために死刑を宣告されたのです。

一九四〇年に東京に生まれた李珍宇は、他の在日二世と同様に、日本名を名乗って生活していました。事件の背景にあった貧困や朝鮮人差別の問題から大岡昇平ら文化人による助命請願運動が行われましたが、一九六二年一一月一六日、宮城刑務所で死刑が執行されました。このとき李珍宇は、まだ二二歳でした。

事件発生と逮捕まで

一九五八年八月二一日、四日前から行方不明となっていた一六歳のAさん（小松川定時制高校二年生）の腐乱死体が同高校の屋上のスチーム管の暗渠の中で発見されたことがこの事件の端緒となります。この朝、小松川警察署に若い男の声で「Aを殺して小松川高校の屋上の物置に投げ込んだ」と電話があり、前日に読売新聞社に「特ダネをやろう」と同じような電話があったことが判明しました。三日後、Aさんの自宅に本人が使っていた櫛が郵送され、さらに翌日、警視庁宛てに写真と手鏡が送りつけられ、これらを警視庁宛てに投函したとの電話が新聞社にされました。「ぼくは毎晩眠れない。気が変になりそうだ。明日自首したいと思う」「おれはウブじゃない。前にも一度人を殺したことがある」など読売新聞社への電話は何度も行われました。

同高校の生徒や職員の電話録音した声が似ているとの供述などにより李珍宇少年が逮捕され、自宅からは被害者が所持していた風呂敷に包んだ弁当箱・文学書・日記などが押収されました。逮捕当日に李少年は、首を絞めて殺したと自供します。

Aさん殺害で逮捕された李少年について、警察は、四月二〇日に死体で発見された賄い婦のBさん絞殺事件もこの少年の犯行だと断定し、自供をさせます。警察がこの殺人も李少年の犯行だとしたのは、李少年の自宅が一〇〇メートル余の殺害現場近くにあったこと、犯行時間とされる同日午後六時半から七時の間に李少年が五、六分の間、家にいなかった事実があったことからです（もっとも、李少年の逮捕前は、警察は本件の犯行は三〇分以上はかかると見立てて捜査していたようです）。

家裁の決定

犯行時に一八歳だった李少年は、Aさんに対する強姦・殺人、Bさんに対する強姦致死の事実で、少年法により東京家裁で審理を受けることとなりました。家裁の少年審判(一)では、犯行そのものについて審理するだけではなく、その少年や保護者の行状・経歴・素質・環境なども調査します。

家裁の調査では、「父母ともに無学無教養」「父は窃盗の前科六犯を有する好酒家」「父の弟も前科九犯を有し、現に府中刑務所に服役中」「祖父は賭博常習者で大酒家」「母は唖者」とされ、本人が五歳のとき戦災で焼け出されて現住所の粗末なバラック建てに移転したと極貧の家庭であったことが背景にあると指摘しながらも、犯行の最も大きな原因は少年の性格異常であると結論づけています。そして、少年の犯行は「天人ともに許さざる兇悪非道なものである」として、検察官送致の決定（成人と同じく刑事裁判を受けること）をしました（一九五八年一〇月一四日）。

しかし、李少年は、小学校の成績は良くて、自治委員に選ばれたこともあり、中学校でもクラスや全校の委員長・副委員長に選ばれ、明るい性格であったと多くの友人が認めていました。中学校卒業後、定時制高校に通学しながら、プレス工として働き、その給料も全部母親に渡して、自分は四〇〇〇円の高校の授業料と六〇〇〇円の本代や映画代だけを母からもらうという真面目な生活を送っています。中学校のときから外国文学、とくにロシア文学に親しみ、自分でも小説を書くという積極性も持ち合わせていました。

家裁の決定を読むと、李少年の育った環境への一応の言及はあるものの、それが犯行にどのように結びついたのかを深く考察することなく、本人の悪性に起因するものとしています。犯行の原因を成育環境のみに求めることはできないかもしれませんが、少年の特異性を過度に強調した家裁の決定は、家裁の審判の役割を果たしたものとはいえないと言わざるをえません。

刑事裁判

刑事裁判の第一審（東京地裁）で、李少年は、法廷で二件の殺人を認めました。しかし、警察・検察の取調べで認めていた姦淫については、公判で否認します。李少年は、弁護人の質問に対し、取調べで姦淫する目的を否定したのに、四人くらいの取調官に囲まれて姦淫を自供するよう迫られ、姦淫を認める調書が作られてしまったと法廷で述べたのでした。

弁護人は「被害者の各屍体鑑定の結果、被告人の精液をいずこに於いても発見されなかった科学的事実、被害者Bの許婚者の『腹部はちゃんとしていた。強姦されたようには思えなかった。下着は硬く結ばれていた』等の証言、被害者Aの屍体のあった通風孔内の風向きが屍体の足の方から吹き上げていた事実等から見

一　罪を犯したと疑われる一四歳以上二〇歳未満の者について、家庭裁判所が調査・審判を行い、非行があると認めるときは、少年院送致、保護観察などの保護処分を行う手続。家庭裁判所が保護処分でなく刑事処分が相当と認めるときは、事件を検察官に送致し（逆送）、検察官は、犯罪の疑いがあるときには成人の場合と同じく刑事裁判所に起訴する。

ても敢て姦淫の事実はないと断言したい」などと弁論し、姦淫については否定しますが、判決では、自白調書を主な証拠として、強姦・強姦致死が認定されてしまいます。

また、弁護人が心神耗弱を主張して精神鑑定を求めたものの、裁判所は鑑定を行わず、少年審判の際に責任能力に問題はないとした鑑別所技官・家庭裁判所調査官の報告書や証言により責任能力ありとしました。

刑事裁判は、第一審（一九五九年二月二七日東京地裁判決）で死刑が宣告され、控訴審（一九五九年一二月二八日判決）でも死刑判決が維持されました。判決は、いずれも本件犯行の残虐性を強調し、死刑を結論としました。「寸毫も人間的良心の苛責を受けていない」「動物的冷酷さ」「全く改悛の情の認めるべきものがない」（第一審判決）、「被害者宅、新聞社、警察署に電話をかけたり、被害者宅に被害者の所持品を送つたりしたこと、又電話をかけたことが新聞、ラジオによつて放送されることに自己満足を感じていたというが如きは、通常人をしてその理解に苦しましむるところである」と少年の特異性を多く述べています。理不尽な暴力で生命を絶たれた二名の被害者の苦しみを考えると、この犯罪を直視するのは非常につらいことですが、一八歳の少年に極刑を宣告する判断としては、これらの判決は非常に表層的なものと感じられます。

李少年は、最高裁への上告に消極的でした。第二審判決後、東洋史学者の旗田巍（はただたかし）氏の教え子であった朴菖熙（パクチャンヒ）氏が李少年に面会します。朴氏は、偶然、面会日が上告期限の日であることを知り、すぐに旗田氏に連絡します。旗田氏は、すぐに拘置所に駆けつけ、李少年と面会し上告するよう促しますが、李少年は上告を拒みます。そこで、朴氏が李少年の父親に連絡をとり、父親から上告することの同意を取り付けます。これを受け、深夜一一時に上告の手続がとられ、最高裁で審理されることとなりました。その後、旗田氏のほか、小説家の大岡昇平氏、「夕鶴」などの代表作がある劇作家の木下順二氏らが発起人となって「李少年を助ける会」が作られ、減刑運動が展開されることになります[二]。

しかし、最高裁でも控訴審の認定した事実に誤りはないとし、死刑を科すことも不当な量刑ではないとして、一九六一年八月一七日に上告を棄却、死刑が確定しました。

裁判で明らかとなった李珍宇の被差別体験

李少年が、中学校卒業後就職を希望した際に、朝鮮人であることの理由をもつてこれを拒まれたことが判決に明記されています。裁判では、ある日本企業への就職を希望したにもかかわらず、願書を受け付けることさえ拒否されたと供述しました。

法廷では、「被告人は現在の社会とかそういうものに対して不満とか反感とか持っておりますか」との質問に対して、「自分が中学卒業のときに、ある大きな会社へ勤めることになったとき、外国人、ぼくの場合、韓国人というんで採用されなかったことがあるんです。そのときちょっとそういう感情を持ちました」と控えめに述べています。小学校・中学校を通じて学業成績は中以上、ことに国語・歴史等の学科に優れ、数多くの世界的文学書を愛読していたという少年が、自分が朝鮮人であることを理由にすべてを否定されたとき、

二　小笠原和彦『李珍宇の謎——なぜ犯行を認めたのか』（三一書房、一九八七年）一二一〜一二二頁。

大きな打撃を受けたに違いありません。

植民地時代に朝鮮から日本に来た在日一世と異なり、在日二世は、なまりのない日本語を話し、立ち居振る舞いも日本人と区別はつかず、日本人のふりをして生きていくことができます。その一方で就職できない、あるいは、朝鮮人であることを隠して採用されても、事実が発覚して採用が取り消されてしまうという現実に直面します。植民地時代に大阪で生まれ育ったある在日男性は、アメリカの黒人がうらやましいと言っていました。肌の色で差別される人たちと違い、差別されないために隠せば日本社会で生きていけるということです。本当の自分を隠して生きることのできる在日二世のつらさは、在日一世とはまた異なる苦悩であったと思われます。

「朝鮮人の犯行」と煽る報道

李少年が逮捕されたときには次のように報道されました（当時の報道では被疑者・被害者・家族は実名）。

「小松川高校のAさんを殺した犯人は、朝鮮人の十八歳の夜間生徒、李珍宇だった」（一九五八年九月二日読売新聞）、「逮捕された同校定時制一年生の朝鮮人工員（一八）は、捜査一課出牛警部の取り調べに対して、ついに賄婦殺しの犯行一切を供述した」（一九五八年九月一一日朝日新聞）、「朝鮮人部落内日雇人夫Lさん（五九）の次男、小松川高校定時制一年金子鎮宇こと李珍宇（一八）を殺人の疑いで自宅で逮捕」（一九五八年九月一日読売新聞）、「貧しい十八歳の朝鮮人の夜間高校生という宿命はオシの女親を思うことが唯一の良心」（一九五八年九月二日読売新聞）。当時の報道では、逮捕時に犯人扱いすることは今以上に当然のことであり、残虐な犯人が朝鮮人であることが強調されました。

このようなセンセーショナルな報道が、被疑者が少年であるとわかった後も攻撃的な世論を構成し、更生ではなく厳罰を選択する判決につながったのではないかと思われます。

被害者遺族に対する攻撃

被害者Aさんの父が見せる李少年への思いは、今読んでも感銘を受けます。

李少年と手紙のやりとりをして支援した朴壽南（パクスナム）氏は、遺族との交流を次のように書いています。

「少年法の適用も精神鑑定も一切無視されたままの死刑である。私は小松川事件遺族宅を訪問し、『謝罪と救命運動を許してほしい』とお願いした。その時ご両親から思いがけない謝罪をされることになる。『あの関東大震災の時、この江戸川一帯は、たくさんの朝鮮の方々が虐殺された土地です。江戸川の川水が何日も何日も血の水でした。私たちはあれだけひどいことをしておきながら、これまで一度もお詫びもしてきませんでした。この度、娘の事件を知って朝鮮の方々からお詫びの手紙やらご香典をいただいています。今日またあなたがお見えになりました。どうぞ李君が死刑で殺されても、娘は生きて帰ってきません。立派に成人してこそ、償われると信じています。』そのあと李とどのように向き合うのか、教えられた思いがした。さらにお父様は『もし李君が外にでてこられたら、私の工場で迎えたい』とも言われ、このことを聞いた記者が全国紙に記事を配信した。この後、○○家にはすさまじい脅迫が連日のように舞い込んでくることになった。『朝鮮人に娘を殺されたお前は、それでも大和魂をもっている日本人か。死ね』という脅迫である。その後、一年足らずでお父様はお亡くなりになった。李が処刑される前の年である」（伏字は筆者）。

裁判後に被害者の父親が語った談話として「……人間として成長していく可能性がある少年ならば、……生きて、自己を改善してくれてこそ、娘のほんとうの供養になるでしょう……」という発言が新聞報道された際には、遺族たちのもとに世論の攻撃が殺到し、「非国民！　それでも汝等は朝鮮人に娘を嬲り殺された日本人か！　死ね！」と書かれた黒枠の葉書が送付されました。これもマスコミが「朝鮮人による犯罪」であることを強調していたことが一因です。

犯人にだけではなく、被害者や遺族に対してもこうした攻撃が向けられたのです。このようなことをする人たちが性暴力や殺人の被害に真に心を痛めているとはとうてい考えられません。自らの暴力衝動をぶつけたい、被疑者や被害者を貶めて優越感を味わいたいとの感情による行動としか思えないのです。自分たちの感情を剝き出しにして、犯罪の被害者さえも攻撃をする行為、このような振る舞いがインターネット社会でさらに増幅していることが、私たちには痛感できます。

助命嘆願と朴壽南との交流

前述したとおり、控訴審判決の頃から、大岡昇平氏など多くの人たちが李少年の助命嘆願活動を行いました。李少年が心より悔悟していること、未成年者の犯罪であることに加え、在日朝鮮人の少年が起こした事件であったことが、さまざまな日本人を動かしたのです。また、多数の在日朝鮮人が、この事件を自己の問題であると捉えたのです。

「李少年を助けるためのお願い」（一九六〇年九月）という声明文は次のように言います。

「私ども日本人としては、過去における日本と朝鮮との不幸な歴史に目をおおうことはできません。李少年の事件は、この不幸な歴史と深いつながりのある問題であります。この事件を通して、私たちは、日本人と朝鮮人とのあいだの傷の深さを知り、日本人としての責任を考えたいと思います。したがって、この事件の審理については、とくに慎重な扱いを望みたいのであります」。

一九六一年二月以降、朴壽南氏が李珍宇との文通を開始しました（後に『李珍宇全書簡集』〔新人物往来社、一九七九年〕として公刊）。

李少年は、民族意識というものを持ってはいませんでした。日本で生まれ育った自分に祖国とは何の意味を持つのか、祖国愛とは何なのかと率直な気持ちを朴壽南氏にぶつけます。朴壽南氏は、民族意識を持つことや祖国を知ることの大切さを語ります。「祖国というものを失ったまま成長するのはとても不幸なことです。それは『朝鮮人』としての自分の顔を見失ったまま育つのと同じことです」。

李少年は、次第に「祖国」と向き合うことになります。

「私が朝鮮人であることによって、私が生きることは同時に『祖国のために』なっているのです。私自身生きているということは、同時に朝鮮人として生きることにもなるんです」。そして、自分の名を「金子鎮宇」

から「李珍宇」と名乗り、「진우（ジヌ）」と署名するように変わっていきます。「私は自分を『진우』と認めたのだ。私は「鎮宇」として生きるよりも「진우」として死ぬ自分を誇りに思う」と明言するようになりました。

朴壽南氏との文通で、朝鮮人であることを強く意識するようになった李少年は、一九六二年一一月一六日に絞首刑となりました。執行の半年前に届いた手紙です。

「僕は二二になったばかりだ。やっと、どう生きねばならなかったのかが分かりかけてきました。生きるという希望も余地もないのに、僕はいまウリマル（三）の勉強をしたいと思っています。国語とは、民族の血肉であると思います。一言でも生きているうちに身につけていきたいと思っています。テキストを送ってください」。

李少年の死後、朴壽南氏に届いた遺書には、「ヌナ（四）、どうぞ悲しまないでください。僕は金子鎮宇として死ぬのではなく、李珍宇として死ぬのです。ヌナ、ありがとう。悲しまないでください」と書かれていました。自分を排除する日本の社会に絶望し、他者の命を奪った李少年は、朴壽南氏との交流を通して、朝鮮人として生きたいという気持ちを強く持つに至ったのですが、死刑による最期を迎えることとなったのです。

李珍宇の生と死

李少年は、処刑三カ月前の朴壽南氏への手紙で、自身が有罪とされた殺害を振り返って、次のように述べています。

「私がそれをしたのだった。それを思う私がそれをした私なのである。それなのに彼女たちは私に殺されたのだという思いが、どうして、このようにヴェールを通してしか感じられないのだろうか[五]」。

被害者の所有品が自宅から押収されたAさんの事件とは異なり、Bさんの事件は李少年との殺害を結びつける物証はなく、少なくともこの事件については無関係ではないかとの見方も有力ですが、本人は、裁判で有罪になることに大きな抵抗をしてはいません。小松川事件の裁判から死刑執行までの経緯を見ると、李少年自身がすべてを受け入れたようにも思われます。それは、自身の罪を死をもって償うというのとは異なるもののような気がしてなりません。

一方で李少年は、このような価値観にも至ります。

「私は生きたいと思っている。私は二一だ。どう生きるか、生きねばならなかったか、を自覚し始めたばかりだ。姉さんの云う通り、私達若い者に必要なのは民族意識なのだ。問題は沢山ある。しかし、一番必要なのは民族意識なのだ」。

「私は姉さんのように自由ではない。私の人生はすでに限られてしまっている！　私にはどう生きるかの余地はないのだ。私は朝鮮のものを読む時いつも胸に苦しみを感じながらそれを読む。自分が彼らと共に生きられないということ、一緒に手をとって働けないということ、これが苦しみなんだ」。

三　「私たちの言葉」という意味。

四　「姉さん」という意味。ここでは朴壽南氏のこと。

五　朴壽南編『李珍宇全書簡集』（新人物往来社、一九七九年）三七七頁。

一九歳で死刑判決を受けて二年あまりで死刑が執行された李少年。極貧の環境で生きることを強いられた在日コリアンのすべてが犯罪を行うわけではなく、まして殺人という大罪を犯す者はほとんどいません。それでも、この少年の犯行を個人の性質によるものと決めつけることはできません。成績が良く、仲間からも信頼されていた明るい性格で、貧困生活の中でも親思いで真面目な生活を送っていた少年が、なぜこのような犯罪を行ったのかを明確にすることはできませんが、しかし、差別されて生きざるをえなかった朝鮮人でなければ、あるいは、理不尽な差別を受けながらも朝鮮人としての誇りを持てる出会いがあれば、まったく別の人生を歩むこともできたのではないかとの思いを払拭することができません。小松川事件は、祖国で生まれた在日一世とも異なる、日本人となることもできずにこの国で生きることを強いられた在日二世の少年たちの共通の生きざまが強く感じられる事件といえます。

（金竜介）

寸又峡事件——差別に対する「私戦」

寸又峡事件（金嬉老事件）とは

一九六八年二月二〇日夜、在日コリアン二世の金嬉老（キムヒロ）は、静岡県清水市（現静岡市清水区）のキャバレー「みんくす」で、曽我ら二人の暴力団員を射殺した後、その日の深夜、南アルプス南部の寸又峡（すまたきょう）温泉街（現川根本町）にあった旅館「ふじみ屋」に、旅館経営者とその家族・宿泊客ら一三名を「人質」にとって立て籠もりました。

金嬉老は、四日後の二四日午後三時過ぎに逮捕されましたが、八八時間にわたり警察と向かい合う間、ライフル銃とダイナマイトを携え、公然と、自らが過去に受けた朝鮮人に対する差別を訴え、清水警察署（以下、「清水署」）小泉刑事の朝鮮人を蔑視する暴言に対して謝罪を要求しました。その金嬉老の行動は、取材に訪れたマスコミを通じて全国的に報道され、日本社会に大きな衝撃・影響を与えました。事件直後から、多数の有名文化人が事件の意味について発言し、金嬉老の刑事裁判に関わった知識人が在日朝鮮人の「民族問題」を提起する社会運動を提起しました。そのほか、テレビドラマ・ドキュメンタリー・映画・演劇・小説など多様なジャンルでも取り上げられ、二〇〇〇年以降も、関連ＤＶＤの発売、特集テレビ番組の放映、雑誌の報道、インターネット上での言及がされるなど、事件に関する関心が続いています[一]。

金嬉老の生い立ち・被差別体験

金嬉老は、一九二八年一一月二〇日に父・権命術、母・朴得淑の子として静岡県清水市で生まれました。金嬉老によると、父は、親が決めた結婚が嫌で日本に渡り、母と知り合って結婚したようです。

父親が清水港で材木積み下ろし工事の人夫出しをし、金嬉老の一家は裕福な生活を送っていましたが、金嬉老が三歳のときに、(三)落ちてきた材木が胸に当たり父親が不慮の死を遂げました。金嬉老は、父の死によって幸せだった家族の暮らしが暗転したと述べています。母親は、子どもたちを連れて一度は父親の実家に身を寄せたものの、その実家を出ることになります。金嬉老は、その理由について、母親が父親の戸籍に入っておらず、父親の残した遺産をめぐって父親の親族と争いとなったと自著で述べています。

金嬉老の家族は、仕方なく清水尋常小学校の運動場で野宿生活をすることになりましたが、小学生たちが金嬉老の家族を見ては「朝鮮人、朝鮮人」とバカにしました。その後、母親は、買ってきたリヤカーに幼い金嬉老を載せ、段ボールや鉄くずなどを集め、それを屑屋に売って生計を立てるようになりましたが、日本人の子どもたちは、金嬉老と母親をからかっただけでなく石まで投げつけました。

金嬉老は、入学した小学校でも耐えがたい差別を受けることになります。何かあれば「朝鮮人、朝鮮人」と言われ、「朝鮮人はかわいそう。なぜかというと地震のためにお家がペッシャンコ、ペッシャンコ。やあい朝鮮人！　野蛮人！」と大勢の同級生にはやし立てられました。小学三年生の頃、同級生に弁当箱をひっくり返された金嬉老が、相手と喧嘩になりましたが、担任の教師は喧嘩の理由も何も聞かずに金嬉老の横っ腹を蹴り上げました。その衝撃で脱糞した金嬉老は、皆から「クサイ、クサイ」と罵られる酷い差別を受け、学校を拒むことになります。

一九三三年に、母親が再婚します。金嬉老の姓の「金」は、その義理の父親の姓に由来するものです。(三) 金嬉老は、義父との折り合いが悪く、一〇歳で家を出て親戚が営む東京・錦糸町の財布工場に丁稚奉公（でっちぼうこう）に出ますが、長続きせず清水に逃げ帰って来ます。一二歳のときにも東京・青山の八百屋に丁稚奉公に出ますが、そこでも店主の子から「朝鮮人は汚いから、向こうに行け」と言われ、店先のニンニクをかじってしまったときに店主から「そんなものを生で食うから、お前はニンニク臭いんだ」と言われるなどの差別を受けました。その後も、金嬉老は、義父との葛藤から、家を出て丁稚奉公に行っては長続きせず家に戻り、また家を出るということを繰り返しました。丁稚奉公先だったキャンディー屋・お菓子屋・家具屋・印刷屋・クリーニング屋・練炭工場などで、朝鮮人差別は常について回ったと、金嬉老は自著で述べています。

一 鄭鎬碩『金嬉老事件』のエコーグラフィー――メディア、暴力、シティズンシップ」（東京大学博士論文、二〇一四年）一頁。

二 金嬉老は自著で五歳のときに父は死亡したというが、金嬉老の記憶違いであるとされる（前掲鄭二一六頁）。

三 「金嬉老」は外国人登録原票上の名前で、刑事裁判の起訴状に記載されたもの。物心ついた頃には、実父の通名をとって「近藤安広」と呼ばれていたが、小学校にあがる頃には「権嬉老」、母の再婚後は義父の通名の名字をとって「清水安広」、一九四五年に義父が通名を変えたことに従って「金岡安広」などと、その時々で合計七つの名前で呼ばれた。韓国の戸籍上の名前は「権禧老」（前掲鄭二七頁）。

警察による屈辱、警察に対する憎しみ

金嬉老は、一二、三歳のある日、家を飛び出して駅の待合室のベンチで寝ていたところを警察官に「非行少年」として補導され、顔が変わってしまうぐらいの暴行を受け、留置場に入れられました。警察は、金嬉老を迎えに来た母親に対して「お前ら朝鮮人は、日本のお陰でちゃんとした生活ができるんだから、ありがたいと思わなきゃいかん」と朝鮮人を侮蔑する暴言を言い放ちました。

一三、四歳の頃、金嬉老は、「一人前に立派になるまでは家に帰らない」と言って家出し、空腹に苛まれながら下関や広島県内を放浪した後、名古屋に辿り着きます。荷物の運搬を手伝って小銭をもらって糊口をしのぎ、夜は駅の待合室で寝る生活をしていた金嬉老は、腕時計を盗んだ疑いで警察署に連行され、柔道場で警官から柔道の技で何度も投げ飛ばされるなどの酷い暴行を受け、少年院に送られます。金嬉老は、警察官に暴行を受けたこのときに、警察に対するはっきりした憎悪が湧き始めたと述べています。金嬉老は、その少年院から脱走しますが、空腹のために犯した盗みで逮捕され、再び少年院に送られます。その中で金嬉老は日本の敗戦を迎えます。その後も金嬉老は、警察に逮捕されて刑務所に入ることを繰り返しますが、その過程で警察からの朝鮮人差別を何度も経験します。

金嬉老は、旅館「ふじみ屋」で、清水署・小泉刑事の朝鮮人を蔑視する暴言の謝罪を要求したと冒頭で紹介しましたが、その暴言があったのは一九六七年七月のことでした。金嬉老が、清水市旭町の繁華街を通りかかったところ、地元の暴力団と在日朝鮮人のグループが揉めていました。その揉み合いに割って入った刑

事は、朝鮮人グループに対し「てめえら朝鮮人は日本に来て、ロクなことをしねえっ！」「朝鮮人は朝鮮に帰れ」と在日朝鮮人のグループに一方的に怒鳴りつけ、侮蔑に満ちた目つきで睨みつけたのです。金嬉老は、在日朝鮮人のグループにいた従兄弟から、その刑事の名前が「小泉」であることを聞きつけます。憤りを覚えた金嬉老は、近隣の焼肉店から清水署に電話をかけ、小泉刑事を呼び出し、「さっき騒ぎの前を通りかかった者だが、いくら警察官でもああいう言い方はおかしいじゃないですか」と怒りを抑えて抗議しましたが、小泉刑事は、開口一番「何をこきやがる、この野郎」と言い、「てめえら朝鮮人は、そのぐらい言われて当りめえだ」と、露骨に朝鮮人を侮辱する暴言を吐きました。これに激昂した金嬉老は「この問題を必ず大きな社会問題にしてみせる」と怒鳴り返すと、小泉刑事は「おう、やれやれ、俺は楽しみに待っているぞ」と見下した態度でさらにやり返します。

金嬉老は、この小泉刑事の暴言について、自著で「私がこれまで受けてきた私自身の、いや母や姉、妹、すべての家族、そして同胞が受けてきた侮辱を改めて生傷に塩をこすりつけるような形で思い起こさせた」と述べています。そして、金嬉老は、持っていた銃やダイナマイトで警察を襲撃し、青酸カリを飲んで自分も死のうという衝動に駆られるようになったと述べています。小泉刑事の朝鮮人を侮辱する暴言は、金嬉老による「ふじみや旅館」の立て籠もりにつながっていきます。

暴力団員の射殺から「ふじみ屋」に至るまで

金嬉老が射殺した曽我ら二名は、清水などを縄張りとしていた稲川組大岩支部所属の暴力団員でした。金嬉老は、母親が営んでいた飲食店「松屋」の常連客だった岡村に借金のために約束手形を預けていましたが、借金が返済されていたのに手形が稲川組に渡ってしまったのです。曽我ら七、八人が金嬉老のもとに押しかけ、金嬉老を車の中に閉じ込めて無理矢理いわれのない借金の証文を書かせました。曽我らの取立ては厳しく、金嬉老は当時の交際相手の実家のある青森に身を寄せますが、曽我から「お前がどこに行っても稲川一家の目は光っているぞ」という脅迫の手紙が青森にまで舞い込みます。追い込まれた金嬉老は、曽我と「決着」をつけなければならないと覚悟し、ライフル銃とダイナマイトを携えて静岡に戻り、一九六八年二月二〇日、キャバレー「みんくす」に曽我を電話で呼びつけます。

金嬉老は、曽我を殺す決意をしていましたが、曽我と話す中で、曽我がしばらくは見逃してくれるのではないかと迷いが生じます。そして、金嬉老は、お金の都合がつかなくなったと曽我に申し出ます。これに激昂した曽我は「てめいらアサ公がちょうたれたことこくな！」（朝鮮人が一人前の口きくな）と吐き捨てました。その言葉を聞いた瞬間、金嬉老は曽我を殺す気持ちが固まり、店の外に停めていた車からライフル銃を取り出し、店の中で曽我に六発の銃弾を発砲し、曽我は即死しました。金嬉老は、曽我が連れて来ていた手下にも発砲し、手下は病院で死亡しました。

「みんくす」を出た金嬉老は、すぐに車を運転して清水署に向かいます。金嬉老は、清水署に乗り込みダイナマイトを投げ込んで爆破し、朝鮮人に対する暴言を吐いた小泉刑事もろとも死ぬ決意でした。しかし、金嬉老は、清水署に近づくにつれ警察のジープが道に何台も停まっているのを見て、警察に見つかることなく清水署に辿り着くことができないと思い、あてもなく山中に車を走らせ、深夜、寸又峡に辿り着きます。

金嬉老は、旅館「ふじみ屋」に立て籠もり、清水署で果たせなかった警察との「闘い」に臨むことになります。ライフル銃をぶら下げた金嬉老は、玄関の引き戸を開けて「こんばんは」と言いながら中に入り、起きていた宿泊客に「実は、私は今、清水でもって暴力団と問題を起こし、人を一人殺してきた」「これからどうしても警察を相手にしたいことがあるが、あなたたちには絶対危害を加えないから、協力してもらいたい」と告げて、「ふじみ屋」にいた宿泊客、旅館経営者とその家族一三人全員を二階の「藤の間」に集めてもらいます。金嬉老は、膝をつき両手をついて、その一三人に「私がなぜ関係もないみなさんに対してこんなことをしなきゃならないのかを考えると申し訳なく思う。申し訳ないでは済まないと思う。その責任は、私が自ら死ぬことによって謝罪します。ただ、死の間際に、朝鮮人であるがゆえに侮蔑を加えてきた日本の警察に最後の謝罪要求をしたい。皆さんには危害を加えることは絶対にしないので、このことを許してください」と訴えました。

籠城八八時間

金嬉老は、「藤の間」で畳のバリケードを築き、一五〇本のダイナマイトを「人質」に運んでもらい、清水署に電話をかけて「私が曽我をやったものだ。いま寸又峡にいる」と伝えます。翌二月二一日の朝八時頃「ふじみ屋」を訪れた顔見知りの大橋巡査に、金嬉老は、清水署の小泉刑事が自分に対してのみならず朝鮮民族に対して謝罪すること、殺された曽我らは暴力団員であり「みんくす」事件の原因が曽我の悪辣非道なやり方にあったことを公表することの、二つの要求を伝えました。大橋巡査は、金嬉老の要求を上司に伝えることを約束します。

金嬉老は、大橋巡査に依頼して寄越してもらったＮＨＫと静岡新聞の記者に「自首はしない。私の要求が認められれば、ライフルで頭を撃ち抜いて自殺する。私の要求とは、警察がわれわれ朝鮮人に対してとってきた態度について、小泉刑事や本部長はじめ関係者がテレビを通じて謝罪をすることだ」と伝え、朝鮮人に対する民族差別を訴えました。

これを受けて清水署の小泉刑事が、同じ日の深夜の午後一一時五二分、ＮＨＫローカル放送に登場します。しかし、小泉刑事の発言は「私には朝鮮人を侮辱したことは身に覚えのないことであるが、万一そういうことがあったとしたら謝罪する」というもので、金嬉老が納得できる内容ではまったくありませんでした。静岡県警本部長も出演しましたが、金嬉老が納得できる具体的な謝罪がなかったのは同じでした。

金嬉老は、翌二二日、現地を訪れた十数人の記者との会見に応じ、「自分が人を殺したことには変わりはないので、その責任をとる方法として自爆するつもりだが、しかし、その前にかつて自分を朝鮮人だとバカにした清水署の小泉刑事に謝罪してもらうことを要求している」と繰り返し伝えました。また、金嬉老の説得に訪れた顔見知りの西尾巡査部長らに、清水署の小泉刑事のテレビ放送を見たが、具体的でなく、自分以外の人には何を謝罪しているのかわからない、もっと具体的に謝罪してほしいと求めました。金嬉老は、二三日、高松静岡県警本部長に電話をかけ、最終的に自死する気持ちに変わりないとしたうえで、「世間に、やっぱり人種差別なんかするもんじゃない、お互いに手を取り合って相互理解で行くべきだ、人種差別をするために、どんなに虐げられた気持ちの人間が多くいたかってことを知ってもらってね、日本の皆さんにもっともっと理解と温かい目でわれわれ朝鮮人と接してもらいたい」と訴え、本部長と小泉刑事の具体的な謝罪を求めました。

韓国民団中央本部団長・弁護士・宗教家・文化人など多数の人々が、説得のために「ふじみ屋」を訪れて金嬉老と話し合いますが、警察に対する二つの要求が実現すれば一人で自殺するという金嬉老の決意に変わりはありませんでした。

籠城四日目となった二四日の午後三時過ぎ、金嬉老は、丸腰のまま「ふじみ屋」の玄関先に出てきて「人質」の一人を送り出します。そのとき、玄関先に詰めかけていた報道陣の中に紛れ込んでいた七人の刑事が一斉に金嬉老に飛びかかりました。金嬉老は、着ていたジャンパーのポケットに入っていた青酸カリを口の中に放り込もうとしますが刑事らに右手を押さえられ、地面に組み伏せられました。倒れ込んだ金嬉老は、舌を噛み切ろうとしますが、刑事が口に指を突っ込むなどしたため、自殺を果たすことはできませんでした。

金嬉老の逮捕後、小泉刑事は、差別発言について「濡れ衣だった」とその存在自体を否定しました。静岡県警も、逮捕前、高松本部長が「民族の誇りを傷つける『朝鮮人バカヤロウ』の発言に対しては、誠に申し訳なく思っている」という謝罪を述べた録画を撮影し、それが二度にわたりテレビで放映されましたが、逮捕後、「金嬉老事件と差別問題は無関係」と言葉を翻します。これに対し、金嬉老は、一九七五年一一月に最高裁で無期懲役が確定するまで、刑事裁判の法廷で、民族差別に対する「闘い」を続けることになります。

終わりに

金嬉老の行動は、メディアによって広く報道され、日本社会に大きなインパクトを与え、金嬉老の行動に対する共感を訴える日本人も現れました。文化人・弁護士らのグループは、「ふじみ屋」で籠城を続ける金嬉老に対して、NHKを通じ、次のように呼びかけました。

「あなたの声は私たちのところに届きました。(中略)このような形で届けられたあなたの声の持つ重大な意味を、いま夜を徹して考え続けています。(中略)私たちは今回のあなたの行動を通じて、日本人の民族的偏見にかかわる痛烈な告発を知りました。

私たちは、もしあなたが生命を失っても、あなたが叫び続けた問題をその本質において受けとめねばならないと思います」。

日本社会で、在日朝鮮人が受けていた苛烈な差別に対する抗議は、金嬉老の抗議が小泉刑事から一蹴されたように、合法的な方法では歯牙にもかけられませんでした。朝鮮人差別に対する金嬉老の「告発」は、「ふじみ屋」にいた一三名の無関係の第三者を監禁するという非合法な形によって、皮肉にも広く日本社会に認知されることになったのです。

それにもかかわらず、日本社会の民族差別は解決されませんでした。現在、外国人に対するヘイトが日本社会で溢れていることは、本書で紹介されている多数の事件に現れているとおりです。元読売新聞記者の本田靖春は、金嬉老事件についてのノンフィクション『私戦』で、こう記しています。

「人間を人間らしく生きさせない不正な社会に対する問題意識は、いったいどこへ行ってしまったのか（中略）彼に償いを求めた私たちの社会が、その後、いささかでもそれを改めたか」。

多数の在日コリアンも、金嬉老事件の刑事裁判に出廷し、証言をしました。その一人であった詩人・金時鐘（キムシジョン）は、警察署で取調べを受けたときに刑事から「この朝鮮のカスめが」などと罵詈雑言を浴び「まったく聞くに耐えない虫けらの扱い」を受けたとし、この自らが受けた酷い被差別体験のうずきから金嬉老事件に非常に共鳴したことを法廷で認めました。

その一方で、金時鐘は、「自分をこうあらしめたのは外部だけではなく、それを受動的に受けとめた自分自身にもあるんだというところまで意識がいってほしいというのが、僕は朝鮮に行きつく行為であると思っている」、差別に対して抵抗する手段として犯罪に及んだことが「本当の朝鮮に行きつく朝鮮人になりきる行動」ではないと、厳しく金嬉老を批判しました（四）。

その金時鐘は、後年、差別一般について、次のようにも述べています。「差別が酷（むご）い、というのは本質的

四　「金嬉老裁判での証言　速記録」（一九七一年一二月一七日）『金時鐘コレクションⅦ　在日二世に向けて「さらされるものと、さらすものと」ほか文集Ⅰ』（藤原書店、二〇一八年）二九二〜三三六頁。

にはこういうことなんですよ。差別されることに慣れてしまうと、または差別という人間疎外がずっとつづきますと、疎外される人は自分で自分を省みる余裕をなくしてしまう。すべからくあたり一面の人から嫌われ者になっていくんですね。容姿・容貌も醜くなりますし、言辞、言動も荒っぽくなっていくんです。差別とはこういうものです。つまり、人間を汚らしいものにしてしまうんですよ(五)」。

（金奉植）

《参考文献》

金嬉老公判対策委員会編『金嬉老の法廷陳述』（三一書房、一九七〇年）
金嬉老『われ生きたり』（新潮社、一九九九年）
本田靖春『私戦』（河出文庫、二〇一二年）
鄭鎬碩「『金嬉老事件』のエコーグラフィー——メディア、暴力、シティズンシップ」（東京大学博士論文、二〇一四年）

五 「違いの確認」（一九九二年一二月一四日講演）『金時鐘コレクションX 真の連帯への問いかけ「朝鮮人の人間としての復元」ほか講演集I』（藤原書店、二〇二〇年）一〇五～一〇六頁。

第3章

解決されない戦後

在日・日本軍「慰安婦」訴訟と韓国朝鮮人ＢＣ級戦犯訴訟

二つの戦後補償裁判

在日・日本軍「慰安婦」訴訟（宋神道さん）、韓国朝鮮人ＢＣ級戦犯訴訟（李鶴来さんたち）という二つの裁判は、ともに戦後補償裁判といわれる裁判です。日本の戦後補償責任、つまり戦後補償を日本が怠ってきた責任を追及する裁判です。

戦争中、日本は諸国やその国民に大きな損害を与えましたが、一九四五年に戦争が終わった後、日本が十分な賠償や補償をしないまま放置した被害者、なかでも日本国籍を持たない外国人の被害者がいました。戦後補償裁判というのは、その被害者が日本政府（正確には日本国）に賠償や補償を求めた裁判のことです。

戦争中、「慰安婦」として旧・日本軍によって「動員」された被害者である在日コリアン女性の宋神道さんが補償や謝罪などを求めて起こした訴訟が、在日・日本軍「慰安婦」訴訟です。戦争中、軍人・軍属として日本軍によって動員された後、日本の敵国だった連合国に戦犯として裁かれ、死刑になったり、刑務所に服役した、李鶴来さんたち韓国朝鮮人とその遺族が、動員した日本国の責任を問うた裁判が、韓国朝鮮人ＢＣ級戦犯訴訟です。

二つの訴訟とも一九九〇年代に起こされたのですが、結局、日本の裁判所はともに原告たちを敗訴させました。裁判としては敗訴した後も、宋神道さんや李鶴来さんたち、さらに支援者たちは、補償などを求めて運動を続けていましたが、結局、生前には補償などを受けられないまま、宋神道さんは二〇一七年に、李鶴来さんは二〇二一年に、それぞれ亡くなりました。しかし、支援者たちは今も運動を続けています。

被害は戦後だけではない

二つの訴訟は、提起されてからもう三〇年近くが経ちます。一九九〇年代当時、そしてそれ以降も、日本ではこれら訴訟は「戦後補償裁判」として理解されてきました。その視点は今でももちろん重要なのですが、ただ最近は、韓国朝鮮人が被害の補償を求めたこういう裁判について、「戦後」補償裁判という捉え方をするだけでいいのだろうか、それでは取りこぼしてしまう視点や被害があるのではないだろうか、という疑問も持たれるようになってきています。

というのは、「戦後」補償というのは、「戦争中」の被害をきちんと補償していない、あらためて補償するべきだ、と言っているわけですが、日本の植民地だった韓国朝鮮や台湾の被害者の場合、「戦争の前」から

一　「賠償」と「補償」は同じような意味の用語だが、「賠償」は加害者に法的責任があるので支払うカネ、「補償」は加害者に法的責任があるとまではいえないが被害者を救済するために支払うカネ、と区別される。本項ではあまり厳密に区別せず、「補償」という言葉を用いる。

日本政府が朝鮮人に対して行った戦時強制動員

- 強制動員
  - 労務動員
    - 男　募集・官斡旋・徴用工
    - 女　女子勤労挺身隊
  - 軍務動員
    - 男　軍人（「志願」兵・徴兵）・軍属
    - 女　日本軍「慰安婦」

の被害という視点が必要でないか、と意識されてきているからです。

ここで問題としている、日本が起こした「戦争」自体、その始まりをどこと見るかというと、いくつもありえます。対・米英の戦争なら一九四一年〜ですが、対・中国だと一九三七年〜（日中戦争）となりますし、さらに中国との満州事変からと考えると一九三一年〜となります。一九三一年から戦争はずっと続いていたという考えからは、一九三一〜一九四五年で「一五年戦争」ということになります。しかし、日本が台湾を植民地としたのは一八九五年、朝鮮を植民地としたのは一九一〇年のことでしたから、いずれも一九三一年からしてもその前の出来事です（逆に言うと、これらの植民地化は日清戦争・日露戦争によるものなのですが、問題としている「戦争」には、これらの戦争やそれ以前の戦乱・戦争は含まれていない、ということもできます）。

日本政府・日本軍が、「慰安婦」や軍人・軍属（本書八三頁参照）として大勢の朝鮮人を戦争中に「動員」したのは、専(もっぱ)ら日本側の必要からでした。日本は、日本側の必要のために、「国策」（国を挙げての政策・計画）として「慰安婦」や軍人・軍属の「動員」を実行しました。とくに「慰安婦」被害者の場合、暴力的な拉致、暴行による連行もありましたが、騙したり、甘言（口先だけのうまい言葉）を言って被害者を「動員」した例も多くありました。

日本は、「慰安婦」被害者に対する「動員」[二]を「国策」として組織的に実行しました。

軍人・軍属として朝鮮人を動員する場合、日本は動員に必要な法令を制定するなどして動員を実施しました。

植民地（支配）責任という捉え方

拉致は暴力的だが、騙しや法令による動員は暴力的ではなかった、という見方もあります。しかし、いずれも、日本側の必要に応じて一方的に朝鮮人を動員する点では異ならないことに留意するべきでしょう。そして、日本が日本側の必要に応じて一方的に大勢の朝鮮人を動員することができたのは、日本の植民地体制があったからでした。逆に言うと、植民地体制とは宗主国（ここでは日本）の事情や必要を優先し、植民地下の人々（ここでは朝鮮人）の権利を劣後させる体制だったわけです。

先ほど、「なかでも日本国籍を持たない外国人の被害者がいました」と述べました。ただ正確に言うと、日本政府は、たとえば韓国朝鮮人については、一九一〇～一九五二年まで日本国籍を持っているとして扱っていました。一九一〇年の植民地化により、強制的に日本国籍を付与し、その日本国籍を日本の法令や日本軍の命令などに韓国朝鮮人が服するべき根拠としていたのです。ですから、韓国朝鮮人被害者を「日本国籍を持たない外国人」とだけ見るのは、植民地化の歴史を見落としてしまうことにつながってしまいます。

二　ここで「動員」とカギカッコ付きで呼んでいるのは、拉致や騙しなどによって連れて行ったものも「動員」と呼ぶのに違和感があるからである。ただ、国策として組織的に実行したのである以上、広い意味で「動員」と呼んでよいと思われる。

以上のようなことが意識されるようになってくると、「戦後」補償という呼び方をすると、戦争中の被害にだけ目がいき、戦争前からの被害、戦争前からの植民地体制の問題点に目が届きにくくなってしまうのではないか、ということが意識されるようになりました。そのような考えの人たちは、「戦争責任」「戦後補償責任」とは別に、「植民地責任」「植民地支配責任」という用語も用いるようになってきています。

以上のとおり、被害の原因は戦争前にも存在するわけですが、被害が直接的には「戦争中」に発生し、その戦争中の被害を日本側が放置してきた、という視点ももちろん変わらず重要です。

日本による戦後賠償とアメリカの影響

日本は連合国の占領から脱して、日本の主権を回復するための講和条約で、戦争中に日本が与えた損害の賠償請求権を被害国が放棄するという条項を、アメリカの強力な説得もあって入れることに成功しました（一九五一年九月に調印されたサンフランシスコ講和条約一四条）。この講和条約の効力発生は翌年の一九五二年四月二八日で、これが連合国による戦後の占領から日本が独立を回復した日とされています。

もっとも、戦争中、日本に占領されたフィリピンや南ベトナムは、アメリカの説得にもかかわらず賠償請求権を放棄しませんでしたし、中国・大韓民国（以下「韓国」）・朝鮮民主主義人民共和国（以下「北朝鮮」）はそもそも会議に招待もされていませんでした。結局、日本は、フィリピンや南ベトナムなどと個別交渉を行い、賠償しました。

日本は、韓国とも講和条約とは別に交渉を行いました。ただ、日本は韓国を日本の戦争の相手国とは認めませんでした。日本の植民地であって日本の一部だった、という理由です。戦争の相手国と認めない以上、戦争による損害を考える余地がない、というのが日本の見解でした。他方、韓国側は、日本による植民地化や、その後の植民地支配自体が不法だという見解でした。

結局、日本と韓国は一〇年以上も交渉が難航した後の、一九六五年の日本国と大韓民国との間の基本関係に関する条約（「日韓条約」）で、植民地支配の合法性の問題を棚上げにしたまま、日本が韓国に経済協力を行うことで決着しました。決着とはいうものの、植民地支配の合法性という根本的な問題を棚上げにしたままの、「曖昧決着」だったといえます（本書九三頁以下参照）。それでもなんとか「決着」したのは、アジアの西側陣営の結束を重視するアメリカ政府の強力な説得があったためとされています。

決着に際して、日本は韓国側に経済協力を行うことになったわけですが、これは、日本の責任を認めたうえでの「賠償」ではない、というのが日本側の見解でした。なお、中国とは一九七二年の日中共同声明で中国が賠償請求権を「放棄」し（本書九九頁参照）、他方、その後日本は中国に経済協力を行いました。北朝鮮とは国交がないため、いまだに決着がついていません。

しかし、日本が行った賠償、経済協力は金額自体が充分なものではなかったところがあるうえ、これらアジア諸国の多くはアメリカの支援を受けた反共独裁政権でした。政権は、日本からのカネを自分たちの政策のために使ってしまい、十分な賠償が被害者個人に渡らなかった例が多くありました。さらに、独裁政治だったため、各国の国民がこのような政権のやり方に反対の声をあげることは困難でした。

在日・日本軍「慰安婦」訴訟

日本軍「慰安婦」とは

在日コリアンである宋神道さんによる訴訟は、「在日韓国人・日本軍『慰安婦』訴訟」といわれています。一九九三年に提訴され、その後、最高裁まで争われましたが、二〇〇三年に上告が棄却され、最終的に訴訟としては敗訴のかたちで終結しました。

日本軍「慰安婦」とは、日本軍が設置した施設（慰安所）に拉致や騙されたりして連れて行かれ、性的行為を強要された女性のことです。宋神道さんがこの裁判で訴えたのは、宋神道さんが一九三八年から一九四五年の約七年間にわたって性的行為を強要されたということ、そしてそれは、日本軍が組織的に関与していた性奴隷の強制だった、ということでした。このような立場から、「慰安婦」という用語自体が軍側の視点のものだとして、「戦時・性暴力」「日本軍・性奴隷制」の被害者、サバイバー（被害を生き延びた人）などの言葉を用いるべきだという論者もいます。また、宋神道さんによる裁判の提訴当時は、「在日韓国人従軍『慰安婦』訴訟」とも呼ばれていたのですが、「従軍」だと「慰安婦」被害者が自発的に日本軍に従ったという意味にとれてしまって誤解を招くおそれもありますから、ここでは在日・日本軍「慰安婦」訴訟と呼んでいます。

裁判の報告集会で話をする宋神道さん

宋神道さんの過酷な被害

　宋神道さんは一九二二年生まれで、数え年一六歳のとき、親に一〇歳以上離れた男性との結婚を決められ、それが嫌で逃げ出し、近くの村々で子守などをして生計を立てていました。翌年、初老の朝鮮人女性から「結婚などしなくても戦地に行って働けばカネを儲けて一人で生きていける」などと言われて、「慰安婦」の仕事などとは知らず、戦地行きを承諾しました。そして、集められた多数の女性たちとともにはるか中国の武漢まで連れて行かれ、そこで初めて「慰安婦」の仕事を知らされ、泣いて抗いましたが、軍医による性病検査を受けさせられ、その後、日本軍人の相手をさせられました。

　嫌になって逃げようとすると、そのたびに捕まえられて連れ戻され、殴る蹴るなどの暴行を繰り返し受け、宋神道さんは、そのうちに右耳が聞こえなくなってしまいました。軍人が慰安所に来る時間帯は、兵士が朝から夕方まで、下士官が夕方から午後九時まで、将校がそれ以降と決められており、一日に数十人の相手をさせられたこともありました。

軍人は避妊具の使用を義務づけられていましたが、使用しない者もあったため、性病にかかったり、妊娠する「慰安婦」もいました。宋神道さんは二度妊娠し、一度目は早産のため死産でした。その後、一九四一年頃にも妊娠したところ、武漢の慰安所から放逐(ほうちく)され、別の慰安所に連れて行かれました。そこで出産しましたが、自分で育てることは不可能であったため、その子の養育をあきらめ養子に出しました。

宋神道さんはその後、中国各地の慰安所を転々とさせられ、これは日本が敗戦する一九四五年まで続きました。日本軍は、敗戦時に宋神道さんら「慰安婦」を放ったらかしにしたので、宋神道さんは自力での帰還を余儀なくされました。宋神道さんは日本兵だった日本人男性の援助を得て日本に帰還し、その後も日本に居住することになりました。

国策としての「慰安婦」制度

「慰安婦」制度は、日本軍という国家機関が、組織をあげて立案・実行した制度です。日本軍は日本帝国の中枢機関でしたから、「慰安婦」制度は日本帝国が「国策」として立案し実行された制度、ということができます。日本軍は、「慰安婦」を集めて日本軍の軍人の性行為の相手をさせることを決めました。そのため、たくさんの「慰安婦」を組織的に集める必要が発生しました。慰安所は日本軍が設置した施設でしたし、「慰安婦」を集め、輸送し、管理することが国策として実施されました。先に見たように、「慰安婦」の性病予防の検診などを日本軍の軍医に実施させたり、利用規定を定めたりと日本軍は組織的に関与しました。とくに朝鮮人女性については、「慰安婦」という「仕事」の内容を事前に教えて「慰安婦」に自発的に応募させるのではなく、仕事の内容について騙したり、甘言を言って朝鮮から遠い外国などにある慰安所に連れて行く例が多発しました。女性の連行について、日本政府の官憲が直接加担する例もありました。女性たちは慰安所から自発的に退去することはできませんでした。

「動員」された「慰安婦」[三]の人数は二万人から四〇万人の間くらいで、諸説があります。総数を知ることができるような日本政府の資料は現在ありません。ですので、上記の数字は推定です。国策として動員しておきながら、総数も確定できないということ自体が、「動員」した女性たちの権利を日本政府・日本軍が蔑（ないがし）ろにしていたことを端的に示している、といえるのではないかと思います。

「動員」された「慰安婦」のうち、朝鮮人女性がどの程度の割合を占めるかについては、朝鮮人「慰安婦」は多かったが絶対的多数を占めるには至っていなかった、日本人「慰安婦」も多かったのではないか、とこれも推定されるにとどまっていますが、ただ、当時の日本の人口比（日本内地七〇〇〇万人、朝鮮二〇〇〇万人）からしても、朝鮮人女性が「慰安婦」に占めた割合が高かったのは間違いがない、それは植民地体制の下、朝鮮人の権利が構造的に蔑ろにされていたことの現れでもあったといえると思います。

三　朝鮮人「慰安婦」だけでなく、日本人「慰安婦」なども含む。

「慰安婦」被害者による裁判

宋神道さんのように、日本の植民地・占領地下で、当時、「慰安婦」とされた人たちが、一九九〇年代に相次いで裁判を起こしました。これは、一九八〇年代になって、フィリピン・台湾・韓国で政治の民主化が行われたことも関係しています。日本軍「慰安婦」に関する訴訟は、一九九一年に提訴された韓国に住む韓国人被害者の裁判が最初で、その後、韓国・釜山（プサン）、フィリピン、宋神道さん（在日）、オランダ、中国、台湾と、元「慰安婦」だった被害者が裁判を起こしました。しかし結局、一連の「慰安婦」訴訟での勝訴判決は、釜山事件（関釜事件）の一審判決(四)のみです。

これらの裁判で、裁判所が被害者の被害や日本軍の組織的な関与を積極的に否定したというわけではありません。たとえば、裁判所は宋神道さんが「慰安婦」とさせられ、甚大な被害を受けた事実があったことを認定しました。にもかかわらず、では、どうしてほぼすべてが敗訴だったかというと、大きな理由として、①国家無答責、②時効・除斥期間、という二つの理屈がありました。

①は、日本の戦前の法律では、国家（＝政府）が行った行為については損害請求ができないとされていた、というものです。もっとも、その後の裁判例では、この理屈を否定するものも現れています。

②は、宋神道さんたちが裁判を起こすのが遅すぎた、というものです。宋神道さんが裁判を起こしたのは、日本の敗戦（一九四五年）から四〇年以上も経ち、宋神道さんも七〇歳を過ぎた一九九三年でした。裁判所は、「日韓条約の一九六五年から二〇年後の八五年までに提訴すべきだった」（東京高裁）などとして宋神道さんを敗訴させました。

しかし、宋神道さんたちの裁判の提訴まで四〇年以上もの時間がかかったのには理由がありますから、本来、これは被害者の宋神道さんたちに酷な結論です。まず前記のとおり、アジア諸国では、独裁政権が進める政策に反対して、被害者本人に賠償金を渡すよう主張することは困難でした。もっとも、在日の宋神道さんにはこのことは当てはまらないはずですが、さらに重要だと思われるのは、日本社会では、一九八〇年代くらいまでは、自らの加害責任を問題にする考え方が希薄だったということです。それまでは、戦争被害というと、主として日本人の被害のほうに意識が集中していたといえるでしょう。また、被害が性的なものだったことから、日本社会のみならず、在日も含むコリアンたちの多くも、被害者である「慰安婦」たちを真摯にサポートしようとする姿勢に欠けていたところがあったのではないかと思われます。

「慰安婦」訴訟は前記のとおり、日本国内の裁判としては二〇〇三年、敗訴で終結しました。しかし、日本国内の「慰安婦」訴訟は、たとえば現代のボスニアやアフリカの紛争での、女性に対する組織的な加害との共通点が意識されるなど、「女性に対する戦時の性暴力」という視点の、世界的な先駆けともなったと評価することができるでしょう。

宋神道さんの訴訟の後の「慰安婦」問題の状況

宋神道さんは二〇一七年に亡くなりましたが、「慰安婦」問題は宋神道さんの訴訟の終結から二〇年近く

四　一部勝訴。山口地裁下関支部一九九八年四月二七日。

たった現在でも日本国内で、また、韓国など近隣国との間で、そして、世界的な「戦時・性暴力」の事案として、未解決の大きな問題であり続けています。

一九九三年には日本政府は、「慰安婦」被害を日本が発生させたことを認める河野官房長官談話を出しました。しかし、河野談話に対する日本国内の反発は現在でも根強いものがあります。

一九九五年には、「女性のためのアジア平和国民基金」（いわゆる「アジア女性基金」）が、日本政府の決定により設立されました。この基金では、「償い金」と日本の首相名の「おわびの手紙」を「慰安婦」被害者に渡し、医療福祉支援を行いました。しかし、元「慰安婦」を支援する複数の団体はこの基金に反対しました。国策として実行した以上、日本は国として謝罪し、法的な賠償金として支払いをすべきであるのに、この基金は「まやかし」の基金だ、というのです。それは、この基金が、日本政府が作ったものとはいってもあくまで民間の基金だ、という日本政府の位置づけのためでした。日本政府としての公式の謝罪と賠償を回避するための「まやかし」の基金だ、というのです。

二〇〇七年には、各国の議会が「慰安婦」に関する決議をしました。たとえば、アメリカ連邦下院は「日本軍が性奴隷制を強制したことについて、明確かつ曖昧さのないかたちで歴史的責任を正式に認め、謝罪し、受け入れるべきである」などと決議しました。

二〇一五年、日韓両政府は「慰安婦問題」に関して合意しました。この合意では、日本側が一〇億円を支払うことなどが合意されたのですが、この一〇億円が賠償なのか、そうでないのか、などをめぐって、合意後にまた紛糾し、その後、事実上の棚上げ状態となっています。

ＢＣ級戦犯訴訟

ＢＣ級戦犯とは

ＢＣ級戦犯（戦争犯罪人）とされた李鶴来さんがスガモ・プリズン[五]から釈放されたのは、敗戦後一一年経った一九五六年の一〇月のことでした。李鶴来さんは、一七歳だった一九四二年の夏に日本軍の軍属[六]である俘虜（ふりょ）（＝捕虜）監視員に半ば強制的に応募させられ、その後、泰緬鉄道（タイ・ビルマ間の鉄道）の敷設工事で、捕虜の監視任務に就きました。このとき、捕虜の取扱いを定めたジュネーブ条約については日本軍からは教えられないままでした。

泰緬鉄道の敷設工事は、「戦場にかける橋」（一九五七年）という映画でも有名なように、捕虜や、捕虜以外のアジア人労働者への苛酷な労働の強制で知られ、粗悪な衣食住、医薬品の欠乏という劣悪な環境で、多数の捕虜・労働者が死亡しました。そのため敗戦後、捕虜虐待などの戦争犯罪を行ったとされて、現場の捕虜監視員が多数、ＢＣ級戦犯として訴追されました。戦犯は「Ａ」「Ｂ」「Ｃ」に区分けされ、それぞれは対象となっている容疑を示すものです。したがってＡＢＣの順番は罪の重さを指すものではありませんが、Ａ級

五　巣鴨刑務所。第二次大戦後、戦犯が収容された。現在の池袋サンシャインシティの場所にあった。
六　軍隊に所属するが、軍人ではない人のこと。文官や諸作業に従事する人を指す。

戦犯とされたのが日本軍や政府の高位の指導者だったのに対し、ＢＣ級には捕虜監視員のような低位の軍人・軍属も含まれました。そして、捕虜監視員には、日本の植民地だった朝鮮や台湾の青年たちも従事していました。ＢＣ級戦犯とされた朝鮮人は一四八人、うち二三人は処刑されました。

都合の良いときは日本人、都合の悪いときは朝鮮人

李鶴来さんも、病気の捕虜を無理に労働させたことなどを理由に、戦犯としてオーストラリア軍に逮捕され、その後、起訴状を受け取りました。もっとも、その起訴状がいったん却下されたので釈放され、李鶴来さんは日本に向かいました。しかし、途中の香港で一九四七年一月一九日、再び拘束され、シンガポールに送られました。そして、同年三月一〇日に起訴され、同月一八日と二〇日に裁判を受け、この二〇日には死刑の判決を受けました。もっとも、同年一一月には減刑され、拘禁二〇年の刑となりました。

李鶴来さんは、日本の独立回復から四年後の一九五六年になって釈放されますが、日本は、理不尽な取扱いを行いました。李鶴来さんたちを、一方では「今は日本人ではないが、以前は日本人だったから」として服役を継続させておいて、他方で「以前は日本人だったが、今は日本人でないから」ということで援護などの対象から外したのです。

先述したとおり、一九一〇年の韓国併合（植民地化）によって、韓国朝鮮人は一方的に日本国籍とさせられましたが、一九五二年四月二八日の日本の独立（サンフランシスコ講和条約の効力発生）の際、日本政府は、またも一方的に、今度は旧・植民地住民である韓国朝鮮人・台湾人の日本国籍を剥奪(七)しました。サンフラン

シスコ講和条約の四月二八日の効力発生をもって韓国朝鮮人などは日本国籍を「喪失」したとか、日本国籍を「離脱」したという言い方を日本政府はしていますが、そうではなく、日本政府が日本国籍を「剥奪」したのでした。

ところで、講和条約には、独立回復後も日本国民である戦犯について、日本政府が引き続き刑を執行することを約束する条項が入っていました。そこで、服役していた韓国朝鮮人BC級戦犯は、獄中から釈放請求裁判を起こしました（一九五二年六月）。日本の独立回復によって日本国籍が剥奪された以上、もう「日本国民」ではない、という理由からです。しかし、日本の最高裁は、「刑を受けたときは日本人だったから」という理由で請求を棄却しました（同年七月）。そのため、李鶴来さんたちは「日本人」として服役を続けることを余儀なくされました。ところが、他方で日本政府は、日本軍の軍属として援護などを受けられるのは日本国籍を現在、持っている者だけとして、李鶴来さんたちに対する援護などは拒否しました。

日本政府（と国会）は、日本軍の軍人・軍属やその遺族に対して、独立回復から二日後の一九五二年四月三〇日に作った「戦傷病者戦没者遺族等援護法」による年金や、軍人恩給制度による恩給などを支払ってきました。これらの支払い総額は約六〇兆円にもなるとされています。李鶴来さんたちも日本軍の軍属として動員されたわけですから、当然ながら援護などの対象とされるべきでした。しかし、日本政府は、李鶴来さんたちについては日本国籍がないことを理由に援護などの対象から外しました。日本側は、一方的に押しつ

七　法務府（現・法務省）民事局の一九五二年四月一九日付け民事局長通達。本書二九頁参照。

けた日本国籍があることを理由に、日本軍の軍属として李鶴来さんたちを駆り出し、刑を受けたときには日本国民だったとして釈放を拒否しておきながら、他方で、今度は強制的に日本国籍を剥奪したうえで、日本国籍がないことを理由に援護などを拒否したのです。

日本政府・日本軍が軍人（兵士）、軍属として動員した朝鮮人は、確定的な数字ではありませんが、四〇万人ほどといわれています。「慰安婦」と同じように、国策としての動員でした。にもかかわらず、日本は、援護などの対象は日本人だけとし、旧・植民地住民（韓国朝鮮人、台湾人）を対象から外したのです。

李鶴来さんたちによる補償運動と裁判

旧・日本軍の軍人・軍属でＢＣ級戦犯とされた韓国人たちは、長い植民地支配からようやく独立を勝ち取った韓国では戦後、裏切り者と見られてしまう雰囲気がありました。名誉回復がされ、強制動員の被害者だったと韓国政府が認定したのは、ようやく二〇〇〇年以降になってからのことでした。日本の刑務所を出所した韓国人ＢＣ級戦犯は、生活の支援もないまま刑務所から放り出され、生活苦で自殺をした人もいました。

李鶴来さんたちはその後、日本政府や日本の国会議員たちに韓国朝鮮人ＢＣ級戦犯への補償を求めてきました。しかし、一向に補償は実現しないままでした。日本政府は、前記のとおり、一九五二年に日本国籍を失ったから、として補償を拒否したのですが、一九六五年に日韓請求権協定が結ばれると、この協定で「完全かつ最終的に解決」した、ということを拒否の理由にしました（本書九〇頁参照）。理由が変わっても拒否をしたのは同じでした。

李鶴来さんの釈放から三〇年以上経過した一九九一年、李鶴来さんや、死刑となった人の遺族たちが補償と謝罪などを求めて日本国を訴え（提訴は東京地裁）、その後、最高裁まで争いました。これが、ここでいう、ＢＣ級戦犯訴訟です。しかし、李鶴来さんたちは、一九九九年に敗訴が確定して、訴訟は終結しました。李鶴来さんたちは、日本政府が「李鶴来さんたちに補償をする根拠となる法律がないから補償できない」というので、「それなら、法律がなくても、日本の裁判所は『条理』（＝常識）に基づき補償を命じるべきだ」と主張し、さらに、「根拠となる法律がないのなら、そもそも日本の国会は法律を作るべきでないか。そういう法律を作る義務（立法義務）が日本の国会にはあるはずだから、そのような義務を履行しないのは違法だ、と確認する判決を求める」と主張しました。しかし裁判所は、戦争のような国家の存亡に関わる非常事態における被害については国民が等しく受忍しなければならない、また、そういう被害について補償をするかどうかは国会の裁量に委ねられている、などとして李鶴来さんたちの主張を退けました。国会の裁量に委ねられている、というのは、被害を補償して被害者を救済するのも国会の自由だし、救済しないのも国会の自由、誰をどのくらい救済するかも国会の自由、その国会が救済をしていないのだから、裁判所は何も言えない、ということです。

しかし、「国民が等しく受忍」といっても、李鶴来さんたちは現在「国民」ではないとされており、日本人には総額六〇兆円なのに李鶴来さんたちにはゼロというのは、仮に誰を援護して誰に補償するかは国会の裁量だとしても不公平さが度を越していると、その不当性・差別性を問題にしたのが、この裁判だったわけです。裁判所のこのようなもっともらしい理由づけは、李鶴来さんたちには詭弁（きべん）と感じられたことでしょう。

ボールは裁判所から、日本政府や国会へ

日本政府や日本の国会が動かないからこそ起こした訴訟であるのに、裁判所は、国会の裁量を理由に救済を拒否しました。結局、ボールは裁判所からまた日本政府や国会に投げ返されました。

李鶴来さんたちの訴訟の二審の高裁判決もそうだったのですが、戦後補償裁判でいくつかの裁判所が、原告を敗訴させつつも、補償のための新たな法律を作ることの必要性に言及しました。李鶴来さんたちの敗訴後の二〇〇〇年六月には、「平和条約国籍離脱者等である戦没者遺族等に対する弔慰金等の支給に関する法律」が作られました。しかし、これらの法律による弔慰金等(八)の金額は日本人軍人・軍属への年金(九)などよりはるかに低額ですし、また対象が戦死者の遺族と重度戦傷病者に限定されていました。李鶴来さんたちや日本軍「慰安婦」、強制動員による強制労働（「徴用工」など）の被害者たちは対象に含まれていません。

国際人権条約の関係では、李鶴来さんたちと似たケースで、セネガル人の元フランス軍兵士ゲイエさんたちの年金額がフランス人より低額なことを理由に、ゲイエさんたち約七〇〇人がフランス政府を相手取って、「市民的及び政治的権利に関する国際規約」（自由権規約）の人権委員会に通報した事件で、同委員会は、一九八九年四月三日、個人通報制度に基づく「見解」を採択し、自由権規約二六条（＝人間の平等を規定）違反を認定しました。また、補償要求運動の高まりにより、アメリカでは戦時中、敵性人種として強制収容した日系人に対して謝罪と補償（一人あたり二万ドル）をする法律が一九八八年に作られています。

処刑され、自殺するなどした仲間たちの名誉回復のため、という一心から、李鶴来さんは九〇歳を超えて

も国会に立法解決を働きかけるなど補償を求める運動を続けてきました。李鶴来さんは日本の世論に対しても「日本の良識と道義心」から補償を実現してほしい、と訴えてきました。運動の成果として、国会議員たちが法案を作り、なかでも二〇一六年の法案は与党議員も加わって作ったもので、外国籍ＢＣ級戦犯に対して特別給付金（一人あたり二六〇万円）を支給することなどを定めています。李鶴来さんは、この法案を法律として成立させるためにさらに運動を続けてきました。しかし、前述した受忍論などを理由とする、この法案への慎重論も根強く、この法案は未だ法律として成立するには至っていません。李鶴来さんは、法律の成立をみることなく、二〇二一年、九六歳で亡くなりました。

（殷勇基）

八　戦没者の遺族には弔慰金二六〇万円、重度戦傷病者には見舞金など四〇〇万円を一回のみ支払う。
九　本人に、さらに本人が亡くなっても遺族に、継続的に支払われる。

column

日韓請求権協定——韓国の司法判断は「国際法違反」なのか？

▼「日韓請求権協定」をめぐる日韓両政府の対立

日本の元「徴用工」「慰安婦」への賠償問題をめぐり、日本政府と韓国政府の見解が対立していることは、新聞やテレビでよく取り上げられています。日本政府は、一九六五年に締結された日韓請求権協定によって解決済みという立場をとっており、賠償請求には応じていません。

一方、韓国の裁判所では、元「徴用工」「慰安婦」の損害賠償（慰謝料）請求権は日韓請求権協定の対象外として賠償請求を認める判決が下り、韓国政府は、その「司法判断を尊重」するという立場を表明しています。これに対し日本政府は、「国際法違反」と非難しています。

このように日韓両国で日韓請求権協定に対する意見が対立しているのですが、具体的に、どのような論点について、どのような見解で対立しているのか、このコラムでみていきたいと思います。

▼「日韓請求権協定」とは

日本政府と韓国政府は、朝鮮半島の植民地からの解放（一九四五年）から二〇年も経ってようやく、両国の関係を「正常化」するための日韓（基本）条約を締結しました。日韓請求権協定は、その日韓（基本）条約と一緒に結ばれた四つの協定の一つです（条約は国と国とが結ぶ「契約」のことで、協定とは条約の一種です）。

では、日韓請求権協定というのは、何についての「協定」なのでしょうか。日韓両国の関係を「正常化」するにあたって、日本政府は、日本から韓国への「請求権」を、韓国政府は、逆に韓国から日本への「請求権」をそれぞれ主張し、両国政府が主張した「請求権」をどう扱うのかが問題となりました。

日本から韓国への「請求権」とい

うのは、たとえば、植民地支配のときに日本国が敷設した鉄道や、日本人が残してきた工場などの財産についての請求権です。日本政府は、一九四五年に植民地支配が終わった後、朝鮮に置いてきたそういう財産を韓国人が今使っているのだから、韓国政府がその分を日本人に補償すべきだ、と主張しました。

他方、韓国から日本への「請求権」は、多種多様なものがありましたが、その一つに日本が朝鮮を植民地支配したことに由来する請求権の問題がありました。たとえば、植民地時代の末期、戦争の激化で人手が足りなくなって、日本政府や日本企業は「徴用工」などとして朝鮮人を強制的に労働させたのですが、その人たちに関する、支払われなかった給料分の請求権や、戦争被害に対する補償などの請求権が問題となりました。

▼韓国の裁判所の五つの判決と日本政府の反発

①二〇一一年八月三〇日、韓国の憲法裁判所（最高裁とは別に憲法裁判所があります）は、韓国政府（外交通商部長官）を訴えた「慰安婦」被害者を勝訴させました。日韓請求権協定について韓国と日本との間で考え方の食い違いがあるのに、韓国政府がそのまま放っておいている、その放置が憲法違反という決定でした。

②二〇一二年五月二四日、さらに、③二〇一八年一〇月三〇日、韓国の大法院（最高裁判所）は、「徴用工」として戦争中に日本企業で働かされていた原告たちについて判決を出しました。原告たちは二審で敗訴しましたが、二〇一二年の判決はそれを差し戻しました。差戻審で敗訴した被告の日本企業がさらに上告しましたが、二〇一八年の判決は原告を勝訴させました（原告一人につき一億ウォン（約一〇〇〇万円）の支払いを命令）。

また、④二〇二一年一月八日、韓国のソウル中央地裁は、「慰安婦」被害者たちが日本政府を訴えた事件で、「慰安婦」被害者たちを勝訴させました。

他方、⑤二〇二一年四月二一日、ソウル中央地裁の別の裁判官たちは別の「慰安婦」被害者たちが日本政府を訴えていた事件で、「慰安婦」

被害者たちを敗訴させました。

これらの裁判で問題になったのが「日韓請求権協定」です。とくに③二〇一八年の判決（被告は日本の新日鉄住金（現・日本製鉄））に対して日本政府は、安倍晋三首相（当時）が「一九六五年の日韓請求権協定で完全かつ最終的に解決している」「国際法に照らしてあり得ない判断だ」と述べ、また、河野太郎外相（当時）も「判決は日韓の基本的な関係を根本からひっくり返すと同時に、国際法に基づいて秩序が成り立つ国際社会への挑戦で、考えられない」などと激しく反発しました。

▼「完全かつ最終的に解決」

たしかに、日韓請求権協定は、「完全かつ最終的に解決」を規定しています。

二条一項

両締約国は、両締約国及びその国民（法人を含む。）の財産、権利及び利益並びに両締約国及びその国民の間の請求権に関する問題が、千九百五十一年九月八日にサン・フランシスコ市で署名された日本国との平和条約第四条(a)に規定されたものを含めて、完全かつ最終的に解決されたこととなることを確認する。

ここには、「財産・権利・利益・請求権」に関する日韓両国と、日韓の両国民の問題について（後述の❶「解決」の対象）、「完全かつ最終的に解決」された（後述の❷「解決」の法的意味）、と書いてあります。つまり、この協定が結ばれる前、日韓両国や日韓の両国民の間には、「財産・権利・利益・請求権」に関する問題が存在していたが、それが完全かつ最終的に解決された、ということです。

これをもって日本政府は、元「徴用工」「慰安婦」に関する賠償の問題も「財産・権利・利益・請求権」に関する問題に含まれ、それが「完全かつ最終的に解決」された以上、「徴用工」「慰安婦」だった人はもう請求ができないはずだ、それなのに請求を認めた韓国裁判所の判決は、「国際法に照らしてあり得ない判断だ」などと反発したのです。

しかし、このような日本政府の理

解は正しいのでしょうか。「解決」とある以上、正しいようにも思えますが、日韓請求権協定二条一項の解釈を検討する必要があります。日韓請求権協定には、「財産・権利・利益・請求権」に関するどういう「問題」が日韓の間にあったのか、「解決」とは法律的にどのような意味なのかについて書かれていないからです。

▼日韓請求権協定二条一項の「解決」の対象

日韓請求権協定二条一項を検討するには、二つの問題を区別するのが、理解に役立つでしょう。❶「解決」の対象、❷「解決」の法的意味です。

たとえば、Aさんが交通事故を起こしてBさんにケガをさせたとしましょう。AさんとBさんが示談したとします。示談とは、交通事故のケガによる損害をAさんがBさんに支払い、Bさんは交通事故の損害については、今後はもうAさんに請求をしない、とAさんとBさんが合意することです。この例で言えば、❶「解決」の対象、というのは「何年何月何日にどこどこで起きた、この交通事故によるすべての損害」ということになります。具体的に何が「示談」の対象となったのか、というのは重要なことです。解決の対象となっていないことについて示談はされていないので、示談の後もBさんはAさんに請求することができるからです。そして、解決の対象が何か、ということは、AさんとBさんが合意してはじめて決まることです。

では、日韓請求権協定では、何が「解決」の対象だったのでしょうか。繰り返しになりますが、「解決」の対象になっていない権利については日韓請求権協定の後も請求することができるわけです。その「解決」の対象に関する見解は、大きく次のように分けることができます。

❶(i) 違法な植民地支配に対する賠償の権利?

❶(ii)(日本の統治からの離脱に際して)離脱前の日韓両国間の財政的・民事的債権

❶(iii) 日韓政府の条約交渉に上がらなかったテーマに関係する権利は「解決」の対象外

❶(ⅳ) 反人道的な行為を理由とする損害賠償請求権は「解決」の対象外

まず、❶(ⅰ)「違法な植民地支配に対する賠償の権利」が対象となったのではないか、が問題になります。もし「解決」の対象が❶(ⅰ)であれば、日韓請求権協定の後は、こういう賠償について韓国側はもう請求ができなくなるわけです。しかし、❶(ⅰ)は「解決」の対象とはいえません。というのは、日韓請求権協定を締結するときの交渉では、日本側は朝鮮植民地支配は合法であって違法ではなかったと、他方、韓国側は植民地支配が違法だったと、それぞれ主張して、話が折り合わなかったからです。違法な植民地支配に対する賠償の権利を解決の対象にした、という合意は日韓両政府の間には成立しなかったのです。

そこで、日韓請求権協定の「解決」の対象は、❶(ⅱ)「(日本の統治からの離脱に際して)離脱前の日韓両国間の財政的・民事的債権(ここではおカネに関する権利のこと)」となりました。あえてたとえるなら、離婚するときに夫婦が結婚中の夫婦の財産を分ける(財産分与)のと似ています。つまり、植民地(ここでは朝鮮)が独立して宗主国(ここでは日本)から離脱するに際して、日本政府や日本国民が朝鮮半島に持っていた財産や、逆に朝鮮人が日本政府や日本国民に対して持っていた財産や権利について「清算」することが日韓請求権協定という協定の目的だった、ということです。

そのため、韓国側には、❶(ⅲ)「日韓政府の条約交渉に上がらなかったテーマに関係する権利」は(❶(ⅰ)の問題も含め)例外的に「解決」の対象外だったのではないか、とか、❶(ⅳ)「反人道的な行為を理由とする損害賠償請求権」はやはり例外的に「解決」の対象外だったのではないか、という意見があり、このことをめぐって日本側と韓国側の意見は合致していません。これもまた、あえてたとえるなら、無理に植民地にされた、という意味で韓国側は日本に「強制結婚」させられた、または、そもそもその「結婚」は無効だった、そういうことに関する責任の問題は残っている、などとする意見が韓国側にはあるわけです。日韓請求権協定で、「離婚」に伴う財産分与の処理（❶(ii)）はしたかもしれないが、そもそも強制結婚させられたことの責任や、強制結婚中の違法行為の責任の問題は、❶「解決」の対象にはならなかったので、まだ残っている、というわけです。

韓国側には、日本軍「慰安婦」問題（本書七六頁参照）など、日本政府や日本軍が「国策」として関与した反人道的不法行為や、サハリンに置き去りにされた韓国人の問題（本書一〇三頁参照）、さらに韓国人原爆被害者の問題やBC級戦犯の問題（本書八三頁参照）については❶「解決」の対象に含まれていない、という意見があります。

他方、日本政府はそのように対象外になった問題はない、という見解です（ただし、正確にいうと、日韓請求権協定二条二項は在日韓国人の「財産、権利及び利益」などだけは協定による「解決」の対象外、と明記していますから、日本側としてもこれらだけは別、ということになります）。

▼日韓請求権協定二条一項の「解決」の意味

さらに、❷「解決」の法的意味という問題があります。この問題は、日韓請求権協定によって、日本人・韓国人の個人請求権が法的にどうなったのか、というものです。「解決」の対象と同じく、「解決」の法的意味に関する見解も分かれており、大きく次のように分けることができます。

❷(i) 政府の外交保護権の放棄＋被害者の個人請求権は消滅

❷(ii) 政府の外交保護権の放棄＋被害者の個人請求権はそのまま残存

❷(iii) 政府の外交保護権の放棄＋被害者の個人請求権は残存しているが、「救済なき権利」に変化

結論としては、❷について日本側は、日韓請求権協定で「解決」の対象にされた「財産・権利・利益・請求権」であっても、そのうち「請求権」については、被害者個人の請求権は残っている、という見解をとっ

ています。

この日本側の見解によると、元「徴用工」「慰安婦」の賠償請求権が「解決」の対象に含まれていようが、含まれていまいが、結局のところ、被害者個人の請求権は残っているわけです。だとすると、❶「解決」の対象を一所懸命に議論してもあまり実益がないのではないかと思えます。❶で「解決」の対象に含まれていても、❷について、結局、被害者の個人の請求権が残っているなら、日韓請求権協定があっても、被害者は日本企業や日本政府に請求ができる、ということになるからです。

他方、そうだとすると、なぜ、日本政府は自分たちの見解を棚に上げて、「国際法に照らしてあり得ない判断だ」などと反発したのか、疑問が生じます。この疑問はまさにそのとおりで、日本政府の見解と韓国の裁判所の判決とは、被害者個人の権利が残っているという点では一致しているので、そもそも日本政府の反発は理由がないことだった、というほかありません。

では、そもそも日韓請求権協定で「解決」を規定したにもかかわらず、責任を追及される立場の日本政府のほうも、なぜ被害者の個人の請求権が残っていると言っているのでしょうか。

▼ある新聞の記事

二〇一八年の一〇月の韓国大法院の判決から一年が経った二〇一九年一〇月、ある日本の新聞に次のような記事が出ていました。「徴用工こじれる日韓」「個人の慰謝料　解決済みには含まず」という見出しで、次のように書かれています（朝日新聞二〇一九年一〇月一一日）。

「大法院は判決で、戦時中の労働は植民地支配と結びついた『反人道的な不法行為』だと指摘。六五年の日韓請求権協定が『解決済み』とした事項に、不法行為に対する個人の『慰謝料』の請求権は含まれないとする判断を示した」。

「日本政府も個人の請求権があることは否定しないが、協定によってこの問題は両国間で解決済みであり、判決は『国際法違反』（河野太郎前外相）との立場だ」。
「『解決済み』とした事項に、不法行為に対する個人の『慰謝料』の請求権は含まれないとする判断を示した」というのは、❶「解決」の対象のことです。一方、「日本政府も個人の請求権があることは否定しないが、協定によってこの問題は両国間で解決済み」というのが、❷「解決」の法的意味のことです。ただ、この記事では、読者は問題がどこにあるのか、理解が難しいでしょう。記事は「個人の請求権があることは否定しない」→「しかし、この問題は両国間で解決済み」という順番で説明しているからです。そうではなく、ここは、「この問題は解決とされている」→「しかし、その『解決』とは被害者個人の請求権は残存している、というのが日本側の見解」という順番で説明するべきでした。

この新聞記事は、日韓請求権協定の問題点のわかりづらさ、理解しにくさを示しているよい例だと思います。

▼理解のための一つ目のポイント

❷「解決」の法的意味の理解のためのポイントは二つあります。一つ目ですが、普通の日本語と法律用語では、意味がズレることがある、というのがポイントです。

普段、「解決」といったら個人の権利もなくなって請求できない状態のことだと思うでしょう。つまり、❷(i)「政府の外交保護権の放棄＋被害者の個人請求権は消滅」ということになります。

ところが日本政府の見解はそうではありません。日本政府は、日韓請求権協定二条一項の「解決」という言葉を、❷(ii)「政府の外交保護権の放棄＋被害者の個人請求権はそのまま残存」という意味だと、一九六五年以降、理解してきました。外交保護権というのは政府対政府の交渉権、という意味です。つまり、日韓請求権協定二条一項の「解決」というのは、韓国政府に対する日本政府の交渉権を放棄して、また、日本政府に対する韓国政府の交渉権も放棄するが、被害者個人の請求権は残存というのが「解決」の意味だ、と日本政府が理解してきた、ということです。

❷(ii)は中途半端な見解のようにも感じます。どうしてこういう見解を日本政府がとったのかというと、日米や日ソなどの問題と平仄（ひょうそく）を合わせたからです。日本政府は、日米や日ソなどの問題についてもすでに❷(ii)の見解をとっていたのです。

では、そもそも日米の問題について、日本政府はなぜ、❷(ii)の見解をとり、❷(i)の見解をとらなかったのか、というと、日本国民からの請求を封じるためでした。どういうことかというと、日本はアメリカへの請求権を放棄したのですが、それが❷(i)の意味だとすると、「自分個人の権利を日本政府が自分に無断で放棄したわけだから、日本政府が自分に賠償するべきだ」という主張を日本国民が日本政府にする余地が発生してしまいます。日本政府はこの主張を封じるために、「放棄したのは、日本政府の外交保護権だけで、個人の請求権は放棄していない。したがって、日本政府には日本国民への賠償責任はない」という論法（❷(ii)をとったのでした。

日韓請求権協定（一九六五年）の前にすでにこういう前例があり、それとのバランスを日本政府はとる必要があったのです。

▼理解のための二つ目のポイント

❷の理解のための二つ目のポイントは、日本政府は一九六五年以来の見解を二〇〇〇年頃に勝手に変更した、ということです。

二〇〇〇年頃、日本政府は、「解決」についての見解を、それまでの❷(ii)から❷(iii)に変更しました。つまり、「政府の外交保護権の放棄＋被害者の個人請求権は残存しているが、それは『救済なき権利』に変化した」という意味だ、としたのです。

「救済なき権利」というのは、被害者個人の権利はあるが、その権利は裁判はできない権利である、という意味です。といっても、実際に裁判を起こすことはできます。ただし、裁判所が受理しても、結局、中味を審理しないまま必ず門前払いして敗訴となる、というものです。

つまり、被害者が裁判できるとし

ていた見解を、二〇〇〇年頃を境に日本政府が一方的に変更して、裁判ができないという見解をとるようになったということですから、日本政府はご都合主義だったというほかありません。

日本の裁判所も、中国との関係ではありますが、日本政府が変更した見解に沿った判決を出しています。中国人の元労働者ら五名が、日本に強制的に連れて来られ、広島県内の水力発電所の建設現場で過酷な労働をさせられたとして、西松建設を相手に損害賠償を求めた訴訟です。この訴訟で、最高裁は、二〇〇七年四月二七日、「中華人民共和国政府は、中日両国国民の友好のために、日本国に対する戦争賠償の請求を放棄することを宣言する」という日中共同声明五項に基づいて、中国人元労働者らの請求を退ける判決を下しました。その判決理由として、最高裁は、「サンフランシスコ平和条約の枠組みにおける請求権放棄の趣旨が、……請求権の問題を事後的個別的な民事裁判上の権利行使による解決にゆだねるのを避けるという点にあることにかんがみると、ここでいう請求権の『放棄』とは、請求権を実体的に消滅させることまでを意味するものではなく、当該請求権に基づいて裁判上訴求する権能を失わせるにとどまる」（傍点は筆者）と述べたうえで、「日中共同声明において、戦争賠償及び請求権の処理について、サンフランシスコ平和条約の枠組みと異なる取決めがされたものと解することはできない」と述べています。

▼韓国の裁判所と日本政府の見解の一致点

このように「救済なき権利」では、「裁判はできない」（必ず敗訴させられる）のですが、加害者が自発的に払ってきた賠償金は受けとることができ、そうすれば救済されるわけですから、まったくの「救済なき権利」というわけではありません。

❷(iii)という日本政府の現在の見解でも、被害者は日本企業などの加害者が賠償金を支払うなら被害者はそれを受け取れる、という点では、❷(ii)の見解と一致しているわけです。

そうすると、被害者に権利を認めて加害者に賠償金の支払いを命じた韓国の裁判所の判決と、日本政府の現在の見解（❷ⅲ）とは、一致している部分があるわけです。見解が一致している部分があることを強調することも可能だったはずです。

❷ⅲは、日韓請求権協定という「国際法」が規定している「解決」についての日本政府の見解です。しかし、実際には、もともと❷ⅱの見解をとっていたことや、さらには現在の自らの見解（❷ⅲ）すら棚に上げて、日本政府は前記のとおり、韓国の裁判所の判決を「国際法に照らしてあり得ない判断だ」などと反発したのでした。

▼被害者の個人請求権を国家が「処分」できるのか

なお、日韓請求権協定については、❸被害者の個人請求権を国家が「処分」できないはずだ、という主張もあります。被害者個人と国家とは、法的に言うと別の主体だからです。国家という別の主体が、被害者個人の権利を勝手に「処分」にすることはできないのではないか、という主張です。

これは前記した日米や日ソなどの問題についても共通の問題ですが、❷ⅱや❷ⅲは、勝手に「処分」できる場合もありうる、という見解をとっていることになります。

▼日韓請求権協定と在日コリアンの問題

そもそも、「徴用工」や「慰安婦」として被害を受けた被害者には在日コリアンもいたとはいえ、在日コリアンの問題と「徴用工」や「慰安婦」の問題との間にはちょっと距離があるのではないか、と感じられる読者の皆さんもいるかもしれません。しかし、在日コリアンの問題と「徴用工」「慰安婦」の問題とは地続きの部分があるのではないかと思います。

前記のとおり、一九六五年の日韓条約のとき、四つの附属「協定」も一緒に締結されました。うち一つが日韓請求権協定、もう一つが「在日韓国人法的地位協定」でした。在日韓国人法的地位協定は、在日韓国人に日本の永住権を認めることなどを定めるものでした。

当時の日本の主要新聞の多くは日韓条約やその附属協定に対して批判的で、たとえば在日韓国人の永住権についてもそうでした。「韓国併合といった事実も、これから二〇年、三〇年の先を考えた場合、それは大多数の日本人にとって、遠い過去の事実以上のものではなくなるだろう。独立国家の国民である韓国人が、なにゆえ日本国内で特別扱いされるのか、その説明にそれこそ苦労しなければならない時代が来るのではないだろうか」、「狭い国土の中に、異様な、そして解決困難な少数民族問題を抱え込むことになりはしまいか」（朝日新聞一九六五年三月三一日）という論調だったのです。

条約交渉日本側首席代表も、「日本側も（韓国側に対して）補償を要求する権利を持つ、なぜなら、日本は（植民地支配の）三六年間に、禿山を緑の山に変えたとか、鉄道を敷いたとか、水田を増やしたとかで多くの利益を韓国人に与えたからだ」（一九五三年一〇月一五日。久保田貫一郎発言）、「日本は朝鮮を支配したが、いいことをしようとした」「創氏改名もよかった」「搾取とか圧迫とするものでない」（一九六五年一月七日。高杉晋一発言）という認識でしたから、植民地支配自体違法、とする韓国側とは当然、折り合えず、日韓条約やその附属協定は基本的なところを取り繕って締結された政治的妥協の産物だった、ということができます。

この政治的妥協は、日韓請求権協定に関する日韓両国の解釈の変遷（次頁表参照）と今日まで続く日韓の不安定な関係、在日コリアンの脆弱な地位の出発点でした。妥協が積み残した重大な「宿題」という点で、在日コリアンの問題と元「徴用工」「慰安婦」の問題は共通点を有しています。

（殷勇基）

	日本	韓国
	サンフランシスコ平和条約（1951年）、日ソ共同宣言（1956年）の請求権放棄条項に関する訴訟での国の主張：条約によって放棄されたのは日本政府の外交保護権であり、個人（被爆者、抑留被害者）の損害賠償請求権は失われていないから、日本国は補償責任を負わない→❶対象：すべての個人の請求権、❷権利の性質：外交保護権放棄＋個人請求権残存	
1965～	請求権協定締結時の外務省当局者の説明：「完全かつ最終的に解決」とは外交保護権の放棄を意味するに過ぎず、個人の請求権は失なわれないから、朝鮮半島に資産を残してきた日本国民に対して日本国が補償する責任は負わない→❶対象：すべての個人の請求権、❷権利の性質：外交保護権放棄＋個人請求権残存	「大韓民国と日本国間の条約及び協定解説」：韓国人の対日本政府及び日本国民に対する各種請求等がすべて完全に消滅する（1965年7月5日）→❶対象：すべての個人の請求権、❷権利の性質：外交保護権放棄＋個人請求権消滅
1990～	「外務省調査月報」1994年度№1：「請求権放棄条項で放棄したのは外交保護権であるというのが日本政府の一貫した見解」→❶対象：すべての個人の請求権、❷権利の性質：外交保護権放棄＋個人請求権残存	孔魯明外務部長官・国会答弁：外交的保護権の放棄を認める一方、個人的請求権は政府がこれを認めている（1995年9月20日）→❶対象：すべての個人の請求権、❷権利の性質：外交保護権放棄＋個人請求権残存
2000～	戦後補償問題は条約の請求権放棄条項で解決済み→❶対象：すべての個人の請求権、❷権利の性質：外交保護権放棄＋個人請求権残存も救済なき権利 ※参考：最高裁2007年4月27日判決（日本・中国間の戦後補償に関する判決）	李廷彬外務部長官・国会書面答弁：「被徴兵・徴用者の賠償等両国間の請求権に関する問題を解決するために」1965年の請求権協定を締結し、「政府としては『請求権協定』が個人の請求権訴訟等裁判を提起する権利には影響を及ぼさない」（2000年10月25日）→❶対象：すべての個人の請求権、❷権利の性質：外交保護権放棄＋個人請求権残存
		李海瓚国務総理主宰「民官共同委員会」：日本軍慰安婦問題等、日本政府・軍等の国家権力が関与した反人道的不法行為については請求権協定では未解決、サハリン残留韓国人問題、在韓被爆者は請求権協定の対象外（2005年8月25日）→❶対象：個人の請求権のうち、反人道的不法行為・サハリン問題・被爆者問題は請求権協定の適用外、❷権利の性質：外交保護権放棄＋個人請求権残存
		大法院2018年5月24日判決、大法院2018年10月30日判決（元徴用工らの日本企業に対する損害賠償請求権）、ソウル中央地方法院2021年1月8日判決（慰安婦の日本国に対する損害賠償請求権）：反人道的不法行為による損害賠償請求権として、請求権協定の適用対象に含まれない→❶対象：個人の請求権のうち、反人道的不法行為は請求権協定の適用外（❷権利の性質：外交保護権放棄＋個人請求権残存）

サハリン残留韓国人帰還問題——市民外交の成果

私（高木健一）が弁護士になってから、まもなく五〇年になります。その中でも最も長期間取り組んだのが、サハリン残留韓国人問題と韓国太平洋戦争遺族会（元従軍慰安婦を含む）などの戦後補償裁判でした。ここではサハリン残留韓国人問題のみを述べます。

裁判の提起

私が弁護士になった一九七三年頃、サハリン残留韓国人問題は日本でも韓国でも知る人はほとんどいませんでした。戦前、サハリン（樺太）には、約三〇万人の日本人が住んでいたのですが、戦時体制に入り、炭鉱や木材産業の労働力が不足し、日本は朝鮮半島から多くの労働者を募集ないし連行しました。終戦時の調査では、四万三〇〇〇人の韓国・朝鮮人が残ったというのですが、終戦後、サハリンの日本人は米ソ引揚協定でほとんど全員が帰れましたが、韓国・朝鮮人（その故郷はほとんど韓国）は帰還できず、取り残されたのです。この問題を同胞団体である民団も取り上げず、日本人の中でも、「進歩派」は、社会主義国ソ連から軍事政権下の韓国への人の移動に反対でした。逆に、私になぜこんな運動をするのか、反ソ的・反共的だと批判してきた同期の弁護士さえいたほどでした。北海道の稚内からわずか四〇キロのサハリンですが、米ソ冷戦下のソ連のサハリンと韓国や日本の家族との間では、電話はおろか手紙さえ自由にできませんでした[二]。ミグ二五亡命事件や大韓航空機撃墜事件などが起きるたびに、悪影響が生じました。しかし、サハリン残留者が故郷へ帰り、妻子や親と再会し、再結合する人道の重要性を否定することはできない、このような確信をもって私は運動を続けてきました。

　この問題で私はまず、日本人妻と日本に帰還したサハリン帰還韓国人会（朴魯学(パクノハク)会長）を基盤としてサハリンへ委任状を送り、原告を募りました。韓国で原告の妻（待ちわびるハルモニ）と会い、サハリン渡航の状況を調査しました。サハリンから六〇枚も送ってきた委任状（なかには血判を押した委任状もありました）のうち、早期裁判提起のため、四人を選んで原告となってもらうことにしました。同時に私の同期（二五期）の仲間の弁護士約一〇人と私の事務所のボスと一〇期前後の中堅弁護士（原後山治弁護士もいました）が加わり、団長就任を日弁連会長経験者の柏木博弁護士に頼み、政治色がないとみられる弁護団を構成しました。一部には、この裁判はＫＣＩＡ（韓国中央情報部）から金が出ているなど非難する勢力もあったからです。当時の第二東京弁護士会（石井成一会長）は、会をあげて支援すると声明を出してくれました。

　ところで、この弁護団の副産物があります。この弁護団の原後山治弁護士や田中宏先生が中心となり、金(キム)敬得(キョンドク)氏の依頼を受け、司法修習生の国籍条項撤廃交渉を最高裁事務局との間で強力に行ったのです（本書二一二頁参照）。これが功を奏し、金敬得氏は七九年から弁護士になりました。当然、金敬得弁護士はサハリン弁護団に入り、私と一緒に日弁連の委員にもなりました。ある意味、金敬得弁護士は、サハリン裁判と弁護団の「落とし子」ともいえます。このように在日コリアン弁護士の原点がサハリン弁護団だったことを知る人は少ないのではないでしょうか。

　私たち弁護団は一九七五年一二月、日本国を被告とし、本邦へ帰還できる地位確認を求めて訴えを提起しました。この裁判を朝日新聞が大きく取り上げてくれたため、社会的認知度が一挙に高まりました。また、日弁連人権委員会に救済申立てを行い、調査のうえ、八一年に報告書を作成し発表しました。また、韓国の留守家族（韓国に在住するサハリン残留韓国人の家族）が来日した際、一緒に国会議員を訪ねて救済を訴えたことで、草川昭三議員や栂野（とがの）泰二議員（第二東京弁護士会会員）など数名の議員が熱心に国会で質問をしてくれました。数多くある国会でのやりとりで最も記憶しているのは、一九七八年三月二日、栂野議員の質問に対して、園田直外務大臣が「先ほど事務当局から人道的見地からと言いましたが、人道的、さらに法律的以上の道義的責任、政治的責任があ」（傍点は筆者）ると断言したことです。これにより、日本政府はサハリン残留韓国人の原状回復について法律的責任以上の国家道義上の重い責任があることを認めたので、その後に大きな影響を与えました。（二）

一　当時、日本でも人気のあった李成愛（韓国の歌手）が歌った바람에（パラメ） 부치는（プチヌン） 편지（ピョンジ）（「風に託した手紙」、日本歌「ノサップ岬」）は、妻の立場でサハリンの夫への想いを綴った歌である。

二　たとえば、在韓被爆者に対しては人道上の支援、サハリン残留韓国人には国家責任の履行としての拠出など。

「戦後責任を考える会」と議員懇の活躍

このような地道な運動が続いた中で、一九八三年「戦後責任を考える会」（代表：大沼保昭東京大学教授）を結成しました。翌八四年八月には、韓国の学者や弁護士とサハリン残留韓国人問題についての国際シンポジウムも開催しました。「戦後責任」という言葉は、このとき意識的に用いられた言葉であり、「戦争責任」が東京裁判のように侵略戦争を開始した責任を刑事的側面から見るのに対し、「戦後責任」はアジアの被害人民に対する戦争被害回復の民事的側面での言葉です。はっきり言って、これまで日本はアジアの人々への加害行為を放置してきたのです。そして「戦後責任」は、この後、元従軍慰安婦などの「戦後補償」責任へと発展していくことになります。

そして、この頃ソ連体制に変化が生じてきました。ゴルバチョフのペレストロイカが八五年に始まり、冷戦終結とソ連国内のユダヤ人出国の緩和が始まり、サハリンの残留韓国人の日本への出国者も少しずつ増えてきました。後から考えると、まさにそのタイミングで大沼教授と私はほとんど全員の国会議員を訪ね回り、八七年六月に「サハリン残留韓国・朝鮮人問題議員懇談会」を作ったのです。大沼教授は主に自民党の、私は主に社会党の議員を訪ね、サハリン残留韓国人問題解決への協力を訴えました。議員懇設立総会である同年一一月一七日には、自民・社会党を中心に一七〇名の議員が会員となり、当日の出席者は七〇名（本人出席五〇名）という盛況でした。カネにも票にもならない過去の日本の韓国・朝鮮人の被害回復目的のプロジェクトに、これだけ多くの議員が参加するのは稀有なことでした。

さらに特筆すべきことは、この議員懇の実行力です。この議員懇は、まずソ連政府へ働きかけました（社会党のソ連とのパイプが役立ちました）。当時、ソ連を友好訪問する日本の国会議員は、私たちの働きかけで必ずサハリンの残留韓国人問題を提起したので、ソ連当局が驚いていたそうです。八八年六月にはモスクワ、サハリンへの訪問団（原文兵衛会長、五十嵐広三事務局長、白川勝彦議員、草川昭三議員と私の五名と報道陣約二〇名）によって、ソ連政府とサハリン州当局からサハリン出国の理解を得ました。また、日本政府当局へはとくに強く働きかけました（政権与党の自民党が有効でした）。議員懇としての会合には、原・五十嵐両議員と共にいつも私が参加し、外務省などの官僚と相対しました。そこでの協議内容を私が韓国へ持って行き、韓国の外務部・赤十字社などと意見調整をしたのです。その頃の思い出があります。五十嵐議員や仙谷由人議員ら五〜六名の日本の国会議員と韓国へ行った際の韓国の国会議員との懇談会で、日帝植民地三六年を声高に言う韓国の議員に対し、五十嵐議員は「この中で朝起きても夜寝るときもサハリンの韓国人のことを考えている人はいますか。私はそうです」と述べ、会場の雰囲気を支配したのです。

家族再会と一時帰国

私は八八年から九〇年にかけて、私名義の招待状で一〇〇〇名のサハリン残留韓国人を日本へ呼び、韓国からも留守家族を呼び、約四〇年ぶりの夫婦・親子再会を実現させました。その間は毎月、一度に三〇〜五〇名がサハリン→ハバロフスク→新潟→東京というルートでやって来て、私が用意したアパート二軒と顧

46年ぶりに再会したサハリン残留韓国人家族

問会社提供のマンション一室に分散して泊りました。五〇人も来たときは、部屋が足りなくて私の自宅に一〇人が泊ったこともあります。

韓国からやって来た家族との感激の対面に立ち会えたのは、私の貴重な思い出です。そしてソウルオリンピック後の韓国とソ連の関係の進展で、日本経由で韓国の故郷を訪問できるようにもなり、さらに一歩進みました。このような民間による家族再会→故郷訪問という運動の実践があったため、日本政府と韓国政府による直接の協力関係の土台ができたと思います[三]。

日韓赤十字共同事業体と永住帰国の実現

議員懇は、日本の民間に任せるのではなく政府が乗り出すべきだと日本政府に圧力を加え、予算化を実現させました。一方、韓国政府も積極的でした。その結果、日本政府が資金を出し、日韓両赤十字社による「共同事業体」を設立し、サハリンと韓国間の飛行機（月一回のチャーター便）を定期化しました。一度に一〇〇人ほど乗せて韓国へ行き、一カ月後にサハリンに戻り、次の一〇〇人を乗せて故郷へ向かうことを繰り返したのです。韓国での家族再会や故郷訪問は大韓赤十字社が担当しました。日本政府は一度予算（約一億円）をつけるとよほどのことがない限り継続するので、八九年から二〇一九年まで三〇年間も続き、これまで延べ約二万五〇〇〇人（うち逆訪問七〇〇〇人）のサハリンの韓国人がこの一時帰国事業を利用しました。

　次に、最大の目標であるサハリンから韓国への永住帰国は、当初は韓国内に家族がいる場合に許されたのですが、五十嵐広三議員が村山政権の官房長官の時代（九四年一二月）に、外務省に残った予算三二億円をサハリンからの永住帰国者用アパート建設の費用に充てることを日本政府が決め、韓国政府が土地を準備し、安山（アンサン）市にアパートが完成し（二〇〇〇年）、韓国内に家族の引き受け手がいなくても永住帰国できるようになりました。このアパートに五〇〇世帯（夫婦）一〇〇〇人が入居したのです。その後は韓国政府が住宅公社から新築のアパートを借り上げ、そこに住むことになりました。現在までサハリンからの一九四五年八月一五日以前生まれの一世の夫と妻（戦後生まれが多数）の永住帰国者は約四〇〇〇人に達しています。永住帰国者の場合、サハリンからの渡航費、引越費用、アパート入居時のテレビ・冷蔵庫などの家財道具は日本政府が負担し、韓国での生活費（日本の生活保護費）一人月約四〇万ウォンは韓国政府が負担しています。帰国

三　なお、この「功績」により、私は韓国政府から日本人初めての国民勲章「牡丹章」（第二位）を授与された。

者はロシアにおける年金も受け取っています。日本赤十字社によると、これまでアパート建設費用・一時帰国費用などで合計八三億八〇〇〇万円の事業費[四]がかかったとしています。一方、韓国政府も生活費支援金[五]などを負担しています。

日韓官民協力の成果

このように、初めは裁判を提起することにより世論喚起と歴史的事実さらに日本政府の法的責任の追及を行いつつ、マスコミや国会議員の協力で運動を盛り上げ、八七年に議員懇をつくることにより、日本政府を動かし予算化し、ソ連や韓国さらに北朝鮮の理解を得て、サハリン韓国人の願いであった故郷訪問・家族面会を制度化し、希望者すべてに永住帰国を実現させる成果を得たのです（もちろん、帰国を果たせず、帰る前に亡くなった人も多くいます）。

韓国での生活は日本政府の資金で建設したアパートに加え、その後は韓国政府借り上げのアパートも半額という安い家賃で日韓両政府の財政支援が行われています。そこに住む永住帰国者たちとは、私も何度も接触していますが、生活にはほぼ満足し、日本政府と韓国政府の支援に感謝しています。今後とも両国は、協力してこの問題に取り組み続けるシステムができています。皆さまも一度、安山市のアパート「故郷マウル」を訪問してみてください。

また、サハリンに残留している韓国人のために、日本政府は二〇〇六年三月、サハリンのユジノサハリンスク市に韓人文化センターを建設し、現地の韓人協会に運営を任せています。この点にも思い出があります。一九九四年、サハリン議員懇が成果を記録した書籍『サハリン残留韓国人問題』の出版記念集会に外務省の川島裕アジア局長が挨拶に立ち、日本政府として、韓国にアパートを建設するなど支援をしているが、サハリンに残留する人のためにも同等の施策を考えていると述べたのです。そこで、私は外務省へ行くたび、約束したサハリン韓人協会が望む韓人会館を建設するよう訴えるとともに、知り合いの設計士に頼み、設計図まで準備して実現を促しました。その結果、日本政府は六億円をかけて韓人会館を建設したのです。

また、サハリンでの労働賃金未払い問題や郵便貯金問題は残っているとして、私は裁判（三度目のサハリン裁判）も行いました。韓国政府が日韓請求権協定に基づく仲裁委員会への申立てを行えば進展するのですが、外交上の問題だとして消極的であり、韓国の憲法裁判所もこれを追認している状態です。これを除けばサハリン残留韓国人問題はほぼ成功裏に終わったといえます。日本と韓国の間にはさまざまな問題はありますが、サハリン残留韓国人問題のような「成果」を認識して両国の協力を正当に評価し、他の問題に広げていくように互いに努力することが重要だと思っています。

（高木健一）

四　産経新聞などは、高木が余計なことをするから日本国が一〇〇億円も負担したと非難しているが、この数字は正確ではない。

五　一人四万円（月生活費）×一二（月）×四〇〇〇人（永住帰国者）×一〇年＝一九二億円と、日本の負担以上である。

日本国籍確認訴訟――「国籍を捨てた覚えはない」

在日コリアンと日本国籍

「在日コリアンは、終戦から七年後の一九五二年まで日本国籍を有していた」と聞いたら、皆さんは驚かれるでしょうか。それとも、「そんなことは歴史的事実で常識」と思われるでしょうか。

一九一〇年のいわゆる日韓併合によって、朝鮮は日本の領土とされ、朝鮮人は一律に日本国籍を取得しました。その後、日本による朝鮮半島の植民地支配が行われていた間、日本国籍を有し、日本人と同じ「日本臣民」とされていました。たとえば、当時「内地」（大まかに言って、日本の本土）に住んでいた男子の朝鮮人は、選挙権・被選挙権ともに有していて、衆議院議員に延べ一一名が立候補し、延べ二名が当選しています。そして、一九四五年の終戦後も七年間、朝鮮人は日本国籍を有していたのです。

しかし、日本は、一九五二年四月一九日、法務府（現在の法務省）民事局通達を出し、「サンフランシスコ講和条約が発効する一九五二年四月二八日をもって、朝鮮人は、内地に住む者も含めて、すべて日本の国籍を喪失する」としました。日本は、朝鮮半島でずっと生活していた朝鮮人、日本に渡ったけれど終戦後朝鮮半島に帰った朝鮮人、終戦後も日本に残らざるをえなかった在日コリアン、そして、終戦後も自らの意思で日本に残った在日コリアンをまったく区別することなく、在日コリアンの意思によらず、また在日コリアンの意思をまったく確認することなく、在日コリアンの日本国籍を一律に喪失させたのです。しかも、国の法律によってではなく、行政庁の一部局の通達で喪失させたのです。「在日コリアンは、植民地下で一方的に押し付けられた日本国籍を一片の通達で一方的に剥奪された」と言われることがありますが、これは、このような事態を指してのことです。

このことについては、大まかに言えば「日本の敗戦で領土が変更になったのだから、国籍が変更になっても仕方がない」という見解があり、最高裁はこのような立場をとるようです。

しかし、この通達が出された時点ですでに施行されていた日本国憲法の一〇条には「日本国民たる要件は、法律でこれを定める」としているのに、行政の通達のみで在日コリアンの日本国籍を喪失させたのは憲法違反ではないかという疑いは当然残ります。また、世界人権宣言一五条二項が「何人も、専断的にその国籍を奪われたりその国籍を変更する権利を否認されたりすることはない」と謳っていることにも反します。さらに諸外国に目を向けますと、英国がビルマ（ミャンマー）の独立を承認するにあたり法律を制定して英国国籍との国籍選択権を与えた事例、フランスがアルジェリアの独立に際し在仏アルジェリア人に国籍選択権を認めた事例、日本と同じく第二次世界大戦の敗戦国であったドイツ（旧西ドイツ）がオーストリアの独立に関して国籍問題規正法を制定して在独オーストリア人に国籍選択権を保障した事例等があり、これらの諸外国の事例と比べても、国籍選択権をまったく認めずに一律に在日コリアンの日本国籍を喪失させたのは不当ではないかという意見も説得力があります。

宋斗会さんについて

「日本国籍確認訴訟」の原告であり、本稿の主人公である宋斗会(一)さんは、一九一五年に朝鮮慶尚北道(キョンサンプット)で生まれた在日コリアン一世です。一九二〇年に渡日して京都府網野町で過ごした後、一九三二年に「日本人」として満州（現在の中国東北部）へ渡り、一九四七年に日本に引き揚げ、以後二〇〇二年に八六歳で亡くなるまで日本で生活しました。

宋斗会さんは、多くの戦後補償の裁判に関わっています。一九七五年に東京地裁に提訴された「サハリン残留者帰還請求訴訟」（本書一〇三頁参照）の提訴にあたっては、裁判所に提出する弁護士宛ての委任状の取寄せ等に深く関わり、中心的な役割を果たしました。

その後、一九八九年からは、韓国在住の戦争被害者遺族に「日本国に対する公式陳謝と賠償を求める裁判」の提起を呼びかけ、その結果、一九九〇年に韓国在住の元軍人・軍属や遺族ら韓国人二二人が、日本国に対し損害賠償義務確認と陳謝などを請求する訴訟を東京地裁に提起するに至りました。

さらに、宋斗会さんは「浮島丸事件」の裁判にも深く関わりました。一九四五年八月に帰国する朝鮮労働者を乗せて釜山へ向かう予定であった「浮島丸」が、京都府の舞鶴港内で爆発を起こして沈没し、乗船していた多数の朝鮮人労働者が死没しました。この浮島丸事件につき、一九九二年、韓国人生存者と遺族が日本国に対し、謝罪と国家賠償を求める訴訟を京都地裁に提起しましたが、宋斗会さんはその原告側代表を務めていました。

このように、宋斗会さんは多くの戦後補償裁判に関わっています。というより、宋斗会さんの活動が一連の戦後補償裁判の皮切りとなり、その後多数提起された戦後補償裁判の出発点となったと言っても過言ではないでしょう。また、宋斗会さんは、法務省の正門前で自らの外国人登録証を燃やし、外国人登録法違反の被告人となった刑事公判で、自らの日本国籍を主張することもしています。この宋斗会さんが関わった、おそらく最初の戦後補償裁判、それが、以下に紹介する「日本国籍確認訴訟」です。

日本国籍確認訴訟の概要

一九一五年生まれの在日コリアン一世である宋斗会さんは、日本国民として生まれ、幼い頃から京都府に住み、日本語を用いて生活し、日本国民として教育を受け、権利を有し、義務を果たしてきました。その後、一九四七年に大陸から日本に引き揚げ、以後日本の各地で生活をしていました。宋斗会さんは、自らは日本国民であるとの意識のもとで外国人登録を拒んでいたものの、日本の国を相手に日本国籍の裁判をするという考えが最初からあったわけではなかったようです。

しかし、宋斗会さんは一九六五年、外国人登録をしていないということで逮捕され、有罪判決を受け、さ

一　韓国語読みでは「ソン・ドフェ」だが、宋斗会さんは長い間、自らを「そう・とかい」と名乗っていた。

らには出入国管理局（入管）で取調べを受け、その後は「在留特別許可」を受けて日本に在留し、一年ごとにその許可の更新申請をしなければならなくなりました。「在留特別許可」というのは、本来は日本国外に退去しなければならない外国人に特別に在留を許可するということです。年に一度、入管より強制される更新の申請が、宋さんにとってこのうえなく屈辱的でした。日本政府や入管が「恩恵的」に宋さんにこの日本への在留を許可しているということが、宋さんにとって屈辱以外の何者でもなかったのです。「よく考えてみれば日本に何か借りでもあるのか？」。宋さんは、大日本帝国を日本人よりも愛し、そのため生命の危険を冒したことも二度三度はあったとのことです[二]。このような宋さんの生涯は、恩恵的にしか日本への在留を認めない日本政府、入管の態度と真っ向から衝突するものでした。宋さんは、後の半生を入管体制に対する闘いに捧げる決心をしました。

そして一九六九年一〇月二三日、宋斗会さんは、日本国を相手取り、「原告が日本国民であることを確認する」ことを求めて、京都地裁に日本国籍確認請求訴訟を提起しました。当初は、代理人弁護士をつけずに裁判を行う、いわゆる本人訴訟でしたが、その後代理人弁護士がつき、訴訟が継続するなかで支援の輪も徐々に広がっていきました。

宋斗会さんの主張は、「私は主観的にも実体的にも日本人以外の何者でもない。かつて大日本帝国から日本人であることを強要され、私は日本人として生まれ、日本人として生活してきた。私は日本国籍を放棄したことはない。私は日本の中で日本人としてより、生きていけない[三]」というものでした。すなわち、出生によって日本国籍を取得し、これを喪失すべき法律上の原因がないにもかかわらず、外国人として取り扱っていることは違憲・違法であるから、日本国籍を有することの確認を求めたのです。

これに対し日本国は、宋斗会さんが取得していた日本国籍は、日本国が一九五二年に連合国と締結したサンフランシスコ講和条約の発効に伴って喪失し、現在は日本国籍を有しないなどと主張しました。

これら双方の主張につき、一九八〇年五月六日、京都地裁は宋斗会さんの請求を棄却する判決を言い渡しました。提訴から一〇年以上が経過していました。判決の理由を大まかにまとめると以下のとおりです。

①　サンフランシスコ講和条約では、朝鮮人の国籍について明文では規定していない。

②　しかし、条約中に「朝鮮の独立を承認する」とあるのは、朝鮮の領土および住民の日本国からの分離独立を承認することを意味すると解する。同じく条約中に「朝鮮に対するすべての権利、権原及び請求権を放棄する」とあるのは、朝鮮の領土および住民に対する日本国の主権による支配の放棄を含むと解する。これらの承認・放棄のうちには、日本国が朝鮮人に付与していた日本国籍の放棄も含まれると解せられ、これらの条項は、朝鮮人の日本国籍喪失に関する規定でもあるとみるべきである。

③　サンフランシスコ講和条約発効とともに日本国籍を喪失する朝鮮人とは、日韓併合後の日本国内法制上朝鮮人としての法的地位を取得した人をいい、具体的には、朝鮮戸籍令の適用を受け朝鮮の戸籍に登載されていた人をいうと解すべきである。宋斗会さんもこれにあたるから、サンフランシスコ講和条約

二　崔昌華『国籍と人権』（酒井書店、一九七五年）二九五頁。
三　崔昌華・前掲書二九六頁。

発効とともに日本国籍を喪失したというべきである。

この裁判で宋斗会さんは、「サンフランシスコ講和条約の発効に伴い日本国籍を喪失させることは、国籍非強制の原則（国籍の変更は個人の自由意思に従うべきであるという原則）に反する」と主張しましたが、これに対して判決は、①この原則はいまだ国際慣習法として確立しているわけではないうえ、これが国籍変更を生じるすべての場合に適用されるべき、例外を認めない原則であるともいいがたい、②サンフランシスコ講和条約による朝鮮の領土変更は朝鮮における民族国家の形成を予定するものであるから、日本国が朝鮮人に付与していた日本国籍を朝鮮の独立を承認するに伴い喪失させる結果となったとしても国籍非強制の原則に反するとは直ちにいいがたいとして、宋斗会さんの主張を認めませんでした。

また、この裁判で宋斗会さんが「朝鮮人に国籍選択権が認められるべきだ」と主張したのに対しても、判決は、「国籍選択権について、サンフランシスコ講和条約締結前の事情によれば、この条約で明文化が予定されていたとする余地は残るものの、サンフランシスコ講和条約自体において、国籍選択権についての明文も、それを窺わせるに足りる規定もなく、また、国籍選択権を認める選択権者の範囲・選択の態様と効果・選択に伴う選択権者の義務・選択期間等が具体的に定められる必要があることなどに照らせば、結局、サンフランシスコ講和条約においては、朝鮮人が従前有していた日本国籍の取得を認める意味での国籍選択権についてはは認めないといわざるをえない」として、宋さんの主張を認めませんでした。

刑事事件（外国人登録法違反被告事件）

宋斗会さんは、「日本国籍確認訴訟」の提訴から約四年後の一九七三年七月一七日、東京・法務省の正門前で、多くの人が見守るなか、自らの外国人登録証明書を焼き払いました。自分は日本国籍を有するのであり、外国人登録証明書を携帯する必要はないとの確信に基づく行為でした。外国人登録法の定めによれば、外国人登録証明書を滅失（めっしつ）等により失った場合、その事実を知ったときから一四日以内に市町村長に再交付の申請をしなければならず、この申請をしないままこの期間を超えて日本に在留した場合、刑罰に処せられることになっています。しかし、宋斗会さんは自らの確信に反するため再交付の申請をせず、そのため、外国人登録法違反の罪に問われることになりました。

宋斗会さんは一九七四年、京都地裁に外国人登録法違反の罪で起訴されました。その後、外国人登録証明書の切替え手続をしなかったということで、一九七七年に同じく外国人登録法違反の罪で追起訴されました。この刑事裁判は、「日本国籍確認訴訟」と表裏一体をなしており、裁判の主な争点は、宋斗会さんが日本国籍を有するか否かという点にありました。

判決までには五年を要し、一九七九年四月三日、懲役四カ月、執行猶予一年の有罪判決を受けました。この刑事裁判では、「日本国籍確認訴訟」に先立ち、宋さんが日本国籍を有しないとの判断が下されたわけですが、他方、「……かかる国籍処理によって在日朝鮮人にもたらす不便と苦痛の解消は、今後における我国の立法的、行政的措置によって是正されることを期待せざるをえない」と、注目すべき言及もなされています。

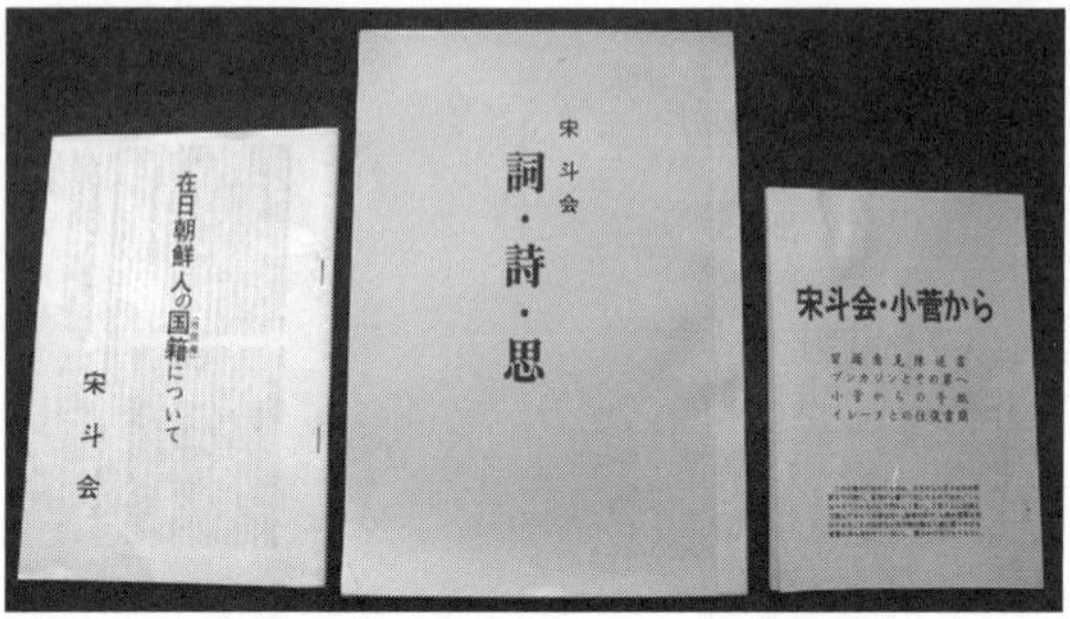

宋斗会さんの東京拘置所からの書簡

宋斗会さんも検察も、この判決を不服として控訴しましたが、結論は変わらず、大阪高裁は、一九八一年一月二六日に双方の控訴を棄却しました。結局宋斗会さんは有罪とされたのですが、この控訴審判決には特筆すべき点があります。宋斗会さんが「国籍選択権が認められるべきだ」と主張したのに対し、この判決も、「法的措置は全く定められていない」と結論づけて宋斗会さんの主張を認めなかったものの、それに続けて諸外国の事例や世界人権宣言の規定にも触れたうえで、以下に引用するとおり、「日本が在日コリアンに対して日本国籍の選択権を与える国籍処理が法的に十分可能であること」、「このような処理が一つの適切な処置であったこと」を明言したのです。

「……被告人（宋斗会さんのこと）を含む在日朝鮮人の多くは、日本と朝鮮との併合の結果朝鮮半島から日本に移住した人及びその子孫であって、中には強制的に移住させられたものもあるという歴史的経過に加え、永年の居住に伴い日本にのみ生活の本拠を有するものも少なくない点からみると、日本国の朝鮮人に対する主権の放棄による日本国籍の喪失は、これらの者にとって強制的に国籍を剥奪されるというに等しい場合もあると認められること等の諸事情に徴する（＝照らし合わせる）と、在日朝鮮人に関しては、平和条約（＝サンフランシスコ講和条約）二条(a)項[四]により一律に日本国の国籍を喪失させることなく、右条約発効に際し、日本国籍を保有するか否かの選択権を行使させる法的措置、あるいは右条約発効後一定の期間内に一たん喪失した日本国籍を一定の要件のもとに回復する権利を付与する法的措置をとるのも一つの適切な処置であったと考えられる」。

この裁判の意義

実は、講和条約発効に伴う日本国籍の喪失については、宋斗会さんより前に訴訟で争われ、最高裁で判断がなされています。戦前の一九三五年に朝鮮人男子と結婚し、講和条約発効後の一九五二年に離婚した日本人女子が、役所で日本国籍を喪失しているといわれ、それで日本国籍の確認を求めた訴訟です。

この件につき最高裁一九六一年四月五日大法廷判決は、日本の法律上で朝鮮人としての法的地位を持っていた人は、講和条約によって日本国籍を喪失させられるとしました。そして、訴訟を提起したこの女性についても、元来は日本人であるが、一九三五年に朝鮮人と婚姻、入籍したことによって、法律上で朝鮮人としての法的地位を持っていた人であり、講和条約によって日本の国籍を喪失したことになると判示しています。

四　「日本国は、朝鮮の独立を承認して、済州島（チェジュド）、巨文島（コムンド）、鬱陵島（ウルンド）を含む朝鮮に対するすべての権利、権原および請求権を放棄する」。

宋斗会さんについての日本国籍確認訴訟と刑事裁判の判決は、この最高裁判例の考え方を踏襲したものであり、裁判所の側からすれば、「当然予想された結論」ということになるのかもしれません。宋さんからすれば、裁判で請求したものは認められなかったということになります。

しかし、宋斗会さんの裁判は、在日コリアンに対する政策の問題性を明らかにし、在日コリアンの権利の獲得、法的地位の向上に大きく寄与したという意味において、あるいは、今後在日コリアンが進むべき一つの有力な途を提示したという意味において、その意義は小さくありません。宋斗会さんの裁判で明らかになった、在日コリアンが日本国籍を不当に喪失させられた事実、日本国籍の選択権が不当にも与えられなかった事実は、その後の在日の戦後補償裁判において、「日本人と同等の権利・法的地位を与えるべきこと」の主要な根拠として繰り返し挙げられています。

宋斗会さんの刑事裁判で、崔昌華(チオエチャンホア)さん（本書一八二頁参照）が京都地裁において特別弁護人として意見陳述していますが、その意見陳述書の中でこの裁判の意義・重要性が的確に述べられているので、引用します。

「この裁判は、将来日本において韓国民族として生きる生存斗（＝闘）争であるわけであります。ただ生きのびるのでなく、自由に、誇りをもち民族の主体性を法的に保障されながら生きる斗(たたか)いであります。

五千万という韓国民族は、今は韓国は勿論、アメリカにも、イギリスにも、ドイツにも、日本にも散らばって住んでおるわけであります。この民族の一致、民族のなやみを共に担いながら、その住んでいる国々で、そこの居住国の国民として、立派に生きて行くこと誠実に生きて行くことであります。この裁判はまさに民族として生きる、主体性をもって生きるための斗争であり、主張であります。

即ち、少数民族、韓国人系少数民族として生きる権利を、国籍をとうして、国際的に保障されようとする斗争の一つであります[五]」。

また、宋斗会さんが、権利としての日本国籍の主張、あるいは日本国籍の選択権の主張を、解放（終戦）から四半世紀も経ていなかった一九六九年に提起したという点も高く評価されるべきです。当時は、現在とは比べものにならないほど、このような主張に対する大きな抵抗がありました。一九七四年に書かれた崔昌華さんの意見陳述の中にも、以下のような記述があります。

「何故この裁判が在日韓国人に理解され、支援されていなかったか！それはまさに、将来の在日韓国人の生き方にも、かかわると思うがそれよりも過去のことにとらわれておるからであります。

『私は日本人である』この主張こそ、まさに、（在日韓国人が）一番きらうことばであります。かつて、わたしたちに強制連行を強い、わたしたちの祖国をうばい、祖国の多くの人々を銃剣で殺したそのなまなましい記憶がいまだ心から忘れられない、その日本人に、その日本人が私である、どうしてそれがいえようかということであります。

このような民族感情を無視しては理解できないという点であります。

（中略）『私は日本人だ』これを『私は日本国民である』ということばにかえてみたい。

私は現在日本国を構成している国民の一人であり、かつてそのように国民にならせられていた。それが私

五　崔昌華・前掲書三〇七頁。

達在日韓国人の自由意思を尊重せず、一方的に日本国籍即ち居住権を剥奪するのは不当であるという主張であるわけです。私が日本国籍がいやだから、もうこんな日本国籍はいやだと、いって捨てる、放棄する権利はあっても、日本国が一方的に、お前は日本国籍を喪失した。いや日本国籍がないということが出来るかということであります(六)」。

さらに、宋斗会さんの裁判が、いわゆる権利獲得のための一連の訴訟、戦後補償裁判の先がけとなった点も重要です。日本国籍確認訴訟だけを見ても、宋斗会さんの後に、一九七五年には金鐘甲（キムチョンガプ）さん、一九八六年には趙健治（ちょうけんじ）さんが、それぞれ日本国籍確認訴訟を提起しています。いずれの訴訟においても訴えは退けられているものの、たとえば趙健治さんの訴訟の控訴審判決(七)では、判決の中で以下のように述べ、在日コリアンに対する立法政策の誤りを厳しく指摘している点が注目されます。

「在日朝鮮人がその歴史的経緯により日本において置かれている特殊の地位にもかかわらず日本人が憲法ないし法律で与えられている多くの権利ないし法的地位を享受し得ず、法的、社会的、経済的に差別され、劣悪な地位に置かれていることは事実であるが、右は在日朝鮮人が日本国籍を有しないためではなく、主として日本の植民地支配の誤りにより在日朝鮮人が置かれた立場を顧慮せず、日本人が享受している権利ないし法的地位を在日朝鮮人に与えようとしなかった立法政策の誤りに由来するものと考えられる」。

（金喜朝）

六　崔昌華・前掲書三〇六頁。
七　広島高裁一九九〇年一一月二九日判決。

「群馬の森」朝鮮人追悼碑事件──歴史修正主義との闘い

歴史修正主義の台頭

昨今、朝鮮人・中国人の強制連行を反省する慰霊碑等への攻撃が日本全国で起こっています。在特会（「在日特権を許さない市民の会」）をはじめとする極右団体は、排外主義を掲げるヘイトスピーチを行うだけでなく、強制連行の歴史を否定して日本各地にある朝鮮人慰霊碑を撤去させる運動を行っています。

本項で取り上げる「群馬の森」朝鮮人追悼碑事件のほかにも、天理市に設置された旧大和海軍航空隊大和基地（柳本飛行場）の説明板が撤去された例もあります。この説明板には「多くの朝鮮人労働者が動員や強制連行によって、柳本の地へつれてこられ、きびしい労働状況の中で働かされました」との説明がありました。しかし、在特会のメンバーから「（強制連行があったことを認めることは）日本国民を貶めるもの」との抗議があり、抗議運動に押された天理市は「（強制連行があったとの）内容を根拠づける資料がない」というありもしない理由をつけて説明板を撤去してしまったのです。

このような歴史を修正しようとする動きは、一部の過激な団体が行う特殊な事案だといえるでしょうか？

その答えは「群馬の森」朝鮮人追悼碑事件の判決の中にあります。

「群馬の森」朝鮮人追悼碑事件とは

事件の背景

群馬県立「群馬の森公園」には、朝鮮人強制連行犠牲者を追悼するための碑（「記憶反省そして友好の追悼碑」）があります。朝鮮人強制連行犠牲者を追悼するために慰霊碑の設置を計画した市民団体は、公園を管理する群馬県との協議を重ね、「政治的行事を行わない」ことなどを条件として受け入れ、一〇年間の設置許可を得て、二〇〇四年に慰霊碑を設置しました。

ところが、設置許可の更新時期となる二〇一四年になると、突然、極右団体が群馬県議会に対し慰霊碑の追悼式でたび重なる政治的主張が繰り返されており設置条件に違反しているとの抗議活動を行い、これが発端となって群馬県は慰霊碑の設置更新を不許可としました。この更新不許可処分に対して、二〇一四年一一月一三日、慰霊碑を管理する市民団体（「守る会」）は、この更新不許可処分は違法・違憲であるとして、前橋地裁に不許可処分の取消しを求める行政訴訟を提起しました。これが「群馬の森」朝鮮人追悼碑事件です。

裁判の争点

この裁判の大きな争点の一つは、慰霊碑の追悼式で設置の許可条件に違反するような「政治的行事」が行われたどうかでした。二〇一二年四月の追悼式では、朝鮮人強制連行に対する「日本政府の謝罪と賠償、朝・

日国交正常化の一日も早い実現」との総聯群馬県本部委員長による発言などがあったことから、これまでの追悼式が許可条件違反の「政治的行事」だったといえるかどうかが問題となったのです。

この点について、被告となった群馬県は、①（追悼式などで）政府見解として認めていない「強制連行」という表現が使用されるようなことがあれば、追悼碑としての意味合いを超えて、特定の主義主張を伝達するために利用されるおそれがある以上、②（追悼式での）強制連行との発言は、追悼碑の碑文に謳われている主旨や内容と違う独自の主義主張であって、過去の歴史的事実を記すという意味合いを超えて、政治的発言であったと言わざるをえないので、許可条件違反の「政治的行事」があったと主張しました。

これに対して、原告の守る会は、①慰霊碑には「わが国が朝鮮人に対し、多大の損害と苦痛を与えた歴史の事実を深く記憶にとどめ、心から反省し、二度と過ちを繰り返さない決意を表明する」等という文章が刻まれており、朝鮮人の強制連行があった歴史認識を前提に作られていること、②追悼式での発言は、（朝鮮人の強制連行があったとの）歴史認識を前提とした発言であって、政治的発言ではないと反論し、許可条件違反の「政治的行事」はなかったと主張しました。

このように、直接的には「政治的行事」の有無が裁判の争点となったわけですが、その背景として朝鮮人強制連行に言及する発言があったこと自体が問題視された点を見ると、「群馬の森」朝鮮人追悼碑事件では「朝鮮人強制連行」という歴史的事実の有無が裁判の争点になったと言っても過言ではないでしょう。

前橋地裁判決

前橋地裁判決（二〇一八年二月一四日）は、まず、追悼碑を設置する際に群馬県の要望により追悼碑の碑文から「強制連行」という文言を削除して「労務動員」へと変更した経緯があった点をとらえて、強制連行に言及した追悼式が「政治的行事」であったことを認めました。

しかし、前橋地裁判決は、「政治的行事」が行われたこと等の条件違反があったからと言って、直ちに更新を拒絶しなければならないとまでは評価できない[一]と判断しました。そのうえで前橋地裁判決は、安易に不許可の判断をなして問題解決のための努力を怠った群馬県の姿勢は厳しく批判されるべきであり、結論として、群馬県知事の裁量権の行使には逸脱濫用があったことを理由に本件不許可処分を取り消しました。

本件不許可処分を取り消した前橋地裁判決の結論自体が妥当であったことは言うまでもないことですが、この事件で注目すべきは、次の前橋地裁判決の説示にあると言えるでしょう。群馬県が更新を不許可とした理由の一つに、極右団体による抗議活動や街宣活動により公園で騒動が起きて困る[二]というものがありましたが、前橋地裁判決は、極右団体による圧力に屈して拙速に撤去の方向に走った県の対応について、「群馬県は、抗議をする人々に対し、碑文の内容は正当であることを説明して理解を求めるのが望ましかった」とたしなめました。日本各地で起こっている極右団体による地方自治体への電凸や押しかけといった実力による抗議行動に対して、地方自治体はそれに屈することなく毅然と対応すべきであったとの前橋地裁判決による説示は、歴史修正主義の台頭に対して警鐘を鳴らすものとして受け止めなければなりません。

日本政府が強制連行を認めていないから強制連行はなかったと言えるのか

極右団体や群馬県の考えは、日本政府が強制連行はなかったと言っているのに、それに反して強制連行を認めるような発言はけしからんという考えなのですが、その背景として、太平洋戦争時に朝鮮人強制連行があったことは歴史的事実として明らかであるにもかかわらず、このような歴史的事実を否定しようとする考えがあります。(三)

このような歴史修正主義の流れを代表するものとして一例を挙げれば、日本政府は、「明治日本の産業革命遺産」を登録する際、一九四〇年代に「その意思に反して連れて来られ、厳しい環境の下で働かされた多くの朝鮮半島出身者等がいたこと、また、第二次世界大戦中に日本政府としても徴用政策を実施していたことについて理解できるような措置を講じる」と国際公約をしたにもかかわらず、前記の国際公約を実施するために設置された産業遺産情報センター（東京都新宿区）では、強制連行・強制労働はなかったという内容の展示を行っていることが挙げられます。他国を指して国際的な約束を守らない国だと批判する日本政府ですが、実際のところは、その日本政府自体が自分に都合の悪い約束は守らずに、ある意味、堂々と歴史修正を

一　判決では「都市公園としての効用を全うする機能を喪失し」ていないと評価されたものであるが、都市公園法の論点を説明するのは法律論として難しいので、このような表現とした。

二　公園内で騒動が起こるので、もはや「都市公園としての効用を全うする機能を喪失し」ている、という主張。

三　たとえば、「美しい国」であった日本が、強制連行という恥ずかしいことをするはずがないというものなど。

行っているわけです。

歴史は歴史として直視するべきであるのに、このような日本政府の態度を見れば、極右団体などが「日本政府も強制連行は認めていない」「（強制連行があったことを認めることは）日本国民を貶めるもの」と気勢を上げるのもよくわかるというもので、歴史修正の動きが一部の過激な団体だけが行っている特殊な事案ではないことがよくわかると思います。

「抗議をする人々に対し、碑文の内容は正当であることを説明して理解を求めるのが望ましかった」と前橋地裁判決が危惧するように、極右団体からの抗議に耐えられず、全国の地方自治体で過去の過ちを記す慰霊碑などが撤去されることになれば、日本が再び戦争をする国へと変わる日は近いと言わざるをえません。

付記　二〇二一年八月二六日の東京高裁控訴審判決では、強制連行という歴史的事実に言及すること自体が（設置条件に反する）政治的活動にあたると認定するなど、群馬県の主張がそのまま追認され、群馬県が勝訴する結果となりました。あまりにも不当な判決と言わざるをえません。本事件は上告されましたので、上告審の結果を待ちたいと思います。本稿を執筆するにあたり資料をご提供くださった弁護団の下山順弁護士に心から感謝いたします。

（張界満）

第4章

日常生活における差別

日立就職差別裁判——大企業に挑んだ闘い

日立就職差別裁判の位置づけ

一九七四年六月一九日、横浜地裁で、日本における在日コリアンに対する差別を糾弾する判決がありました。この事件は、原告である朴鐘碩（パクチョンソク）さんが、日本の大企業である株式会社日立製作所を被告として提訴した事件であることから、日立就職差別裁判として広く知られることになりました。

一九七〇年一二月八日に始まったこの裁判を皮切りにして、一九七〇年・八〇年代は、在日コリアンの具体的な差別撤廃運動が始まった時代でした。一九七七年には、金敬得（キムキョンドク）さんが韓国籍のまま司法修習生として採用され、外国人司法修習生第一号となり、在日コリアンでも弁護士になれる道が開かれました。一九八三年には、鄭陽一（チョンヤンイル）さんが外国人弁理士第一号となり、在日コリアンでも弁理士になれる道が開かれました。そのほか、一九八〇年代における公立学校での教員採用問題など、在日コリアンに対するいわれなき差別が見直されるようになっていったのです。

このように、日立就職差別裁判は、その後に続く、在日コリアンに対する差別撤廃運動への大きな追い風ともなった裁判であり、在日コリアンの法的地位・権利獲得運動の大きな礎になった裁判であったといえます。

日本人になろうとした新井鐘司

原告の朴さんは、一九五一年一一月二四日、愛知県西尾市に生まれました。通名（日本名）は新井鐘司といいます。

当時の在日コリアンといえば、肉体労働や工員など、低賃金・低収入の仕事にしか就けないのが普通でした。朴さんの両親も、父親は鋳造工場で働き、母親は行商をしていました。朴さんの家は、両親と、長女を筆頭に九人の兄弟姉妹が狭い家の中でひしめきあってなんとか生きている、そんな貧しい家庭だったのです。

朴さんは、一九五八年、西尾市立中畑小学校に入学しました。朴さんのお姉さんやお兄さんは通名の「新井」で学校に通っており、朴さんは、自分のことを同級生たちと同じ日本人だと思っていました。しかし、朴さんが在日コリアンであることは小さな町では隠しようがなく、小学校二年生の頃から、同級生たちから「チョーセンジン、チョーセンジン」とはやしたてられ、バカにされる日が続きました。また、家が貧しかったため、貧乏人といじめられることも多くありました。

一九六四年、朴さんは、西尾市立平坂中学校に入学します。朴さんは、自分が在日コリアンであることはわかっていましたが、日本人の同級生たちと一緒に勉強を続けていけば、自分も自然に日本人になれると信じていました。そして、中学時代の朴さんは、成績もクラスの上位となり、クラスでの人望も集めるようになり、ついに三年生のときには級長にも選ばれるようになりました。

しかし、在日コリアンであるがゆえに、貧しい生活を強いられていることや、日本人から蔑まれていることなどを、幼い頃から身体で感じ取っていた朴さんにとっては、朝鮮人や朝鮮という国が嫌な存在にしか思えませんでした。反対に、在日コリアンとして貧しく生きている長兄と比べ、日本人らしく振る舞って小綺麗にしている次女の姉や次兄が格好良く思えてくるようになりました。

この頃になると朴さんは、中学時代の経験から、努力をすればかならず報われるのだから、努力をして日本社会の中で必ず出世をしてみせるという気持ちが強くなりました。

一九六七年、朴さんは、全日制の碧南高校の商業科に入学しました。五〇〇名の受験者の中で、五番で合格するという上位の成績でした。朴さんは入学時に学校から級長に指名され、学業にもクラブ活動にも励む毎日を過ごしました。

高校三年生になると、商業科には求人の申込みが殺到し、同級生たちが一学期のうちに早々と進路を決めていくなかで、在日コリアンの朴さんは、大学へ行きたくとも学資を用意することができないことから、大学に行くこともできず、就職をしたくとも、どうせ朝鮮人を雇ってくれる会社はないだろうと、あきらめるしかない日々を過ごしていました。

結局、朴さんは、朝鮮人でも雇ってくれるところがあるからという担任教師の勧めがあって、津田板金という自動車の部品を製造する会社に就職することになりました。しかし、商業科を卒業した朴さんに与えられた仕事は、朴さんが希望する事務職の仕事ではなく、プレス工の仕事でした。朴さんは、この会社を一週間で辞め、先輩から紹介してもらったヒカリ製作所という会社に就職しましたが、やはり、その会社でも希望どおりの仕事をさせてもらえず、またプレス工の仕事をさせられることになりました。

学生時代の朴さんは、自分が在日コリアンという苦境から抜け出すためには、身も心もすべて日本人になるほかはないと信じていました。それゆえ、朴さんは、日本人になるために一生懸命勉学に励み、全日制の高校の商業科にまで進学しました。しかしながら、結局のところは、在日コリアンが日本人になることはできない話でした。むしろ、朴さんは、日本人になろうとすればするほど、在日コリアンに対する日本社会の差別について身をもって感じざるをえない毎日を過ごす結果になったのです。

日立との闘い

在日コリアンであるというだけで、自分の希望どおりの職にも就けず、結局、プレス工などの単純作業しかできない境遇に悶々としながら数カ月が経った一九七〇年八月一九日のことです。朴さんは、ある新聞広告を目にしました。それは、日立ソフトウェア戸塚工場の求人広告でした。登用制度ありという文句が朴さんの目にとまりました。朴さんは、入社試験に合格し、日立に就職して一生懸命に努力すれば、中学・高校とそうであったように、優秀な成績をあげ、まわりの日本人からも尊敬されるようになる、会社でも幹部に登用してくれ、人もうらやむような地位に出世することができるのではないかと夢を描きました。

しかし、そんな朴さんの前に大きな壁が立ちはだかりました。それは、履歴書です。朴さんは、氏名欄には「新井鐘司」と「日本名」を書きました。「新井鐘司」という名前は、今まで小・中・高校とずっと使ってきた名前ですから、何の疑問もなく書くことができました。もちろん朴さんも、高校生のときに外国人登録証を持つことになり、そのときに、自分のもう一つの名前が「朴鐘碩」であることは知っていました。ただ、当時の朴さんにとっては、「朴鐘碩」という名前は外国人登録証に記載されただけのなじみのない名前であって、「新井鐘司」こそが普段から使っている本当の名前であったのです。

大きな問題は「本籍」の欄でした。朴さんは、本籍欄に「韓国」と書いたらどうなるだろうと想像しました。朴さんは、兄や在日コリアンの先輩たちから、日本の大企業は在日コリアンを絶対に雇わないと耳が痛くなるほど聞いていましたので、本籍欄に「韓国」と書いて受験すらできなくなってしまっては元も子もないと考え、本籍欄には朴さんの生まれ故郷である出生地の西尾市の住所を記入しました。

朴さんは、このような履歴書・身上書を日立に提出し、同年八月二三日、名古屋営業所にて採用試験を受験しました。結果、朴さんは、受験者三三人中七人が合格という難関を突破して、見事、採用試験に合格しました。

同年九月二日、日立は朴さんに宛てて、赴任地・携帯品などを指定し戸籍謄本の携行を指示した「採用通知書」を発送し、同年九月四日、朴さんは、戸塚工場の担当者から電話で合格の連絡を受けるとともに、日立からの「採用通知書」も受け取りました。

この合格の喜びを伝えようと、朴さんが次兄に連絡をとったところ、連絡を受けた次兄は、「本籍を何と書いたか」と尋ね、朴さんが出生地を書いたと答えると、次兄は、「おそらく日立に行っても、本当のことを言うとすぐに追い返されるだけだろう」と断言しました。

朴さんは、そんな次兄の言葉を受け入れたくありませんでした。天下の日立ともあろう会社が、朴さんを試験したうえで採用を決定したのに、追い返すはずがない、自分が在日コリアンであったとしても、日本人らしく教育され、日本人らしく生きることを目標としてきた人間に対し、そんなむごい仕打ちをするはずがないと信じたかったのです。

しかし、現実は、朴さんの思いとは裏腹でした。会社に提出する書類の中には「戸籍謄本」がありました。朴さんのように、在日コリアンは、日本に戸籍がなく、戸籍謄本を取ることはできません。同年九月一五日、朴さんは、戸塚工場に電話で連絡をとり、戸籍謄本が取れないので、外国人登録証明書を持参したいと担当者に伝えました。すると、電話は担当者から勤労課主任の当麻隆氏に替わり、朴さんから事情を聞いた当麻氏は、採用通知は留保にするから、会社側から連絡するのを待てと指示しました。

翌々日の九月一七日、会社から連絡が来ないので、朴さんが会社に電話をしたところ、当麻氏から「当社は一般外国人は雇わない。社内規定にも書いてある。迷惑したのはお宅のほうではなく、私のほうです。あなたが本当のことを書いたら、こんなことにならなかった。今回はあきらめてください」と採用取消し（解雇）を通告されました。

朴さんは、出身高校の教師や労働基準監督署に相談したり、直接日立にかけあったりしたものの、本件の採用取消しは覆りませんでした。

そこで、朴さんは、一九七〇年一二月八日、労働契約上の権利があることの確認（解雇の無効）と未払い賃金の支払いおよび慰謝料を求めて、横浜地裁に提訴しました。

本名を使わずに日本名を使う在日コリアンは嘘つきか？

本件の裁判の争点は、大きく二つありました。

その一つは、①日立の採用取消しが労働契約成立後の解雇にあたるか（解雇であるとすれば、その当否が、採用取消しよりも厳しく判断されることになります）という点です。これについては、日立側は、朴さんに対する採用取消しは労働契約成立前の不採用通告であるから、企業における雇用の自由の範囲内の行為であり許されるものであるという主張をしましたが、裁判所はこれを認めませんでした。

もう一つは、②応募書類の履歴書等に「日本名」のみを記載し、本籍地欄に「出生地」を記載して、韓国籍を秘したことを理由として解雇できるかどうかという点です。本件における最も本質的な争点であり、在日コリアンが存在することの歴史的背景と在日コリアンに対する日本社会の差別実態に照らし合わせ、朴さんに対する解雇に合理性があるかどうかについて裁判所が判断しました。

日立側は、朴さんが在日コリアンであることから採用を拒否したのではなく、朴さんが、応募書類の履歴書等に「日本名」のみを記載し、本籍地欄に「出生地」を記載したことに対する解約権の行使[二]であり、また、就業規則違反の懲戒解雇[二]にあたると主張しました。

解約権を行使できるかどうかについて、裁判所は、解約権の行使は客観的合理的で社会通念上相当と判断できる場合にのみ許されるので、朴さんが「書類に虚偽の事実を記載した」という事実があるだけでは解約権を行使できるほどの客観的合理的な理由があるとはいえず、その結果、朴さんの労働力の資質や能力を日立側が誤認するか、あるいは、会社で働かせることができないほど嘘つきで信用できない人物であると認められる場合でなければ、日立側は解約権を行使できないとしました。

そのうえで裁判所は、本件での朴さんには、労働力の資質、能力には問題がないことから、結局、朴さんが履歴書等に本名・本籍について真実の記載をせず、採用試験受験にあたって真実を申告しなかった点について、次のように判断して、日立は解約権を行使することはできないとしました。日本名の「新井鐘司」については、ごく日常的に用いて来た通名なので、これを「偽名」の記載ということはできず、朴さんが氏名欄に本名の「朴鐘碩」を、本籍欄に「韓国」を書いたとすれば、まさに朴さんが在日コリアンであることをさらけ出すことになるから、多くの日本の大企業が在日コリアンであるというだけの理由で採用を拒否してきたという現実からすれば、在日コリアンである朴さんが日立に就職したい一心で在日コリアンであることを隠して通名を記載し、本籍地に出生地を記載したとしても、その虚偽記載についてはきわめて同情すべき点が多い、としたのです。

一　試験当日に提出した身上調書の末尾に「この調書に私が記載しました事項はすべて真実であり、偽り誤りの場合は採用取消解雇の処置を受けても異議を申立しません」と記載されていたことから、解約権が留保されていると主張した。

二　日立の臨時員就業規則七二条の二四号では「経歴を詐り又は詐術を用いて雇い入れられたとき」が懲戒解雇の事由となっていた。

また、日立側の就業規則違反による懲戒解雇の主張に対しても、裁判所は、日立が朴さんに対して、採用取消しの名の下に解雇をしたり、また、朴さんの不採用を懲戒解雇処分であったと主張したりするようになった真の決定的な理由は、朴さんが在日コリアンであること、すなわち朴さんの「国籍」にあったものと推認せざるをえないので、そのような差別的な懲戒解雇は許されないと判断しました。

この判断を通じて、裁判所が、日本の大企業により在日コリアンであることを理由とした就職差別がなされてきた事実を認めたのです。

裁判所が認めた在日コリアンに対する差別の実情

この裁判では、朴さんが日立から受けた差別的扱いに対して慰謝料請求をしており、それが全面的に認められています。この慰謝料請求を認める判断の中で、裁判所は在日コリアンに対する就職差別の実情を次のように認定しています。

「原告本人尋問の結果によると、原告はこれまで日本人の名前をもち日本人らしく装い、有能に真面目に働いていれば、被告に採用されたのち在日朝鮮人であることが判明しても解雇されることはない程度に甘い予測をしていたところ、被告の原告に対する本件解雇によって、在日朝鮮人に対する民族的偏見が予想外に厳しいことを今更のように思い知らされ、そして、在日朝鮮人に対する就職差別、これに伴う経済的貧困、在日朝鮮人の生活苦を原因とする日本人の蔑視感覚は、在日朝鮮人の多数の者から真面目に生活する希望を奪い去り、時には人格の破壊にまで導いている現状にあって、在日朝鮮人が人間性を回復するためには、朝鮮人の名前をもち、朝鮮人らしく振舞い、朝鮮の歴史を尊び、朝鮮民族としての誇りをもって生きて行くほかにみちがないことを悟った旨その心境を表明していることが認められるから民族的差別による原告の精神的苦痛に対しては、同情に余りあるものといわなければならない」。

しかし、現在でも、日本企業に勤める在日コリアンの大多数が通名で勤務しているという実情を見れば、日本社会には、在日コリアンに対する差別がまだまだ根強く残っているといえるでしょう。

在日コリアンとして生きる道を選んだ朴鐘碩

この裁判は日本で初めての在日コリアンによる就職差別裁判であり、これに完全に勝利したことによって、大企業に就職すること自体が考えられなかった時代において、在日コリアンの若者たちに将来への明るい希望と夢を与えました。そして、朴さんと同じように、在日コリアンの若者たちが民族的アイデンティティを確立するきっかけとなった裁判であったともいえます。

朴さんの一九七四年二月一四日の法廷での発言の中に、在日コリアンとして生きることの意味を自覚した素晴らしい言葉がありますので、最後に紹介しておきます。

「裁判所に期待するものはないんですが、日立のやった行為に対して僕自身がやっぱり一番プラスになったわけです。僕自身が朝鮮人として生きる、あるいは人間性を回復して生きることを日立は僕にやってくれたわけです。そういうことで、僕自身は、もうすでに勝利だと思っています。たとえ、この裁判が負けたとしても悔いはないと思っております」。

（張界満）

《参考文献》
田中宏『在日外国人――法の壁、心の溝』（岩波新書、一九九一年）
仲原良二『在日韓国・朝鮮人の就職差別と国籍条項』（明石書店、一九九三年）
日立就職差別裁判三〇周年記念集会実行委員会編『日立就職差別裁判三〇周年記念の集い報告集』（外国人への差別を許すな・川崎連絡会議、二〇〇〇年）

ウトロ裁判――自分たちの「まち」を守る

京都府宇治市に「ウトロ地区」といわれる地域があります。ここには多くの在日コリアンが集まって住んでいます。この土地に住む在日コリアンは、戦前から現在に至るまで、不条理な状況に放り出され、歴史の中で翻弄されてきました。しかし、彼らは、その中をくぐり抜け、生き抜き、自分たちの「まち」を守ってきました。

その何十年にもわたる努力の中で、最も大きな闘いといえるのが、一九八九年から一〇年以上続いた、いわゆる「ウトロ裁判」です。

ウトロ地区の形成

一九三八年、日本の逓信省（当時）が日本全国各地に飛行場と航空乗員養成所を建設する構想を発表し、一九三九年に国際工業株式会社（後に日本国際航空工業株式会社）が設立され、京都府久世郡佐山・御牧両村一帯に京都飛行場と関連施設の建設が計画されました。この建設工事の現場には多数の朝鮮人労働者が従事しました。

ウトロ地区にある、過去に朝鮮人が住み込みで働いた飯場跡（李厚東氏所蔵・提供）

日本全国各地に飛行機の拠点を作ろうというのは、そもそも戦争遂行のためです。当時の国策に従って、その建築土木現場に朝鮮人労働者が多数集まり、家族とともに建設現場内の飯場小屋で生活するようになりました。これがウトロ地区の始まりです。

一九四五年に日本が敗戦を迎えると、京都飛行場の建設計画は中止となり、その敷地はアメリカ占領軍に接収されました。しかし、ウトロの飯場は接収されなかったため、在日コリアンの労働者とその家族は、引き続きウトロ地区に住み続けました。仕事がなくなり、行きどころもなく、本国に帰国することもできなかった人たちが、過酷な戦後をこの地域で生きることとなったのです。現在にたとえれば、外国で働いていた人の雇用先がつぶれてしまい、給料も支払われず、退職金ももらえずにいきなり放り出されてしまったというのと同じことです。

その後、従前からの労働者と戦後に移り住んできた在日コリアンが一緒になって、飯場小屋を改修したり、掘建て小屋を作ったりしてなんとか住めるようにしていきました。

しかし、もともとは工事現場の飯場跡ですから、居住環境は劣悪です。掘建て小屋の家は、雨が降れば雨漏りをバケツで受け、古傘を室内でさしながら夜が明けるのを寝ずに待つということもありました。長い間水道もなく、水道管の埋設工事が行われるようになったのはようやく一九八八年になってのことです。どん底の生活を送りながらも空き地を耕し、民族学校や自治会を組織し、自分たちの「まち」が作り上げられていきました。

ウトロ地区には、後記の京都地裁の判決時には八〇世帯・約四〇〇人の在日コリアンが居住しており、現在も約五〇世帯・九〇人ほどが生活しています[一]。

ウトロ地区住民の思い

ウトロ地区の住民は、単に「不法占拠」を続けてきたわけではありません。

一九七〇年二月に、当時の土地所有者である日産車体工機に対し、土地の売却を求めて次のような要望書を出しています。ウトロに住み着き、ウトロで生きてきた人間の熱い想いがよく表されています。

「昭和二〇年八月の終戦までここの地主であった会社が解体され飛行場建設業務も中止されて私たちは酷

一　朝日新聞デジタル二〇二一年六月二八日「在日コリアンの歴史、来春に祈念館『幸せになる施設を』」より。

使の後、何一つ生活の保障もなく、修羅場の様な敗戦社会に余儀なくほうりだされたのであります。私たちは、戦時中は一億一心とか、同じ皇国臣民とかで総動員体制のもとで、より以上の酷使・虐待されて来たものの、一朝にして外国人となり、本国は戦争のため二分され、何の社会的保障も自分の国へ帰る自由さえないまま、あらゆる艱難辛苦を堪えつつ住みついている次第であります。

私たちは日本の法律もあまり悉く知りませんのですが、過去の会社は解体され、財産なども清算処分したとのことを聞いておりますが、私たちの住んでいる此処ウトロの土地は私たちが永遠に何時までも住んでいて良いものと思っておりました。ところが最近になって、どうしてどうなったのか、地主がどうして何時変わったのか知らないうちに、過去の会社でない日産車体会社から、意外にも弁護士を差し向けて、半分空けとか、全部立ち退けとか言っておりまして。私たちは各自意思に依って自分の国へも自由に帰ることはできないし三〇年も住みついたここにも居住する権利がないとすれば日本の法律では、こんなにも私たちの生活権利が剥奪されているのかと思えば、いても立ってもおられません。一日の糧を求めるための日雇労働も手がつきません。このまま土地を私たちに売って下さいといってもあまり売る気もないそうでどんなにすれば良いのか途方にくれて唯悲憤に満ちているばかりです。

私たちはどうしてもここを離れられない状態におかれてあります。皆は何としても既得権利を主張し生活権を守り、居住権を固守するため一致団結しております。そして、どうしても買いましょうと話が一致して交渉や手続をするため左の様に代表者も選出しました。会社では特にご詮議の上私たちに売って下さる様おはかり下さいます様要請いたします」。

ウトロ裁判の概要

一九八七年三月九日、当時のウトロの土地の所有者であった日産車体[二]は、「ウトロ自治会長」という肩書きのA氏個人にこの土地を売り、この者が、有限会社西日本殖産にこれを売り渡しました（A氏は、自らが西日本殖産の役員でもありました）。

一九八九年、土地の所有者となった西日本殖産は、ウトロ地区住民を被告として、土地明渡し訴訟を提起しました。これが、ウトロ裁判です。

この裁判で、ウトロ地区の住民は、西日本殖産は本当の所有者とはいえないのではないか、ウトロ地区住民が土地を時効により取得しているのではないか[三]、日産車体から西日本殖産に土地を売ったときにウトロ住民へその土地を売る予約契約があったのではないか、ウトロ住民にはこの土地に居住する権利があるのではないか、ということを主張しました。また、仮に西日本殖産がウトロ地区の土地所有者であるとしても、日産車体が「住民自治会長」というA氏に売り渡したのは住民への分譲を意識してのことであり、その事情は西日本殖産も承知して買ったのだから永年居住しているウトロ地区住民に明渡しを請求するのは権利の濫用

二　ウトロ地区の土地は、終戦当時の所有者である日本国際航空工業株式会社（後に日国工業株式会社に商号変更）が、日産車体工機株式会社（後に日産車体株式会社へ商号変更）に吸収合併されたため、このときは同社が所有していた。

三　建物を建てるなどして一定期間土地を占有していると民法の規定により土地の所有権を時効取得できる。

でないのか、(四)ということも主張しています。

しかし、一九九八年一月三〇日、京都地裁は、住民の主張をすべて否定して、全住民に土地の明渡しを命ずる、全住民敗訴の判決を下しました。判決は、住民たちが苦しい生活に堪えながら生活の拠点を築き上げたことは推察するとしながらも、結局は、住民たちがここに住み続ける権利は否定したのです。

ウトロ地区住民は、この判決を不服として大阪高裁に控訴し、さらに最高裁に上告もしましたが、いずれも住民の主張は認められることはなく、二〇〇〇年一一月一四日に最高裁で全住民敗訴の判決が確定しました。

裁判後の住民の闘い

このように住民たちは裁判では負けてしまいましたが、それでも闘いが終わることはありませんでした。一九八九年から実に一〇年以上の裁判を行っていく間に大きな前進がありました。

ウトロ地区の住民たちは、日本国内においては行政側への働きかけ、日本国外では韓国の報道機関や人権団体協議会への働きかけを粘り強く続けました。写真集『ウトロ──置き去りにされた街』（地上げ反対！ウトロを守る会編、かもがわ出版、一九九七年〔紫式部市民文化賞審査員特別賞受賞〕）が出版され、二〇〇一年八月には国連社会権規約委員会に代表を送るなどの活動を続け、支援の輪はウトロ地区以外にも広がっていきます。そして、地域住民の祭「伊勢田まつり」にウトロ農楽隊が参加するようにもなります。日本社会から孤立していたウトロ地区がその存在を認められるようになっていったのです。

（尹英和）

ウトロのいま

最高裁における敗訴判決後も、国際社会への働きかけ、世界中の市民からの注目があいまって、ウトロ住民らに対する支援の輪が広がっていきました。とくに、ウトロ地元住民と日韓市民社会の支援者らおよび韓国政府出資による財団によるウトロ土地の東側地区（ウトロ全体の三分の一）の購入が実現しました。市民らによる寄付および韓国政府からの寄付により、ウトロ全体の半分にあたる面積の購入を予定していたのですが、為替の変動や事情の変動、経費等により三分の一の購入となりました。

その東側三分の一の地区には「ウトロ平和祈念館」を設立することが決まり、ウトロの歴史を保管し保存するために、さまざまな歴史資料が集められています。また、ウトロ住民らがウトロをどのような地域にしていきたいかを自ら考える中で、ウトロ問題の解決案として出された「ウトロまちづくりプラン」のもと、公園などの公共施設の設置も決まっています。さらに、宇治市との協議のもと、この東側三分の一の土地に

四　形式的には権利行使の外形を有するが、実質的には権利の行使と認めることができない行為は、権利の濫用とされ、民法で違法とされる。

公営住宅二棟を建設し、住環境改善事業が進められることとなりました。

しかし一方で、ウトロという土地で、これまでと同じコミュニティの中で、インフラが改善し整備された住環境で暮らしたい、というウトロ住民らの切実な願いは叶いませんでした。ウトロから一歩出れば、「近づいてはいけない場所、怖い場所」と扱われていたウトロの実際は、家に鍵をかけたことはないほど安全なコミュニティでもありました。台風がきたり大雨が降れば「大丈夫かー」と互いに声を掛け合って雨水の汲み出しを助け合ったり、家の前を歩いていたら「今日は焼肉やで。食べていき」と呼ばれたり、「塩貸して」とお隣さんがやって来たり。歴史的な痛みを背負って生きてきたウトロの人々は、子育ても、暮らしも、仕事も、軒を連ねて共に助け合って暮らしてきたのでした。ところが、住み慣れた家々は取り壊され、この場にあったウトロ住民コミュニティは解体されました。ウトロの原風景は消失することとなりました。私自身もウトロ出身者として、暖かな在日コリアンコミュニティがまた一つ消失してしまったことに、喪失感を覚えます。

公営住宅に入居するウトロ住民もいますが、それまでにすでに多くのウトロ住民はウトロを去りました。また、生き証人でおられた最後の一世ウトロ住民も、二〇二〇年一一月に他界されました。

国連人権委員会（現国連人権理事会）が任命した「現代的形態の人種主義、人種差別、外国人嫌悪および関連する不寛容に関する特別報告者」であるドゥドゥ・ディエン氏（セネガル出身）が、二〇〇五年七月三日から一一日に日本を公式訪問した際、ウトロを訪問しました。彼が、二〇〇六年一月二四日、国連に提出・公表した報告書(五)は次のように述べています。

「55．住民の多くは、ウトロで六〇年以上も過ごし、これらの非常に不安定な生活条件に苦しみ、今も苦しみ続けているが、その中でも、ウトロ住民にとってこの土地が唯一のアイデンティティーであり記憶であり感情的なつながりでもある。……ウトロに住んでいるコリアンらは、第一に植民地主義と戦争の被害者であり、その後、差別と排斥の被害者であり、最近では不動産投機の被害者であると感じている。ウトロ住民らの基本的な権利は、六〇年以上にわたり侵害されてきた」。

人権問題としてのウトロとその歴史を忘れず保存し記憶すること、それが私たちに残された重要な課題です。ところが、「ウトロ平和祈念館」着工を目前にしていた二〇二一年八月三〇日、ウトロ地区で放火事件が発生し、住宅や倉庫など計七棟が焼けました。この放火により、祈念館で展示される予定だった、ウトロ地区とそこで生きてきたコリアンの歴史を伝えるかけがえのない資料四〇点も焼失しました。同年一二月六日、被疑者が逮捕されました。この被疑者は、ウトロ地区だけでなく、同年七月に韓国民団愛知県本部と隣の名古屋韓国学校の排水管に火をつけて壊した器物損壊の疑いでも、同年一〇月に逮捕・起訴されていたのです。被疑者は「日本人の注目を集めたくて火をつけた」という趣旨の供述をしたと一部で報道されました。これが事実だとすれば、これらの放火はすべて在日コリアンの関連施設を対象とし、コリアンを攻撃するという差別に基づく犯罪、すなわちヘイトクライムに該当するものです。また、歴史を伝える場であるウトロ地区に火を放つという行為の持つメッセージは、歴史を否定し、抹殺しようというものです。

五　https://digitallibrary.un.org/record/566139/files/E_CN-4_2006_16_Add-2-EN.pdf

このほかにも、同年一二月一九日、大阪府東大阪市にある韓国民団枚岡支部の室内に、窓ガラスを破ってハンマーが投げ込まれているのが発見されました。このような在日コリアンに向けられた犯罪行為が、日本で暮らすコリアンに与える衝撃と恐怖は計り知れません。

ウトロ地区での放火事件は、差別的動機が強く疑われる事件です。ヘイトクライム根絶のために、日本の司法がヘイトクライムに厳しく臨むこと――警察と検察において、犯罪の動機を徹底的に解明し、これを刑事裁判の場で明らかにすること、裁判所において、認定された差別的動機を犯罪の量刑に厳正に考慮すること――が強く求められています。

（具良鈺）

入居差別――外国人お断り!?

入居差別の実際

賃貸アパート・マンションを借りる際に、たいていの人は不動産仲介業者に物件の紹介を受けて申込みをし、賃貸人との間で賃貸借契約を行います。賃借の申込みに対して、賃貸人が、賃借人の国籍によって貸すか貸さないかを区別する理由はまったくないはずです。ところが、外国人が賃貸アパート・マンションを借りようと思っても、外国人との契約を拒否する賃貸人が大勢いるため、部屋を見つけるまで大変な苦労をするのが実際です。

その昔、賃貸アパートに「琉球人・半島人お断り」「沖縄人・朝鮮人入居不可」などの貼り紙がしてあったことを在日コリアン一世・二世はよく覚えています。ある在日コリアンは、朝鮮人にはどこも部屋を貸してくれないため、やむなく日本人の友人の名前で賃借したところ、結局、発覚してしまい、賃貸人に侮辱的な言葉で罵られたという経験を話しています。

現在では、露骨に「朝鮮人お断り」と明示する例はさすがに見当たりません。しかし、賃貸アパート・マンションの定型の申込用紙に「日本国籍に限る」と印刷されていたり、本籍を記載させたり、住民票を必要書類として提出させたりなど、現在でも外国人への入居拒否はなくなってはいません。

ある在日三世はこんな経験をしています。賃貸マンションへの申込みに際し、朝鮮人であることを理由に賃貸人が断ってきたため、仲介業者が「この方は祖父母が韓国で生まれて日本に来た人ですから、ご本人は日本で生まれた方なんですよ」（後に述べるように、この説明も問題ではありますが）と賃貸人を説得しようとしましたが、賃貸人からは「その祖父母は北から来た人ですか、南から来た人ですか」という答えが返ってきたということです。

在日コリアンが集って話をすると、このような経験は珍しいものではないことがわかります。日本人の多くが思っているより入居拒否の実際はひどいものなのです。

入居拒否の裁判

入居差別があっても裁判までできない現実

多くの在日コリアンが同じような経験をしているのですが、裁判として訴えた例はあまり多くはありません。引越し先を探すときというのは、就職や転勤、結婚など生活全般が慌ただしい時期となるため、とにかく次の移転先を探すのが先決であり、こんな問題に関っている暇はないという事情もあるでしょう。差別的な大家の部屋など強いて借りたくはないということもあると思います。

しかし、なによりも在日コリアンが弱い存在であり、さまざまな差別に対して声をあげることが現実にはできないということが最も大きな理由ではないでしょうか。後述する李俊熙（イチュニ）さんが、ある夜間中学校で在日同胞一世のハルモニ（おばあさん）たちと入居差別裁判の話をしたところ、一人の元気なハルモニが「兄ちゃん、そんなん、みんな我慢してきたんやで」、続けて別のハルモニは、「そうそう、ご飯食べるんで精一杯やったんや」と言われたといいます。在日コリアンの現実として、あきらめるしかなかったし、我慢するしかなかった、そうしなければ食べることができなかった、それが在日コリアンの歴史なのです。ですから入居差別に対する裁判例は、その実態に比してきわめて少ないのが現状です。

裵健一さんの裁判

一九八九年一月、裵健一（ペェコニル）さんは、情報誌に掲載されている物件を見て不動産仲介業者に案内してもらいました。その際、自分は外国人であるが入居が可能かどうか確認したところ、「このマンションには中国人も入居しているので問題はありません。明日からでも入居できます」という答えが返ってきました。そのとき渡された「入居申込ご案内」には、「原則として日本国籍であること」とされ、かつ、住民票の提出を要すると書いてあったため、裵さんは再度確認し、外国人登録証でよいかを尋ねたところ、「いいです」と言われたため、申込書を提出し、予約金を支払いました。

しかし、その後、「家主は承諾したが、管理会社が、あなたが日本国籍でないから入居はできないと言っている」と言われ、さらに後日、「家主があなたの入居はできないと言っている」と言われ、結局、入居は拒絶されたため、裁判を起こすこととなりました。

裁判は、賃貸人・仲介業者・大阪府を被告として提訴されました。賃貸人・仲介業者のみではなく、これを指導・監督する義務のある大阪府の責任も追及することとなったのです。

判決（大阪地裁一九九三年六月一八日）は、裵さんの請求を認め、賃貸人に対し、引越センターのキャンセル料と慰謝料二〇万円などの支払いを認めました。裁判所は、契約締結の中止を正当視する事情がない場合、一方的に中止することは許されず、在日韓国人であることを理由とする契約締結拒否は信義則[二]に違反するものであり、契約の締結を期待したことによって被った損害を賠償すべき義務があるとしたのです。

しかし、この判決は、本件の契約交渉が相当程度進行していたことから、申込者に契約締結が確実なものであると期待させるから正当な理由なく契約締結を中止したことが違法だと言っているだけであり、日本国籍であることを条件としたこと自体については違法とはしていません。憲法違反についても私人相互間に直接作用するものではない[三]と述べて、憲法上の問題には踏み込んでいません。また、仲介業者や指導監督すべき大阪府の責任は否定しました。

このように、この判決は、外国人であることを理由にして当初から賃借を断るようなケースをどう考えるかについて答えるものとはなりませんでした。

尼崎入居差別裁判

兵庫県の李俊熙（イチュニ）さんが、結婚を控え、新居を探しまわり、やっと条件に合う物件を見つけ出したときには、結婚式が来月に迫っていました。婚約者といっしょに仲介業者の店舗で賃貸人と面会すると、賃貸人は、申込書を見て李さんが韓国人であることで難色を示しました。前に入居していた韓国人が家を出るとき問題があったので「韓国の人は難しい」と言い始めたのです。

こう言われた李さんは、「ぼくたちは日本生まれで日本育ちの韓国人ですから、変なことはしませんよ」と答えてしまいます。

李さんは、このときの自分の態度を決して忘れることはできないと言います。本来なら韓国人を差別しようとする大家の対応を毅然として批判すべきところ、家を貸してもらいたいばかりに卑屈な態度をとり、自分が差別される側であることを認めてしまったこと、その悔しさが入居差別裁判を行うに至った最も大きな理由だと述べています。

裁判は、一審、二審とも賃貸人に慰謝料の支払いを命じました。大阪高裁判決（二〇〇六年一〇月五日）では、国籍を理由とする入居拒否が、憲法一四条（平等原則）の趣旨に反し、不法行為が成立すると判断した点で、これまでの判例より進んだものとなりました。しかし、一方で判決は、仲介業者の責任は認めず、また、賃貸人が入居拒否した主な理由は、李さんが猫を飼おうとしたためであると認定し、国籍差別は副次的な拒否理由だとしました。李さんはこの点はとうてい受け入れることができないと批判しています。

一　信義誠実の原則。当該具体的な事情のもとで、お互いに相手方の信頼を裏切らないように行動すべきであるとの法律上の原則。民法一条二項「権利の行使及び義務の履行は、信義に従い誠実に行わなければならない」と定められている。

二　個人や民間団体がお互いに行うこと。国家や地方公共団体の機関（役所や国公立の団体など）の行為は憲法違反となるが、私人の行為は憲法違反とはならない（本書一六四〜一六五頁参照）。

しかし、李さんの裁判は、私人間の契約であっても、入居差別が憲法に抵触し、不法行為を構成するとした点では評価できるものといえるでしょう。

在日コリアン弁護士入居差別裁判

康由美（カンユミ）さんは、日本で生まれ育った在日コリアン二世です。猛勉強の末、当時、合格率約二%という超難関の司法試験に合格し、五七期修習生として司法研修を終えます。二〇〇四年一〇月、大阪弁護士会に弁護士登録し、すぐさま母国韓国へ短期の語学留学に行き、二〇〇五年一月から弁護士業務に就きました。

その頃、受験生時代からの女友だちとルームシェアしようという話になり、大手賃貸マンション仲介業者から物件の紹介を受けます。紹介された二DKの部屋を内覧し、気に入った物件に入居を申し込みました。この物件の紹介カードには「友人同士の入居可」と記載がありました。ところが、申込人欄が「康」という中国か韓国の人とわかる名前であったためか、家主は「過去に中国人の入居者のためにトラブルになったことがあるから今回の契約はお断りしたい」と言い出したのです。明らかな国籍による差別でした。

問題視した弁護士が代理人として交渉に入ると、家主は一転して言い分を変えます。「ファミリー限定の物件で、姉妹だと思っていたら友人同士とわかった。それでお断りしたのであって、韓国籍が理由ではない」。しかし、仲介業者との仲介契約に伴って作成された物件紹介カードには、「友人同士の入居可」となっています。仲介業者も「ファミリー限定とは聞いていない」と明言しました。大家の責任逃れのための嘘でした。

弁護士という、世間では社会的地位が高いといわれている職業に就いてもなお、韓国人であるというだけで、二ＤＫの賃貸マンションへの入居すら拒否されてしまう。康さんは「せやせや。私って、そういう存在やったんや。韓国人っていうだけでさんざん差別されてきた。『弁護士になったからって、差別されへん思たら大間違いや』って世間からパッチーン殴られたような気持ちです」と、その絶望的な胸の内を明かしてくれました。

後に、家主は裁判所で自らの過ちを認め、和解金を支払います。和解条項では「被告（家主）は、原告（康さん）が韓国人であることを理由に入居を拒否した事実を認め、原告に謝罪する」とされています。家主も法廷に出席し、自らの言葉で謝罪しました。

この裁判で、康さんは、家主個人の問題、自分個人の問題だけではないからと（実際、この裁判では、入居拒否された修習生を含む三名の外国籍の人の陳述書が提出されていました）、外国人に対する入居差別がはびこっている状況を知りながら放置してきた大阪市にも法的責任を追及しましたが、この訴えは認められませんでした。

大手賃貸マンション仲介業者からの聴き取りの際、仲介申込書に「ＦＯ」とか「ＷＢ」という記号があり、それは「フォリナー（外国人）」「ウォータービジネス（水商売）」を意味する隠語とのことでした。仲介業者としては、家主が嫌がる入居希望者を仲介するわけにはゆかず、不合理だと思っていてもこういう対処をとらねばビジネスに支障があるとのことでした。「行政が、こういうのはダメですよ、法律違反ですよとはっきりさせてくれると私たちももっとやりやすいんですが」と表情を曇らせていた業者さんの言葉が、入居差別に関する法制度の不備を端的に物語っています。

入居差別をなくすために

「日本人と同じなのに」という言葉

在日コリアンに対する入居差別を話していると、日本人からは、「『在日』の人たちは日本人と同じなのにそんなのは許せませんよね」という言葉が返ってくることがあります。この人が、入居差別を理不尽なものであると考えていることは間違いありません。しかし、本当に「日本人と同じなのに」だけでよいのでしょうか。このようなことを述べる日本人には、「ぼくたちは日本生まれで日本育ちの韓国人ですから、変なことはしませんよ」と述べてしまったことを生涯忘れられないという李俊熙さんの気持ちを理解することはできないのではないでしょうか。同じく入居差別裁判を起こした康由美さんも、不動産屋で差別にあったとき、思わず「私は日本で生まれ育った人間です」と声をあげてしまったことを、胸に突き刺さる思いだったと語っています（週刊金曜日二〇〇五年九月二三日号）。

在日コリアンへの入居差別は、「日本人と変わらないのにひどいね」と語ってしまってはいけないことです。在日コリアンとしての誇りを持って生きようとしている人たちに対して、これほど侮辱的な言葉はないからです。

また、「日本人と変わらないのに」ということでは、在日コリアン以外の外国人に対する入居差別を是認することにもなりかねません。外国人は言語や習慣が違うから家を汚してしまう、近隣の人とトラブルになりやすい、家賃を支払わないでいなくなってしまうなどと心配し、貸したくないという大家もいます。そして、このような心配は決して差別意識から生じる考えではないと、この賃貸人に同調する日本人も少なくないでしょう。しかし、ある大学の職員は、留学生の部屋探しをしても、中国人は台所を油だらけにするからダメだと断られることがたびたびあり、「だけど、台所を汚したり、夜中に騒いだりするといって大学に苦情が来るのは日本人の学生のほうがよほど多いですよ」と漏らしていました。契約違反の使用をする賃借人は日本人より外国人のほうが多いというのは、統計的な根拠もなくイメージで語られているに過ぎません。夜中に騒いで隣近所に迷惑をかける外国人がいたとしても、それはその人のモラルが低いということに過ぎず、「だから○○人はだめなんだ」とはなるはずもありません。

国と地方自治体の責任

二〇〇三年一月一四日、さいたま地裁は、電話で入居申込みをしてきたインド人に対して執拗に皮膚の色を問いただした不動産業者に対し、損害賠償を命じました。ニューカマー(三)の外国人の入居差別の現状は在日コリアン以上です。中東圏の外国人には、どうせ大家が断るからということで、仲介業者が申込用紙を渡すことすら拒否するということも報告されています。日本国籍に限るとの記載や本籍地の記載欄がある申込用紙を仲介業者が使用しても、監督・指導する立場にある都道府県は何らの是正もしようとはしません。

三　近年（とくに一九八〇年代以降）に来日し、定住した外国人を指す。戦前戦中から定住している在日コリアンなどをオールドカマーということもある。

日本が一九九五年に加入した人種差別撤廃条約では、同条約の締約国が、人種・皮膚の色または民族的若しくは種族的出身による差別なく「住居についての権利」を保障することを約束することを定めています（五条柱書・同条(e)(iii)）。

日本政府は、同条約加入後の二〇〇一年第一五一回国会において、「外国人、母子世帯、障害者等に対する入居差別の現状を踏まえつつ、これらの者に対する入居差別が行われないよう、引き続き、所要の措置を講じてまいりたい。また、人権擁護施策推進法に基づき法務省に設置された人権擁護推進審議会における人権救済制度の在り方についての調査審議の結果を踏まえ、人種差別を含む様々な人権侵害の被害者救済のための措置や制度について検討してまいりたい」と答弁しましたが、その後、外国人入居差別について政府が措置を講じたことはほとんどありません。

二〇〇〇年に神奈川県川崎市が定めた住宅基本条例には、「何人も、正当な理由なく、高齢者、障害者、外国人等（以下「高齢者等」という）であることをもって市内の民間賃貸住宅への入居の機会が制約され、又は高齢者等であることをもって入居している民間賃貸住宅の居住の安定が損なわれることがあってはならない」と規定されています（一四条）。しかし、残念ながらこのような条例は全国でもきわめて例外的なものです。

入居差別をなくすためには、賃貸人の意識を変えることが重要であることはもちろんですが、国や地方自治体がこれを防止するための施策をとらないことには、いくら裁判を積み重ね、大家の責任を認める判決が続いたとしてもなくなることはないのです。

（金竜介・林範夫）

ゴルフ会員権——会員は日本人に限る!?

この国には、国土の広さとは不釣り合いなほど多くのゴルフ場が存在します。「自然の地形を生かした雄大なコース」「広々としたフェアウエイと変化に富んだグリーン」「自然の地形を巧みに生かしたゆとりのレイアウト」「広大な用地と豊かな自然環境を贅沢に生かした快適なコースでゴルフの醍醐味をご堪能ください」……どのゴルフ場もさまざまな謳い文句でゴルフプレイヤーを誘います。

ゴルフ場の会員は、一般利用者より優先的な利用権を持ち割安な料金でゴルフ場を利用でき、会員の紹介・同伴がないと一般利用者は利用できないゴルフ場も多くあります。ゴルフ場側も、ビジター（会員以外の利用者）より優先的に予約ができること、割安になること、そして、会員になることでたくさんのゴルフ仲間ができるということを強調して会員になることを勧めます。こうして、多くの人がゴルフクラブに入会し、ゴルフ会員権が売買されるのです。八〇年代のバブル経済期には数千万円、なかには億を超える価格で投資目的としてゴルフ会員権が売買されていました。現在は、安価なゴルフ会員権も多く存在し、投機ではなく純粋にゴルフを楽しみたいという人が購入するものとなったといえるでしょう。

ところで、皆さんは、少なからぬゴルフクラブが「日本国籍を有する者」を入会の条件にしていることをご存じでしょうか。もし、この本をお読みになっている方がゴルフクラブに入会しているのであれば、会則をご覧になってください。入会の条件の欄に「日本国籍を有する者」と書かれてはいませんか。なかには、「日本国籍者」「クラブ会則その他の諸規則を守りクラブの名誉や信用を傷つけることなく秩序を保てる方」「反社会的勢力に係る方でない方」との条件を並列して明示しているクラブもあります。

ゴルフクラブへの会則などで日本国籍を条件とし、外国人を排除することは許されるでしょうか。

裁判になった事例

違法とした判決

東京地裁一九九五年三月二三日判決は、日本国籍を有しないことを理由に在日コリアンの入会を承認しなかったという事案で、憲法一四条（法の下の平等）の趣旨に照らし、この入会拒否は、社会的に許容できる限界を超えるものであり違法と認定しました。

この判決は、ゴルフクラブは、娯楽施設としてのゴルフ場の利用を通じて、会員の余暇活動の充実や会員相互の親睦を目的とする私的かつ任意の団体であるから、その内部関係については、私的自治の原則が広く適用される場面であることを認めたうえで、今日（こんにち）ゴルフが特定の愛好家の間でのみ嗜まれる特殊な遊技であることを離れ、多くの国民が愛好する一般的なレジャーの一つとなっていることを背景として、会員権が市場に流通し、会員募集等にも公的規制がなされていることなどからみれば、ゴルフクラブは、一定の社会性をもった団体であるとして、ゴルフクラブが自らの運営について裁量権を有するものではあるが、いかなる者を会員にするかという点について完全に自由な裁量を有するとまでいうことはできず、その裁量を逸脱した場合には違法との評価を免れないというべきであるとしたうえで、資格条件として日本国籍者であることを課すことについては、合理的理由がなく、在日コリアンである原告の生い立ちと境遇に思いを至すとき、日本国籍を有しないことを理由に原告を登録者とする変更申請を承認しなかったことは、憲法一四条の規定の趣旨に照らして違法であるとしました。

違法ではないとした判決

東京高裁二〇〇二年一月二三日判決は、同様の事例で違法性はないとしました。

私的な団体は、どのような条件で加入を認めるかについては、原則として自由にこれを決定することができるので（結社の自由）、国籍によって制限したとしても、公の秩序に反して無効とはならず、不法行為と評価することはできないとしたのです。

「日本国籍を有する者」との入会資格は許されるか

国籍を理由とするアパート・マンションへの入居差別、公衆浴場や飲食店への外国人の入店拒否については、違法とする判例が多数あります[二]。外国人のゴルフクラブへの入会を拒否する会則が違法とされない判決が生じるのはなぜでしょうか。外国人であることだけを理由に部屋を借りられない、買い物ができない、飲

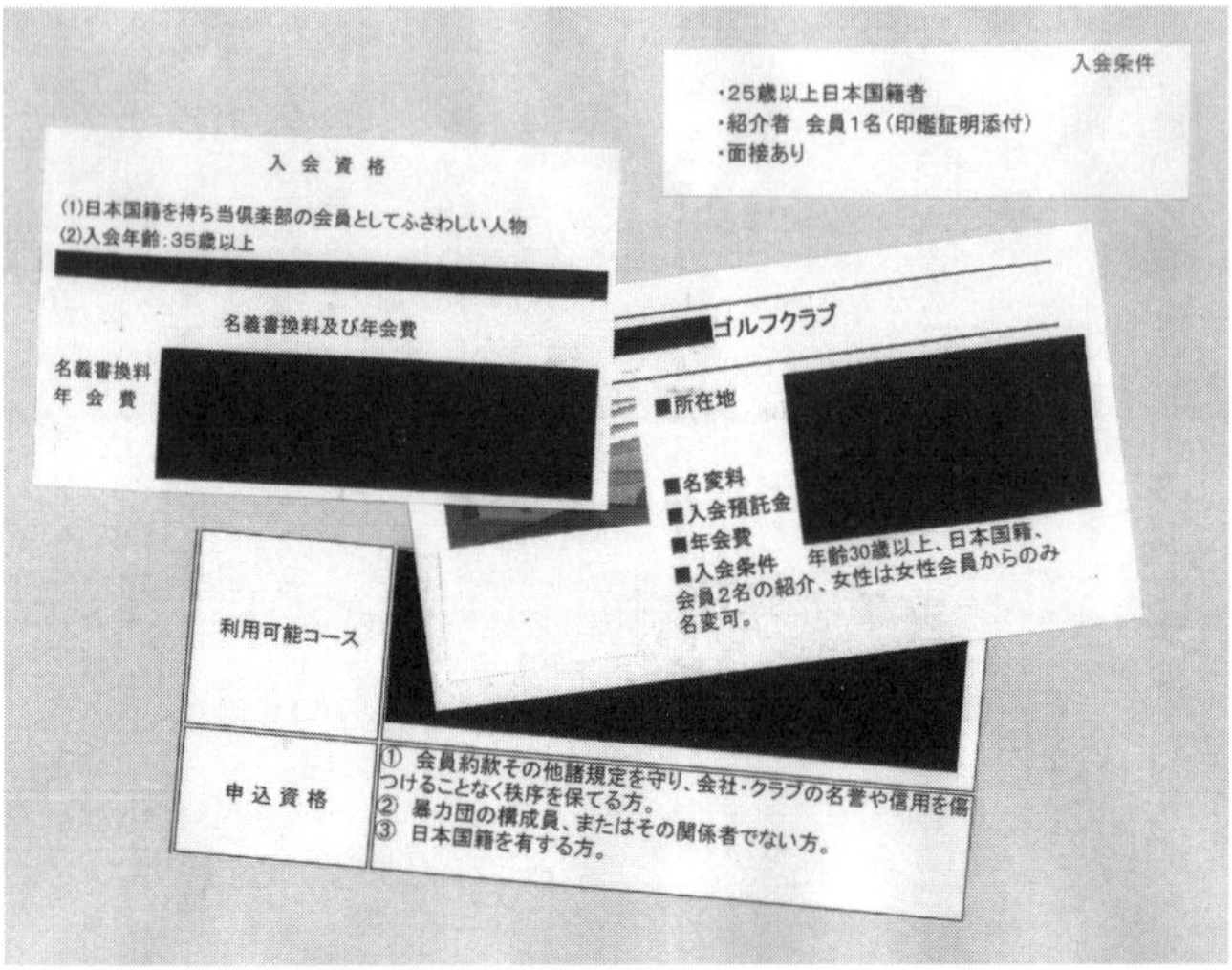

日本国籍を入会条件とするゴルフクラブは多い。

食店で食事できないというのは許されないことだけど、ゴルフクラブに入会できないからといって生活に困るわけではないという見方もあるでしょうが、それだけではなさそうです。

スポーツクラブというのは、親睦を高めるための集まりなのだから、どんな人を入れるか入れないかを決めるのは、その団体の自由だとの考えが根底にあるものと思われます。このような考え方（結社の自由）は、原則としては誤りではありません。問題は、外国人であるという理由のみで一律に入会させないという規則です。

このような規則が違法でないとした東京高裁の第一審判決[二]は、国籍について下記のとおり判示します。

「国籍を異にする自然人同士がときに利害の複雑に絡み合った、相対立する立場を有する場合もあり得ることは否定できない。個人の私的生活の場面でみても、人は国籍によって帰属する国の歴史・政治・

経済・文化・社会・宗教・民族等に関する理解や考え方、利害状況等と全く無縁であるとはいえず、実際的にみても、生活様式、行動様式、風俗習慣、思考方法などに関し、外国人は、しばしば日本人と異なる個性が認められることも否定できないところである。このような個性や差異は、今日の国際化された社会において、日本の社会あるいは文化にとって積極的価値をもたらすものである一方で、ときに日本人との意思の疎通や信頼関係の形成・発展に微妙な影響を生ずる場面があることも否定できない」。

そして、この相異は、特別永住の在日韓国人も否定できないというのです。この判決からは、結社の自由という理由だけではなく、外国人というのは日本人とは異なる人間だということを当然の前提とする、外国人排除の思想が根底にあると感じられます。

ゴルフジャーナリストの金田武明さんは、「もちろん好きな仲間の集まりである私的団体では、どんな会員を集めようが自由ですが、果たして日本に私的な団体と呼べるようなクラブがどれくらいあるのでしょうか。ほとんどのゴルフ場は会員制を謳いながらビジター制限はほとんどなく、むしろビジター収入に頼っているのが現状。仮に厳格なプライベートクラブであっても、諮問委員会で、この人はメンバーに相応しいかどうかイエスかノーかだけ判断すればいい。入会条件に国籍を問うなど、欧米のクラブでは考えられないこと。それだけ日本の公民権意識が低いことの証明といえるでしょう[三]」と語っています。

一　二〇〇二年一一月一一日札幌地裁判決・小樽市公衆浴場入浴拒否事件、一九九八年一〇月一二日静岡地裁浜松支部・浜松市宝石店入店拒否事件など。

二　東京地裁二〇〇一年五月三一日判決。

二〇〇二年に国連人権委員会が現代的形態の人種主義・人種差別・外国人嫌悪および関連する不寛容に関する特別報告者に任命したドゥドゥ・ディエン氏が、二〇〇五年に日本を公式訪問し、二〇〇六年一月に提出した報告書には、ゴルフクラブへの外国人の入会拒否は違法ではないとした裁判例に触れ、このような状況では、日本が、人種差別撤廃条約二条一項にいう「適当な方法」をとる国際的な義務を尊重しているということはとうていできないと厳しく指摘しています。

ゴルフクラブへの入会に国籍を条件とすることは是認できないというのが、国際的な常識といえるでしょう。

入会条件を知りながらゴルフ会員権を取得したことを問題とすべきか

国籍要件は違法ではないとした前述の東京高裁判決は、ゴルフクラブが外国人の入会制限をしたことを原告が知りながら（入会を拒否される可能性があることを原告が予測しながら）、あえてこのクラブに入会したことを問題としています。どうやらこの裁判官は、入会制限を認識していたのなら、わざわざそんなゴルフクラブの会員権を購入して自ら紛争を招かなくてもよかったのではないか、差別が行われることがわかっていたのであれば、それを避けて行動することが選択できたのではないか、そんなふうに考えているようです。しかし、これは大変に不当な理屈です。

「外国人の方の入場をお断りします。JAPANESE　ONLY」と貼り紙が掲示されている公衆浴場があり、そんな浴場に行けば拒否されることは当然予測できるのだから、そんなところにわざわざ行かなければいいじゃないか[四]、というのと同じことです。

外国人が入会できるゴルフクラブはほかにたくさんあるのだから、特定のゴルフクラブが外国人の入会を拒否しても被害は生じないという考え方も同様です。問題なのは、自分が入りたいと思うクラブに入れるということなのですから、他のゴルフクラブに入れるということをもって、その人の精神的な苦痛が和らぐということにはなりません。

日本国籍を入会条件とするゴルフクラブを訴えた裁判例は、公刊されている判例集では見当たりませんでした。

近時、性同一性障害[五]者の性別の取扱いの特例に関する法律に基づき男から女への性別の取扱いの変更の審判を受けた人が、ゴルフ場の経営会社と運営団体であるゴルフクラブにゴルフクラブへの入会を拒否された事案で、入会拒否は、原告の人格の根幹部分を否定したものにほかならず、憲法一四条一項等の趣旨に照らし社会的に許容しうる限度を超え違法であるとした判決[六]がありました。この高裁判決は、ゴルフクラブが主張する他の会員の不安感や困惑は、抽象的で具体性に欠け、多分に感情的・感覚的なものであり、他方、当

三　週刊ゴルフダイジェスト二〇〇二年八月二〇日・二七日号。
四　前述の小樽市公衆浴場入浴拒否事件の札幌地裁判決はこの理屈を否定した。
五　「性同一性障害」の用語は、法律・判決の用語を引用。
六　東京高裁二〇一五年七月一日判決。

事者が被った不利益は、直接的には、会員の地位を取得できず、非会員より安価な料金でプレーすることやクラブ主催の競技会等に参加できないという経済的利益を得られないことにとどまるものではあるが、性同一性障害であることおよびその治療を受けたことを理由として入会を拒否されたことは、ゴルフクラブに対する期待ないし信頼を裏切られ、本来被るべき理由のない不利益を被ったとしました。結社の自由という原則論ではなく、入会拒否の理由が、理由のない差別であるときは、その運用を違法とすべきことを示す判決であると評価できます。

それでもゴルフを楽しめますか？

一九九〇年の全米プロゴルフ選手権の会場に選ばれたアラバマ州のゴルフクラブが、白人専用だったことから多くの抗議が殺到し、その後、全米プロゴルフ協会は人種や宗教・性別などの差別を禁止しているゴルフ場をコースの選定基準にするようになりました。東京五輪（二〇二一年）でゴルフ競技の会場の「霞ケ関カンツリー倶楽部」が正会員を男性に限定していることについて、国際オリンピック委員会が改善を要求したことが話題となったことを記憶している人もいるでしょう。「ゴルフは伝統的に男性や白人だけで行うもの」との言い分は通用しなくなっているのです。

ゴルフを楽しむ日本人に考えていただきたいことがあります。あなたが入っているゴルフクラブに、日本人以外は入会できないという規定があっても、そのゴルフ場で楽しくゴルフすることができますか。

裁判では、ゴルフクラブ側がこんなことを主張しています。

「日本人と外国人との間には、生活風俗、環境、価値観等の基本的なところで、未だ完全には理解し得ないところが残っていることは否定できない」、「ごく自然に理解しあえる日本人とのみクラブ活動をすることに対する期待を保護する必要が存在することもいうまでもない」、「お互いがごく自然によりよく理解し得る同国人に入会資格を限定することには合理性が存在し、違法ではない」。

日本人だけのほうがゴルフを楽しめるということですが、いかがでしょうか。あなたが外国に住んでゴルフを楽しもうとするときに、日本人であることを理由にゴルフクラブに入会ができなかったとしたらどのような気持ちになるでしょうか。

日本国籍を入会条件とすることは差別的なものというべきです。そして、裁判では違法とされなくても、会員資格として日本国籍が規則に明記されているのを見た日本人会員が「こんな規則は変えよう」と言いさえすれば、このような外国人差別はなくなるはずです。


（金竜介）

column

通名（通称名）と本名（民族名）

▼仲のよい友だちに、突然、「実は私、在日コリアンなんだ。本名は○○○というの」と打ち明けられたことはありませんか？　外見は日本人と同じ、話している言葉は日本語、日本人と同じような名前を使っている。でも、いつも呼んでいる名前、すなわち通名とは別に本名があると言っています。では、通名とはいったい何でしょうか。広辞苑によると、一般に通ずる名称とあります。とすると、通名とは、外国人が日本社会で生活するうえで、便宜上、一般に使用する名前ということになります。

在日コリアンの大部分はこの通名を使っていますが、日本に住んでいる欧米人が便宜上、日本人と同じような名前を使用することはきわめて稀でしょう。つまり、在日コリアンが通名を使う場合、単に便宜上、使用しているわけではないのです。在日コリアンが通名を使用することになった経緯は、過去の歴史にさかのぼる必要があります。

▼一九四〇年、朝鮮総督府によって施行された「創始改名」の命令によって、すべての朝鮮人は日本式氏名をつくるように強制されました。

これによって、朝鮮人は日本式の名前を名乗らざるをえなくなりました。自分の本当の名前を名乗ることができずに、強制された偽物の名前で呼ばれること、これが「通名」の由来なのです。

しかし、在日コリアン二世、三世の世代になると、在日コリアンであることを知られることを恐れ、自ら本名を隠して通名を使用するようになります。自分が在日コリアンであることを知ってしまったら、友だちが離れていくのではないか、恋人に振られてしまうのではないかと。

▼現在では、在日コリアンとしてのアイデンティティを確立し、「通名」を使用せずに「本名」を名乗る

人もわずかながら増えていますが、二〇〇五年二月、在日コリアンが本名を名乗ったためにある事件が発生しました。

大手住宅メーカーである積水ハウスに勤務する在日コリアン男性が、顧客の男性が所有するマンションの修理などについて説明に行った際に、漢字やハングルで併記された名刺を差し出したところ、「北朝鮮にいくら金を送っているんだ。おまえのような人間がいるから拉致問題が起こるんだ」などと、仕事とは関係ない発言を約二時間繰り返されたというものです。

男性は、「差別発言で傷つけられた」として、顧客に対し三〇〇万円の慰謝料と謝罪広告の掲載を求めて大阪地裁に提訴しました。

在日コリアンの多くは日本語しか話せず、日本人とほぼ同じ生活習慣を身につけています。それでもなお、在日コリアンが本名を名乗ることは、自分が何者であるのかというアイデンティティを証明するうえで、重要な役割を果たします。しかし、その本名を名乗ったことにより、人間性を否定されるような言葉の暴力を浴びせられるわけですから、在日コリアンが日本社会において、「本名」で生きていくことは至難の業といえるでしょう。

結局、この裁判は、顧客がこの男性に謝罪し、解決金三〇万円を支払うことで和解が成立しました。

この事件において最も注目すべきは、積水ハウスの対応でした。積水ハウスは「雇用管理や社会的責任の観点から支援していく」として、訴訟費用の負担や、裁判に出席する間を勤務時間と認めるなどの措置をとる方針をとったのです。

大手の企業が、在日コリアンの差別問題の解決について積極的に支援することは非常に稀なことです。しかし、今後、在日コリアンが在日コリアンとして差別を受けることなく生きていけるように、他の企業についても、差別是正に向けての積極的な支援が期待されます。

（宋恵燕）

column

在日コリアンの通称名

私は幼い頃からずっと平井徹秀（ひらいてつひで）という通称名で日本の学校に通い、生活してきました。自分はみんなとは違う存在であること、日本人ではないことを小学校の低学年の頃には意識していましたが、学年が上がるにつれて自分の出自が明らかにされるのを極端に恐れるようになりました。今は尹徹秀（ユンチョルス）という本名を使って仕事をし、生活していますが、幼い頃からずっと使っていた氏名ではないので、違和感というか、少しぎこちない気分になることもあります。

私の場合と同じように、多くの在日コリアンが、自分たちの子どもがコリアンであるという理由でいじめられるのを避ける思い、嫌な思いをさせたくないという思い等で子どもに日本人風の名前である通称名を使用させて学校に通わせています。あるいは社会生活上やむをえず通称名を使用して社会生活を送っています。

自分で選択して通称名を使用し始めたわけでもないのに、あるいは不当な差別や嫌がらせを避けるためにやむをえず通称名を使用せざるをえないにもかかわらず、本名を隠して生きている、何かを隠して生きているとみられる在日コリアンや外国人の苦悩は、本人でなければ理解できないかもしれません。在日コリアンの歴史・生活を理解しない日本人のみならず、在日コリアンのなかにも通称名で生活している者を「隠している」と表現する等して非難する人たちがいるのは残念でなりません。

本名を使わない在日コリアンや外国人の悩み・思いを知っていただきたいという思いで次の事件、エピソードを紹介いたします。

▼損害賠償請求事件

Aさんは、日本のある地方で生ま

れ育ち、中学校を卒業した後、専門学校に通い、その後仕事に就き、事件当時は会社で働いていました。Aさんは、一六歳の誕生日を迎えた際、父親に連れられて町役場に行き、外国人登録手帳の交付を受け、初めて自分が韓国籍であることを知りました。Aさんは韓国籍であることを知った後も、必要に迫られない限りは韓国籍であることを他者に知らせず、日常生活においても日本名を使用していました。

Aさんが B社に入社するにあたり、B社に対して運転免許証のコピーを提出していました。そのため B社の社長の Y さんは A さんの入社当時から、A さんが韓国籍であることを把握していました。

社長のYさんは、他の従業員が同席する前で、Aさんに「韓国人であることを彼女に話したのか」、「朝鮮名を名乗ったらどうか」、「朝鮮名で名乗っていくこともできるんだぞ」などと述べたところ、Aさんは「いや、私はこのままで結構です」と答えました。

その後も社長のYさんは、二名を除く全従業員の前でAさんに対して、「この人は韓国人だ。うん」、「みな、それを差別する奴はいるか」、「朝鮮名を名乗って生きる生き方もあるんだぞ」、「なんでそれをしないんだ」などと言いました。

また別の日にも、他の従業員の前でAさんに対して「朝鮮名で名乗るなら、呼んでやるよ」と言いました。

このY社長は、在日コリアンの歴史・生活を理解したうえで本名を使って生活する大切さをAさんに悟らせたかったのではなく、在日コリアンの歴史・生活をまったく理解せず、本名を名乗れという嫌がらせを執拗に行っていたようです。

Aさんは、Y社長のこのような発言が不法行為にあたるとして損害賠償請求の裁判を提起しました。一審の裁判所は、多くの在日韓国人にとって、日常生活上、韓国名を使用するか日本名を使用するかということは、個人のアイデンティティないし自己決定権に関わることであると述べました。そして、Aさんが在日韓国人であることを知らない多くの従業員がいる前でAさんが在日韓国人であることを公表したものであり、従業員であったAさんが雇用主であるYさんに対して逆らうことが困難な立場にあったことにも照らすと、Yさんの各発言は社会通念上著しくAさんに不快感を与えるものであり、Aさんの自己決定権およびプライバシー権を実質的に侵害するものとして不法行為にあたると認定して、AさんのY社長に対する損害賠償請求を一部認めました。

この事件は控訴されましたが、控訴審も、労働者のプライバシーや社会生活の平穏といった人格的利益を違法に侵害する嫌がらせの範疇に至っていると評価する等と述べ、Yさんの不法行為を認定し損害賠償請求を認めました。

▼裁判所による本名の強要

私がかつて担当した民事事件の原告は、多くの在日コリアンと同じく、本名である金英寿とは別に金山一郎という通称名を使用して日本で長年生活し、事業を営んでいました（本名・通称名ともにここでは仮名にしておきます）。このときの訴状の原告の氏名も通称名である「金山一郎」と記載して二〇〇九年三月一八日付けで訴状を東京地方裁判所に提出しました。このとき訴状の添付書類である訴訟代理人への委任状には、金山一郎さんは「金山一郎こと金英寿」と、通称名と本名を併記して記載していました。

事件が受理された後、担当裁判官は担当書記官を通して、訴状の原告の氏名に通称名だけでなく本名を併記して訴状を訂正するよう、原告訴訟代理人である私に要請してきました。

私は、裁判所からの本名記載の強要には理由がないと判断し、本人とも協議し、本名を併記して訴状を訂正することを拒否する旨裁判所に伝えました。私は、通称名を使って生活している在日コリアンが何ゆえに訴訟において本名の記載を強要されるのか、その法的根拠を示してほしいと担当書記官に問い質しましたが、書記官は、本名があるから本名を使用するのが原則であると答えるのみで、何ら法的根拠は示してくれませんでした。

そこで私は、次のような趣旨の意見書を裁判所の所長宛てに提出し、裁判所の謝罪を求めました（実際に提出した意見書の一部です）。

「朝鮮人は、植民地時代、日本政府の創氏改名政策により、朝鮮人の本名を放棄させられたうえ、日本人風の氏名に改名させられ、その使用を余儀なくされ続けた。もちろん今日、在日コリアンが通称名の使用を法的に強制されているわけではない。しかしながら、日常生活や仕事上で本名を名乗りにくい状況（それには、日本社会のコリアンに対する根深い差別意識が起因している）、あるいは、長年使用せざるを得なかった通称名への愛着等から、大多数の在日コリアンが日本社会において、通称名を使用して生活をしている。裁判所が訴訟において在日コリアンに対して本名の使用を強要することは、このような在日コリアンの通称名使用の歴史性、通称名を使用する在日コリアンの心情の理解を欠くものである。

このように、裁判所の原告に対する本名記載の強要は、法的根拠がなく誤ったものであり、在日コリアンへの理解に欠けるものであるゆえ、今回の裁判所の対応に関して、謝罪を求めるとともに、在日コリアンの通称名使用に対する裁判所の理解を強く要請する」

この意見書を提出した後に行われた東京地方裁判所の担当者との話し合いにおいて、裁判所の担当者は、裁判所は本名（民族名）の使用を強要してはいないが、在日コリアンの通称名使用について理解を深め、今後はこのような誤解がないよう裁判所は注意していきたい旨述べていました。もちろん金山一郎さんの訴状の原告の記載は金山一郎のままで裁判は進められました。

（尹徹秀）

第5章

法律によって引き起こされる差別

指紋押捺拒否闘争——尊厳を守る闘い

指紋押捺制度とは

指紋押捺制度とは、一九五二年に制定された外国人登録法（以下、「外登法」）の中で導入されたもので、当初は、日本に一年以上在留する一四歳以上の外国人に対して、入国時等の新規登録および二年ごと（後に三年に改正）の更新に際し、一指（再交付の場合は一〇指）の回転指紋の押捺を義務づけていたものです。

この外登法は、一九四七年に発せられた外国人登録令を引き継いだものですが、外国人を管理の対象として指紋や写真を登録させるだけでなく、指紋や写真の載った外国人登録証明書（外登証）を常に持ち歩かなければならない（常時携帯義務）としたり、警察等から求められたら外登証を見せなければならない（呈示義務）という義務も課しており、指紋押捺や常時携帯・呈示義務等に違反すると、一年以下の懲役もしくは禁錮または三万円以下の罰金という罰則まで定められていました。

過去一方的に与えられたとはいえ、それまで日本国籍を有するとされ、日本で暮らすことを余儀なくされていた在日コリアン（台湾人もいましたが、圧倒的多数は朝鮮人でした）を管理の対象とし、しかも犯罪者のように指紋を採取し、外登証を常時携帯させて何かあれば呈示させ、それに従わなければ刑罰を科そうとする。

このようなやり方に当時の在日コリアンらは猛反発し、指紋押捺は当初一年以内に始まるとされていましたが、延期されて一九五五年から実施されました。実施直後に指紋押捺を拒否した人もかなりいましたが、取調べの中で警察に説得されるなどして応じてしまい、最後まで拒否を貫いた人はおらず、その後も抵抗が続くということはありませんでした。

指紋押捺拒否

あらためて指紋押捺の意味を問い、自身や子どもたち、民族の尊厳を守るために拒否したのは、韓宗碩（ハンジョンソク）さんでした。

韓さんは、一九三七年、八歳のときに一家で日本に来たそうです。母は「だまされて土地を奪われた」と毎晩のように話していたそうで、故郷に残った家族はいなかったということです。韓さんは成績は優秀でしたが、民族差別のために志望した中学に進学することができず、そのつらい体験をもとに進路・進学指導という仕事に打ち込みました。その中で職場を警察官に監視されたり、仕事で指導に関わった学生たちが些細なことで外登証の呈示を求められ、なければ留置されるということを何度も見てきました。韓さん自身も、台風のために外国人登録の切替えが二日遅れただけで、韓さんの留守中に警察に呼び出された妻が朝から晩まで取調べを受け、写真を撮られ、一〇指指紋をとられるという目に遭い、妻はもちろん韓さんにとっても大きな苦悩となりました。

「新憲法になるよりずっと前から日本に住んでいます。いわば本来の日本住民で、日本国民と変わらぬ権利を持っているハズなのに、生涯消すことのできない烙印を押されて、この国の構成員から排除されている。しかも、この烙印も一回きりではなくて、癒えそうになるとまた押される。何度も何度も、患部に焼ゴテがあて直される」。指紋押捺を「人格上の屈辱をなめるようなもの」「人間の尊厳に関わる問題、国家の姿勢に関わる問題」と考えていた韓さんは、「なんとかしなければ」と思いながらも実行に移せませんでしたが、自分の子どもたちも指紋をとられるのを傍観してしまったことや、一九七九年に日本が国際人権規約を批准したことを契機に、「今度こそ」と思うようになりました（二）。

一九八〇年九月一〇日、「自分がやれなくて、いったい誰がわが民族自身の尊厳を守ってくれるだろう」と考え、「他力本願では民族自尊は生まれない」と自答した韓さんは、外登証の切替交付にあたり指紋の押捺を拒否しました。事前に家族にも知らせず、支援者が誰もいないなかで一人始めた韓さんの指紋押捺拒否は、「たった一人の反乱」と呼ばれています。

指紋押捺拒否運動の高まり

韓さんが拒否したことはまだ社会に知られていませんでしたが、その後、人権闘争をしてきた崔昌華（チオエチャンホア）さん一家、金明観（キムミョンガン）さん、姜博（カンパク）さんらも指紋押捺を拒否し、一九八二年には三〇名を超す拒否者が現れました。

指紋押捺拒否運動は在日コリアン二世・三世が中心となって行われましたが、これに刺激を受けた一世や新規登録の子ども、さらに、韓国から来た留学生や、米国籍などコリアンではない民族の人たちも拒否しました。また、指紋押捺拒否の問題を考え、支えたのは、拒否した外国人や民族団体だけではなく、日本人支援者や訴訟を担った弁護士たちでした。

たとえば韓さんの場合、一九八一年に取調べを受け、一九八三年二月に起訴されて八月に刑事裁判が始まりましたが、翌年八月に判決が出るまで、毎月法廷で攻防を繰り広げ四名の証人尋問を行うなど、弁護団は指紋押捺の問題性を正面から徹底して争いました。それでも東京地裁は罰金一万円という有罪判決を下したので、即日控訴し、控訴棄却の判決が出ると、最高裁へ上告し、刑事裁判が終わったのは一九八九年七月一四日（免訴判決）と、裁判は長期にわたりました。

さらにこの問題に大きな影響を与えたのは、各地の自治体でした。指紋押捺を嫌がる外国人から指紋を採取し、拒否した人を警察署長に告発する義務を負っていた自治体職員もまた、指紋押捺制度に疑問を感じていたのです。一九八二年九月二〇日に米沢市で指紋廃止の意見書が採択されると、同様の動きが全国に広がり、一九八三年一月三一日には都道府県議会議長会議で指紋制度改善の要望書が採択され、同年七月には全国市長会議で指紋押捺および登録証明書の常時携帯を廃止するよう制度改正することが決議されました。

一　韓さんの指紋押捺拒否を支える会編『指紋押捺拒否者が裁いたニッポン』（社会評論社、一九九〇年）三五〜三八頁より。

緩和する法改正と強まる拒否者に対する制裁

　これに対し、一九八三年に外国人登録の切替えを行う人が多く見込まれ（大量切替え）、指紋押捺拒否者も大量に現れることが予想されたことから、国は一九八二年に外登法を改正し、切替えの間隔を三年から五年に引き上げ、新規登録も一四歳から一六歳に変更しました。他方で拒否した場合の罰金を三万円以下から二十万円以下に引き上げ、罰則を強化しました。

　また、拒否者に対しては再入国許可を求めても不許可とする方針とされ、一九八三年七月には初めて拒否者が逮捕され、一九八四年には刑事事件で有罪判決が続きました。

　それでも制度撤廃を求める署名運動や支援キャラバン・集会、この問題を考える団体の発足など、全国に指紋押捺拒否の運動は広がりました。一九八五年二月には大阪市全二六区長連名で指紋・常時携帯廃止の要望書が法務省に提出され、川崎市長が「拒否者の告発をしない」と表明すると、これに続く市長も現れました。

　そのようななか、五月一四日に法務省入国管理局長は都道府県知事に対して通達（以下、「一九八五年通達」）を発し、指紋を採取する際のインクの色を黒色から無色に、回転式（指を回転させて広く指紋をとる）から平面式に変更するなどして、採取する側の心理的抵抗を下げる措置をとりました。他方で、告発の徹底を求め、拒否者には登録済証明書を交付せず、外登証には「指紋不押なつ」と付記することとし、経済活動や身分関係に不利益をもたらす扱いもしました。逮捕者も増えていきました。

　しかし、その後もこの通達に従わないとする自治体も現れ、一九八五年中に外登法の改正を求める自治体

外国人登録法改正を要求する在日コリアン

（1984 年 10 月 5 日、在日韓人歴史資料館提供）

決議は一〇二〇に達し、拒否者・留保者は約一万六〇〇〇人にも達しました。

指紋押捺制度と裁判

韓さんのように主に刑事裁判の中で指紋押捺制度の問題は主張されましたが、韓さんを含むほとんどの拒否者が一九八九年二月の大赦令によって免訴とされ、争う場さえ奪われました。そのようななかで、一回目の指紋押捺を拒否した事案であったために大赦の対象とならずにその後も審理が続けられ、最高裁による初めての憲法判断(二)が示されたのが、ロナルド・ススム・藤好さんの事件でした。

最高裁は、指紋について、「個人の人格、思想、信条」といった側面を否定しましたが、「国民の私生活上の自由と密接な関連をもつ」と示したうえで、「個人の私生活上の自由の一つとして、何人もみだりに指紋の押なつを強制されない自由を有する」と憲法一三条によって保障されることを認めました。

しかしながら、指紋押捺制度自体については、日本にいる外国人を公正に管理するという立法目的には十分な合理性があり、かつ、その必要性も認められると判断しました。また、指紋採取の方法も、(拒否当時は)三年に一度で、一指のみであること、罰則による間接強制にとどまることから、一般的に許される程度の相当なものとして、結局、憲法一三条に違反しないとの判断を示しました。

憲法一四条(平等原則)違反の主張に対しても、この制度の必要性や合理性を挙げ、また、戸籍制度のない外国人は、戸籍制度のある日本人とは異なるから、その取扱いの差異には合理的根拠があるとして違反しないとの判断を示しました。

憲法一九条（思想および良心の自由）違反の主張に対しては、指紋押捺制度の背景や実際の運用について踏み込んだ判断をすることなく、「外国人の思想、良心の自由を害するものとは認められない」とし、やはり退けられました。

このように、指紋押捺制度の合憲性が正面から問われた刑事裁判では、最高裁によって憲法に違反しないとの判断が下されたのです。

また、刑事裁判のほかに、指紋押捺を拒否したために再入国を不許可とされたり、在留期間が短縮されるなどした不利益な処分について争ったり（行政訴訟）、そのような不利益処分を受けたことによる慰謝料を求める裁判（民事訴訟）も行われましたが、指紋押捺制度が憲法や条約に反すると認めた判決は一つもありませんでした。

指紋押捺制度のその後

一九八五年通達や逮捕方針の強化、再入国や在留資格への不利益処分等による圧力にも屈せずに、指紋押捺拒否者・留保者は増えて支援の輪も広がり、国際的にも日本の指紋問題は注目されるようになり、大きな

二　最高裁一九九五年一二月一五日判決。

社会問題となったことから、一九八七年に外登法は改正され、五年ごとの押捺は原則一回となりました。
さらに、一九九一年には日本と韓国の「日韓法的地位協定に基づく協議の結果に関する覚書」で指紋押捺と登録証の携帯制度について取り上げられ、永住者および特別永住者については一九九二年に指紋押捺義務は撤廃されました。それ以外の外国人についても、一九九九年に指紋押捺制度は廃止されました。[三]
このように外登法の指紋押捺制度は、裁判所によっては是正されませんでしたが、裁判手続を通じた社会運動の広がりによって実質的に廃止に追い込まれました。

指紋押捺拒否闘争の意義

指紋押捺制度の問題を「ひとさし指の自由」として社会に広めたのは、民族差別について取り組んできた在日コリアンの運動家や団体を中心とした人たちの活躍によるところが大きいと思いますが、一万人を超える拒否者・留保者が現れ、社会問題として全国に広がったのは、民族団体とのつながりがあってもなくても、自分に正直に堂々と生きたいと思う人が一人ひとり立ち上がったからです。

そこには韓さんのように、差別を受け続けた在日コリアンの歴史を背負って拒否した人も多く、その差別の歴史をわかっていたからこそ拒否行動に共感した日本人支援者も多かったと思います。でも、それ以外にも、日本社会に普通に暮らしながら、なぜ日本人なら犯罪者しか指紋をとられないのに、自分も指紋をとられなければならないのか、と素朴に疑問を感じ、同じ人間として扱ってほしい、という思いから拒否した人もいるでしょう。そして、そのような自然な思いから発した行動によって逮捕され、刑事裁判を受ける、ということに違和感を抱いた日本人も多かったのではないでしょうか。

指紋押捺制度は国が個人を管理する制度であり、自由でありたいと思う人を管理の鎖でつなぐことは、その人の個人の尊厳を否定することです。このような制度の問題を一人ひとりが自分のこととして考え、逮捕され有罪判決を受けるおそれがあっても抵抗の姿勢を示した人が現れ、自分が直接制度の対象とされていなくても、同じ社会に暮らす隣人の問題として抵抗した人の尊厳を守ろうと行動した人がいました。少数のヒーロー／ヒロインによる裁判闘争ではなく、多くの人が自分や自分の社会のこととしてこの制度について考え、行動したこと、それが指紋押捺制度の撤廃をもたらしたのだと思います。

指紋押捺拒否者に対しては、「日本の法律に不満であれば、自分の国に帰りなさい」、「日本での反日運動は許せない」などの手紙が多く寄せられました。「(外国人登録法の)体制がいやであれば自分の国にお帰りになればいい」、「日本で生まれ、日本人と同じように育っているという方は日本に帰化すればいい」という大阪府警外事課長の発言もありました。

残念ながら、このような発言は今も聞かれます。この先もこういう声が完全になくなることはないのかもしれません。それでも、一人ひとりが自分の尊厳を大切にすること、自分の社会の問題として隣にいる人の尊厳について一人ひとりが考えること、それが大事だということを指紋押捺問題は教えてくれていると思い

三　もっとも、二〇〇六年に出入国管理及び難民認定法に個人識別情報提供制度が設けられ、新たな管理が始まっています。

ます。

《参考文献》

大沼保昭「『ひとさし指の自由』のために――多元的価値観から見た外国人指紋押捺制」（中央公論一九八四年八月号）
「ひとさし指の自由」編集委員会編『ひとさし指の自由――外国人登録法・指紋押捺拒否を闘う』（社会評論社、一九八四年）
民族差別と闘う関東交流集会実行委員会編『指紋押捺拒否者への「脅迫状」を読む』（明石書店、一九八五年）
在日大韓基督教会指紋拒否実行委員会編『日本人へのラブコール――指紋押捺拒否者の証言』（明石書店、一九八六年）
金明植『指紋拒否の思想――民衆の連帯を求めて』（明石書店、一九八七年）
韓さんの指紋押捺拒否を支える会編『指紋押捺拒否者が裁いたニッポン』（社会評論社、一九九〇年）
姜徹『在日朝鮮人の人権と日本の法律』（雄山閣、一九九四年）
大沼保昭・徐龍達編『新版 在日韓国・朝鮮人と人権』（有斐閣、二〇〇五年）
田中宏著／中村一成編『「共生」を求めて』（解放出版社、二〇一九年）

（姜文江）

無年金裁判——強いられる不安な老後

国民年金と国籍条項

皆さんは、皆さん自身や家族が病気をして障害が残ったり、年をとったりして、思うように働けなくなったとき、何を支えにして生きていくでしょうか。皆さんも家族も必ず年をとります。すでに日本は、総人口のうち六五歳以上の人口が二〇％を超え、世界的にも類を見ない急激なスピードで高齢化が進行しています。このような状況で、皆さんは、「年金をもらって生活していくから大丈夫」と答えるでしょうか。逆に、最近の年金制度に対する不信感から、年金なんか当てにしないと答えるでしょうか。

ところで、年金は誰でも必ずもらえるものなのでしょうか。皆さんのまわりには、老後のために保険料を納めて年金をもらおうと思っても、もらえない人はいないのでしょうか。公的年金制度は、基本的に日本国内に住む二〇歳から六〇歳のすべての人が保険料を納め、その保険料に年金積立金や税金を加えたものを財源に、高齢者・障害者などへ年金として給付する制度です。公的年金制度は、今働いている世代（現役世代）が支払った保険料を仕送りのように高齢者などの年金給付に充てるという「世代と世代の支え合い」という考え方（これを賦課方式といいます）を基本とした財政方式で運営されています。

　そのうち国民年金制度[一]は、一九五九年に、それ以前には年金制度の対象とされていなかった農業者や自営業者等を対象とする公的年金制度として創設されたものです。ところが、国民年金法は、第一条で「日本国憲法第二十五条[二]第二項に規定する理念に基き、老齢、障害又は死亡によつて国民生活の安定がそこなわれることを国民の共同連帯によつて防止し、もつて健全な国民生活の維持及び向上に寄与することを目的とする」と定め、「国民」年金という言葉のとおり、国民年金の受給資格について、日本国籍を有しない外国人を除外する国籍条項を設けていました。アメリカ国籍の者については、一九五三年に締結した日米友好通商航海条約によって社会保障制度について日本国民と同じ待遇を与えられたため、国民年金が創設されたときから国民年金に加入することができました[三]。一方、韓国・朝鮮籍の在日コリアンは、国籍条項が撤廃されるまで、国民年金に加入できず、国民年金を受給することができなかったのです。

　その後、日本が「難民の地位に関する条約」に加入したことに伴い、一九八二年一月一日に国民年金法の国籍条項は撤廃され、在日コリアンが国民年金に加入できることになりますが、それでも問題はすべて解決されませんでした。国民年金のうち、六五歳という一定の年齢に達した場合に支給される老齢年金を受給するためには、一定の期間、年金に加入して（免除を受けた期間を除き）保険料を納付することが必要とされています（拠出制[四]）。国籍条項撤廃当時、すでに高齢であった在日コリアンの多くは、保険料の納付期間を充たすことができませんでした。国民年金の創設後に日本に復帰した小笠原諸島（一九六八年）、沖縄（一九七二年）の各住民については、日本復帰に伴い、国が特別の措置をとって年金を受けられるようにしました。しかし、在日コリアンについては、国籍条項撤廃に伴い、国民年金への加入が認められただけで、保険料の未納を余儀なくされた者への救済制度が設けられませんでした。(五) そのため、在日コリアンの高齢者は、国民年金の受給資格が得られず、なおも年金制度から取り残されることになりました。

一　国民年金制度においては、①老齢基礎年金（原則として国民年金に二五年以上加入した人が六五歳から給付される、全国民に共通の年金）、②障害基礎年金（国民年金に加入中に初診日がある病気やけがが原因で障害者になったときに給付される年金）、③遺族基礎年金（国民年金に加入中の人、国民年金に加入していた人で六〇歳以上六五歳未満の人または老齢基礎年金を受けている人や受給資格期間を満たしている人が死亡した場合に、遺族に給付される年金）ならびに④付加年金（自営業者などの第一号被保険者を対象に、国民年金の保険料に加えて付加保険料を納めることで給付される年金）、⑤寡婦年金（国民年金の第一号被保険者として保険料を納めた期間〔保険料の免除を受けた期間を含む〕が二五年以上ある夫が死亡した場合、一〇年以上婚姻関係〔事実上の婚姻関係を含む〕のあった妻に対し、六〇歳から六五歳になるまで給付される年金）および⑥死亡一時金（国民年金の第一号被保険者として保険料を三年以上納めた人が、老齢基礎年金、障害基礎年金のいずれも受けないままに亡くなったとき、その遺族に支給される一時金）が給付される。なお、国民年金では、加入者が三種類に分けられているが、二〇歳以上六〇歳未満の自営業者・農業者とその家族、学生、無職の人などが第一号被保険者である。

二　日本国憲法二五条は、一項で「すべて国民は健康で文化的な最低限度の生活を営む権利を有する」と生存権を保障し、二項で「国は、すべての生活部面について、社会福祉、社会保障及び公衆衛生の向上及び増進に努めなければならない」と国に生存権保障義務を定めている。ただ、このように抽象的な規定である日本国憲法二五条一項は、法的な権利を保障しているのか、それとも、国に対して政治的な義務を定めたものにすぎないのかなど、生存権の内容については根本的な議論がある。

三　河本尚枝「在日外国人高齢者福祉給付金制度の創設とその課題――東広島市の事例から」広島大学大学院総合科学研究科編『文明科学研究 Studies in cultural sciences』（二〇一〇年）七三頁。

四　これに対し、受給者が保険料を納付せずに受給できる制度を「無拠出制」という。疾病や負傷等により障害の状態にある場合に支給される障害年金のうち、国民年金加入前の二〇歳より前に初診があるなど、保険料の納付ができないような事情がある場合に「無拠出制」がとられている。

五　前掲河本七三～七四頁。

在日コリアンは、日本人とまったく同じように、日本国民の義務である納税の義務を果たし、その納められた税金は国民年金の財源の一部となっています。それにもかかわらず、在日コリアンは、国籍条項が撤廃されるまでは、若くて元気なうちに保険料を納付し、老後に老齢年金を受給したいと思っても、受給することができませんでした。そればかりか、国籍条項の撤廃後も年金制度から完全に排除され、無年金状態に置かれている在日コリアンの高齢者が多数存在してきたのです。

東京地裁・東京高裁の判断

一九七九年、金鉉鈞（キムヒョンギュン）さんは、東京地裁に訴訟を提起しました。金鉉鈞さんは、東京都荒川区に住んでおり、一九六〇年一〇月、荒川区役所の国民年金勧奨員から、国民年金への加入を勧められました。これに対し、金鉉鈞さんの妻李奉花（イボンファ）さんは、自分たちが韓国人であることを理由に断りましたが、勧奨員から「韓国の人でも国へ帰らなければ、入っていると得ですよ」などと説得されて加入手続をとり、一二年にわたって保険料を納め続けました。

一九七六年一〇月、李奉花さんは、金鉉鈞さんが年金を受給できる年齢になったため、年金の受給手続をとるために荒川区役所に行きました。ところが、李奉花さんは、「韓国籍だから受給の資格がない」と断られたのです。李奉花さんが抗議すると、荒川区役所の年金係長は、「他人の国に来て、ごちゃごちゃ言わないほうがいい」、「なぜ戦争が終わったときにすぐ韓国に帰らなかったのか」と暴言を吐きました。その後、李奉花さんは、東京都庁、厚生省（当時）に足を運びましたが、取り付く島もありませんでした。結局、荒川区役所は、金鉉鈞さんに対し、「保険料過誤納額還付通知書」を送りつけ、金鉉鈞さんから納付を受け続けた保険料を返金してチャラにしようとしたのです。

このような対応に納得できるはずがありません。一九七九年、金鉉鈞さんは、東京地裁に訴訟を提起し、国民年金法が国籍条項により同じ納税義務を負う外国人を排除することは、憲法一四条（六）（法の下の平等）および二五条（社会権）に反するなどの主張をしました。

東京地裁は、一九八二年九月二二日、国民年金法における「日本国民」が日本国籍を有するものを意味し、日本国籍を有しない者を除外することは「日本国民」という文言から明らかであると形式的に解釈したうえで次のとおり判決し、金鉉鈞さんの請求を退けました。憲法一四条の規定する法の下における平等の原則は、特段の事情の認められない限り、外国人に対しても保障されると解されるが、「国民年金制度のような社会保障に関する権利、いわゆる社会権については、もっぱら権利者の属する国家によって保障されるべき性質の権利であり、当然に外国によっても保障されるべき権利を意味するものではないから、外国人に対し自国民と同様に社会権を保障しなくても、憲法一四条に違反するものではないと解すべきである」、「また、国民年金制度に関し、憲法二五条の規定の趣旨にこたえて具体的にどのような立法措置を講ずるかの選択決定は、

六　憲法一四条一項は、「すべて国民は、法の下に平等であって、人種、信条、性別、社会的身分又は門地により、政治的、経済的又は社会的関係において、差別されない」と法の下の平等を保障している。

立法府の広い裁量(七)に委ねられており、同制度の対象者を日本国籍を有する者に限定するか否かも立法政策上の裁量事項である。日本国との平和条約により日本国籍を失った在日韓国・朝鮮人の特殊な社会的立場については配慮すべきであろうが、日韓地位協定において国民年金制度の適用については合意されていない経緯に鑑みても、法がその対象者を日本国籍を有する者に限定したからといって、当然に憲法一四条・二五条違反に結びつくものということはできない」。要するに、この東京地裁判決は、在日コリアンの社会権を保障しなければならないのは韓国・朝鮮であり、日本国が在日コリアンの社会権を保障するかどうかは、国会の裁量次第であると判示したのです。

金鉉鈞さんは、東京高裁に控訴しました。東京高裁は、一九八三年一〇月二〇日、第一審と同様、国民年金法の国籍条項については憲法一四条、二五条に違反するものではないとしながらも、次のとおり判決し、金鉉鈞さんの請求を認めました。金鉉鈞さんが「自己に国民年金被保険者の資格があると信じ、将来被控訴人（社会保険庁〔二〇〇九年一二月三一日に廃止。現在の日本年金機構〕）が老齢年金等の給付をするものと期待し信頼して、右期待、信頼を前提に保険料の支払を続けたことが明らか」であり、このように期待、信頼したことについて、金鉉鈞さんに落ち度がなく、また、金鉉鈞さんが支払った保険料の全額が返金されただけでは、その信頼を保護したことにはならないことは言うまでもない。

これに対して社会保険庁は上告しなかったため、金鉉鈞さんは、七年かかってようやく年金を受給することができました。当時、金鉉鈞さんと同様に保険料が納付し続けられていたケースは日本全国で八〇件にのぼっており、社会保険庁は、いずれもこの東京高裁判決に従って、金鉉鈞さんと同様の取扱いをしました。

しかし、この東京高裁判決は、受給資格がないにもかかわらず、保険料を長年納付し、老齢年金を受給できるものと信頼し、期待した人の信頼・期待を保護したにすぎず、正面から国籍条項を設けた国民年金法を違憲と判断したものではありませんでした。このため、この東京高裁判決によっても、根本的な解決が図られることはありませんでした。

国民年金法の改正の経緯・問題点

日本が一九八一年に「難民の地位に関する条約」に加入したことに伴い、同年に「難民の地位に関する条約等への加入に伴う出入国管理令その他関係法律の整備に関する法律」（以下、「整備法」）が制定されました。整備法は、国民年金法から国籍条項を撤廃しました。

これにより、以後、在日コリアンも保険料を一定期間納付することにより、国民年金を受給できるようになりました。しかし、改正前の国民年金法の国籍条項により国民年金の受給者とされなかった者に対し、さかのぼって整備法を適用して国民年金の受給を認めるなどの救済措置が講じられることはありませんでした。さらに、一九八五年に「国民年金法等の一部を改正する法律」が制定された際にも、整備法制定時と同

七　生存権の内容について根本的な議論があることと関連して（注二参照）、生存権を実現するために立法によりどのような社会保障制度を構築するかについて、最高裁は、国会に広い立法裁量を認め、国会の判断が著しく合理性を欠いて明らかに裁量の逸脱・濫用である場合を除いて、国会の判断に対して司法審査することは適切ではないと判示している。

様に、救済措置が講じられることはありませんでした。

これでは、改正後に一定期間保険料を納付できる人は老齢年金を受給できるけれども、国籍条項があったために保険料を納付したくても納付できず、国籍条項撤廃後に保険料を納付しても、六五歳までに一定期間保険料を納付できない人は、結局、老齢年金を受給することができないのです。国籍条項撤廃後に保険料を納付しても六五歳までに一定期間保険料を納付できない人の多くは、早い時期に日本に来た高齢の在日コリアンです。高齢で、老後の保障をより強く必要としている人を老齢年金から除外し、保護から取り残すのです。

このような、在日コリアンの存在や歴史的経緯にまったく配慮せず、救済措置をまったく講じない国民年金法・整備法は、法の下の平等（憲法一四条）、生存権（憲法二五条）を保障した憲法の下で許されるのでしょうか。

大阪訴訟

このような状況の下で、二〇〇三年、大阪府在住の在日コリアン一世の五人が大阪地裁に訴訟を提起しました。この五人はいずれも八〇歳を超える高齢であり、「今日の糧さえままならない。どう生きていけばいいんだ」との思いから、訴訟を提起しました。五人の原告は、旧国民年金法の国籍条項は憲法一四条に反する、新法において救済措置がないことは憲法一四条に反するなどの主張をしました。原告の一人周貞植（チュジョンシク）さんは、判決前に、「歴史を、そして、朝鮮人を差別し、今も差別していることを世間に知ってもらいたかった」と訴訟を起こさずにいられなかった思いを明らかにしました。

　これに対し、大阪地裁は、二〇〇五年五月二五日、次のとおり判決し、原告五人の請求を退けました。「原告らが主張する経過措置ないし補完措置は、国庫負担の無拠出制の年金を指すものであり、無拠出制の社会保障制度は、第一次的にはその者の属する国家が負うべきであるから、立法府は、無拠出制の年金を前提とする経過的ないし補完的措置を講ずるか否かにつき、より広範な裁量権を有するものというべきである」として、「原告らが主張する救済措置がないことが著しく合理性を欠き明らかに裁量の逸脱、濫用とみざるを得ないものということはできない」。大阪地裁は、国会により広い立法裁量を認め、違憲判決により救済される範囲をより限定的に捉えたのです。

　五人の原告は、大阪地裁判決に対し控訴しましたが、大阪高裁も大阪地裁と同様に、立法裁量を広く認め、五人の原告の請求を退けました。

　この大阪高裁判決を受けて、控訴人（原告）五人は、「裁判官は国を守るのが仕事なんだな。私たちは守られたことがない」と言いながらも、「それでも訴えることに意義がある」との思いから最高裁に上告しましたが、二〇〇七年一二月二五日、上告は棄却されました。

京都訴訟

　また、二〇〇四年には、京都府在住の在日コリアンの女性五人が京都地裁に訴訟を提起しましたが、京都地裁は、二〇〇七年二月二三日、大阪地裁・大阪高裁と同様に、立法府の裁量権を広く認め、「立法府の裁量権の範囲を逸脱するとは言えない」と判決し、原告五人の請求を退けました。

　五人の原告は、京都地裁の判決に対し、「年金をかけたくてもかけられなかった。もらいたくてももらえない」、「日本人と同じように働いてきたのに許せない」と不満をもらしながらも、「勝訴するまで闘う」と強い決意を示して最高裁まで争いましたが、二〇〇九年二月三日、上告は棄却されました。

福岡訴訟

　続いて二〇〇七年、福岡県在住の在日コリアンの九人が福岡地裁に訴訟を提起しました。しかし福岡地裁は、二〇一〇年九月八日、大阪訴訟・京都訴訟と同様に、立法府の裁量権を広く認め、原告らの請求を退けました。原告の一人は、近隣の炭鉱で亡くなったコリアンの遺骨を収集して納骨堂をつくる活動を続けるかたわら、「日本から差別をなくしたい」、「裁判官、日本政府に直接自分の言葉を伝えたい」との思いで、病身を押して八四歳という高齢で原告団に参加しましたが、福岡地裁の判決を待たずに亡くなられました。

　原告らは、福岡地裁判決を不服として控訴しましたが、福岡高裁も、在日コリアン形成の歴史的経緯を認めたうえで、「社会保障給付において一般外国人とは異なった特段の配慮が必要であることも肯定すべき」であるとしながら、福岡地裁と同様に、立法裁量を広く認め、原告らの請求を退けました。

　「蓄えも残り少なくなりましたし、そしてまた年金もございません。本当に長生きするのが死より、もっと怖うございます」という、原告の法廷での悲痛な訴えを届けるため、原告らは最高裁に上告しましたが、二〇一四年二月六日、上告は棄却されました。

すべての者は平等の権利を有する

以上のように、在日コリアンの国民年金の受給資格について、裁判所は広範な立法裁量を認め、在日コリアンに受給資格を認めないことも、昭和五六年の整備法で受給資格を認められた在日コリアンと対照的に整備法が施行されるまでの間に受給資格を認められることがなかった在日コリアンについてさかのぼって受給資格を認める救済措置を講じないことも、すべて憲法一四条・二五条に違反しないとしています。

しかし、前記大阪地裁判決が「整備法による改正によって国籍条項を撤廃するに際しては、原告らのように、旧法の国籍条項を削除するのみではなお国民年金制度の被保険者資格ないし老齢年金の受給資格要件を充たさない者に対しても、その生活実態に照らし、何らかの救済措置が講じられることが望ましいものであったことは否定しがたい」と救済措置の必要性を認めているように、在日コリアンの存在や歴史的経緯に鑑みて、在日コリアンに国民年金の受給資格を認めて、保護する必要性は大きいはずです。

また、国際条約上も、日本は、一九七九年に国際人権規約を批准しました。「経済的、社会的及び文化的権利に関する国際規約」（社会権規約）九条は、「この規約の締約国は、社会保険その他の社会保障についてのすべての権利を認める」とし、また、「市民的及び政治的権利に関する国際規約」（自由権規約）二六条は、「すべての者は、法律の前に平等であり、いかなる差別もなしに法律による平等の保護を受ける権利を有する」

としています。日本は、国際人権規約を批准した以上、少なくとも、一九八一年の整備法の時点までさかのぼって在日コリアンに受給資格を認め、社会保障を図る責任があるのではないでしょうか。

自由権規約委員会は、無年金裁判が係属中の二〇〇八年一〇月三一日の総括所見において、「委員会は、新法からの国籍要件の削除が不遡及であることが、二〇歳から六〇歳の間に最低二五年間年金保険料を払わなければならないという要件と相まって、多数の外国人、主に昭和二七年に日本国籍を喪失した韓国・朝鮮人をして、国民年金制度のもとでの年金受給資格から事実上排除する結果となっていることに、懸念をもって留意する」とし、日本政府に対し、「外国人を国民年金制度から差別的に排除しないことを確保するため、国民年金法の年齢制限規定によって影響を受けた外国人のため経過措置を講ずべきである」と勧告しました。しかしながら、裁判所は、自由権規約委員会の意見は我が国に対して直ちに法的拘束力を持つものではないとして、原告らの訴えを退けました。

その後の二〇一八年八月三〇日にも、人種差別撤廃条約に基づく人種差別撤廃委員会が、日本政府に対して無年金問題等に関する改善勧告を出しましたが、いまだ国による救済措置はとられていません。

年金制度をはじめとした日本の国内制度が国際人権基準に沿って改善される道を開くために、日本の個人通報制度[八]への加入が強く望まれます。

《参考文献》

田中宏『在日外国人〔新版〕』（岩波書店、一九九五年）

金敬得『在日コリアンのアイデンティティと法的地位〔新版〕』（明石書店、二〇〇五年）
中村一成『声を刻む――在日無年金訴訟をめぐる人々』（インパクト出版会、二〇〇五年）
大野金繁『無年金――金がないのに生きていくその哀しみと喜び』（書肆侃々房、二〇一〇年）

（崔宗樹・李博盛・李武哲）

八　各人権条約に認められた権利を侵害された個人が、各人権条約の条約機関に直接訴えること（「通報」）で、条約機関で自分自身が受けた人権侵害の救済を求めることができる制度。

第6章

在日コリアンの政治参加・司法参加

東京都管理職裁判——公務員になれないのは「当然」か

二〇〇五年一月二六日、数多くの在日コリアンらが傍聴するなか、最高裁判所大法廷(一)において、町田顯(まちだあきら)裁判長は次のように判決を読み上げました。

「一、原判決のうち上告人敗訴部分を破棄する。
二、前項の部分につき被上告人の控訴を棄却する。
三、控訴費用および上告費用は被上告人の負担とする」。

本件裁判の原告（被上告人）である鄭香均(チョンヒャンギュン)さんの一〇年にも及ぶ裁判闘争が終わった瞬間でした。

最高裁判決に至るまで

一九八八年、原告の鄭香均さんは、東京都での外国人保健師（当時は保健婦）第一号として、東京都の保健所で働くことになりました。

一九九四年三月のことです。まじめに働いてきた鄭さんの姿を見て、職場の上司は、五月に行われる管理職試験の受験を勧めました。

鄭さんは、東京都の公務員にはなったものの、当時、管理職への登用を全面的に認めた自治体はなく、外国籍の公務員が管理職に就けるのかについての明確な基準もなかったことから、果たして自分は管理職になれるのだろうかと、受験について迷いました。しかし鄭さんは、「前例がないから」という理由で拒否され続けてきた外国籍の公務員の職域を少しでも増やすべく、管理職試験の受験を決意しました。

鄭さんは、受験対象者にしか手渡されない申込用紙に必要事項を記載し提出しましたが、その二週間後、東京都の人事課から鄭さんに一本の電話がありました。

「あなたは管理職試験は受けられません。『当然の法理[二]』があることを知らないのか」。

東京都は、鄭さんの管理職試験の受験を拒否したのです。

鄭さんは、やっぱりだめかというあきらめの気持ちも持ちましたが、しかし、後に続く在日コリアンの後輩たちのために、そして、自分自身の尊厳を守るために、「当然の法理」という大きな差別の壁と闘うことを決意し、一九九四年九月、東京都を相手として、管理職試験の受験を認める（受験資格の確認）こと、および、受験拒否によって受けた精神的損害に対する慰謝料の請求を求めて、東京地裁に提訴しました。

東京地裁では、一九九六年五月一六日に判決がありました。世間の大方の予想どおり、鄭さんの敗訴でした。

一　最高裁全体として見解を示し、憲法判断をする必要があると考えられる裁判は、小法廷ではなく、最高裁の一五人の裁判官全員で審理する大法廷で行われることになっている。

二　公権力の行使または国家意思の形成への参画に携わる公務員の任用資格は、法律の明文規定がなくとも当然に日本国籍保有者であることを要するとの法理。

原告の鄭香均氏

これに対して鄭さんは控訴し、この裁判は東京高裁で審理されることになりました。そして、一九九七年一一月二六日、東京高裁の判決がありました。鄭さんの逆転勝訴でした。この画期的な高裁判決に、在日社会は沸き立ちました。日立就職差別裁判（本書一三二頁参照）以来の大きな壁を打ち破ることができたかと思われました。

しかし、東京都側が上告し、本件は最高裁で最後の審理を受けることになりました。当然、鄭さん側では早期に東京都の上告が棄却されるものと予想していましたが、最高裁での審理は進まず、ついに上告から七年も経って、大法廷で弁論が開かれることになりました。

最高裁で弁論が開かれるということは、高裁での判断が見直されることを意味します。二〇〇四年一二月一五日、最高裁大法廷で行われた裁判では、鄭香均さんの意見陳述、代理人である新美隆（にいみたかし）弁護士（二〇〇六年一二月二〇日死去）、金敬得（キムキョンドク）弁護士（二〇〇五年一二月二八日死去）および虎頭昭夫(ことうあきお)弁護士の弁論が述べられました。まさに、鄭さんや弁護士らの人生をかけた壮絶な弁論でした。しかし、残念ながら、鄭さんの敗訴に終わったことは前述のとおりです。

しかし、この最高裁大法廷判決は、完全な敗訴判決であったわけではありません。金敬得弁護士は、この判決について次のように述べています。

「残念だが、現時点での日本における外国人の人権に対する考え方は、今回の判決のとおりだ。しかし、一五人のうち八人がこれを認めれば、結論は変わる。今回の判決では、一五人の裁判官のうち三人の反対意見があった。これまでの差別に対する運動のなかで、三人までは外国人に対する考え方を変えることができた。あと、五人の最高裁裁判官の頭の中身を変えることができればいいということだ。それが、これからの課題ということになる」。

鄭さんの生い立ちと裁判までの経緯

鄭さんは、一九五〇年に日本で生まれました。鄭さんの両親は、父親が在日コリアンであり、母親は日本人でした。鄭さんは、日本の地で、日本人であった母親から生まれ、日本語しか話せないにもかかわらず、その国籍は父親と同じ韓国籍でした。

鄭さんの父親は、創氏改名などの日本政府の占領政策に屈することのない信念を持った在日コリアンであったため、警察の監視を受けることもありました。また、鄭香均さん自身も、在日コリアンであるがゆえの多くの差別を体験しました。

そのため鄭さんは、幼い頃から、母の国である日本を恨み、自分を在日コリアンたらしめた韓国人である父親を恨み、なぜ両親は結婚して私を産んだのかと心の中で両親を絶えず攻撃し、ついには自殺することばかりを考えていたそうです。

しかし、中学二年生のときに日本国憲法の前文を読み、鄭さんは違う考え方を持つようになりました。平等、自由などに関わる基本的人権の宣言と「政府の行為によつて再び戦争の惨禍が起ることのないやうにする」という戦争への反省からくるすがすがしい宣言に感動し、母の国である日本を許せるようになり、前向きな考えができるようになりました。

高校に入学した鄭さんは、「白衣の天使っていうんだから、国籍差別は関係ないんじゃない？」という高校教師の一言をきっかけとして、看護師（当時は看護婦）になりました。

その後、一九八六年には、在日コリアン看護学生の運動によって、同年六月、自治省から、地方公務員である保健婦・助産婦・看護婦のいわゆる看護三職については採用にあたり一律に国籍要件を設けなくてよい旨の通知が出され、保健師（当時は保健婦）の国籍条項が撤廃されました。

鄭さんは、住民の近いところで公衆衛生に従事したいという思いから、保健所を仕事場として選び、一九八八年、東京都での外国人保健師第一号として、東京都の自治体職員（つまり、地方公務員）となりました。

地方公務員になる際には、鄭さんも、他の職員らと同様、日本国憲法を守るという宣誓を行いました。また、職場では、他の同僚たちと同じ保健師として差別のない対等な関係で働くことができました。住民からの差別や拒否などもまったくありませんでした。

しかし、鄭さんは、在日コリアンに対する大きな差別の壁にぶつかることになったのです。これが、上司から管理職試験を勧められたにもかかわらず、人事課から「当然の法理」を理由に受験を拒否された出来事であったことは、先に説明したとおりです。

この裁判で問われたこと

この裁判では、一言で言うと、外国人による地方公共団体の管理職への公務就任権の有無が問題となりました。つまり、「外国人が、市役所や区役所などで係長や課長として働くことができるか」。この単純な問題が問われた裁判でした。

地方公務員では、現行法上、地方公共団体の長(知事や市長など)および地方議会の議員(都道府県の議会議員など)について、法律により国籍条項が定められており、外国人の就任が明白に禁止されていますが、その他の職務については、法律で国籍条項が定められた職種はありませんでした。したがって、現行法の解釈でも、外国人が市役所や区役所などで係長や課長として働くことは禁止されていないと言えるはずです。

看護師という仕事は、人の命を助ける仕事です。ニュースでもよく見るように、戦争や大災害などがあると、国籍を問わず医師や看護師らが国境を越えて医療活動に従事していますし、これを拒否する国もありません。

鄭さんの仕事である保健師の仕事の内容が、国籍により左右されるものでないことは明らかです。まして
や、その管理職といってもあくまで保健師ですから、国籍により左右される仕事でないことは明らかです。
しかし、「公務員に関する『当然の法理』として公権力の行使又は公の意思の形成への参画にたずさわる公務員になるためには日本国籍を必要とする」（一九七九年内閣総理大臣大平正芳答弁書）という意見に代表されるように、地方公務員であっても、ある種の上級公務員になるためには日本国籍が必要である、つまり、外国人は地方公務員になることはできても、ある程度までしか昇進できないという考えがありました。この考え方が、日本政府をはじめとする行政機関の一般的な考え方で、外国人が公務員になること、とりわけ管理職に昇進することを拒む最大の論拠となっていたのです。

外国人の公務就任の歴史と諸外国との比較

外国人の公務就任について参考となるのが、教員の採用に関する国籍条項撤廃の流れです。外国人の公務員への任用は、国公立大学における外国人教授任用から始まりました。在日韓国・朝鮮人大学教員懇談会などの運動によって、一九八二年八月「国立又は公立の大学における外国人教員の任用等に関する特別措置法」（任用特別措置法）が成立し、外国人を教授・助教授・専任講師として任用できることになりました。同時に、日本各地でも公立学校の教員採用試験の国籍条項撤廃運動が活発になり、一九七九年の三重県での在日コリアンの公立学校教諭採用を皮切りに、一九八一年には兵庫県と滋賀県が教員採用試験の国籍条項を撤廃し、

翌一九八二年には愛知県でも国籍条項が撤廃されました。しかし、一九八二年の外国人教員の「任用特別措置法」が公布される際、文部省は「国立、公立の小学校、中学校、高等学校の教諭等については、従来通り外国人を任用することは認められない」と勧告したため、これを契機として、教員採用試験に国籍条項を明文化する自治体が増加することになりました。そのような情勢の中で、一九八四年一二月、長野県の教員採用試験に合格した在日コリアンの梁弘子（ヤンホンジャ）さんが採用取消しになるという事件が起こり、これをきっかけにして、公立学校教員の国籍条項を撤廃しようとする市民運動が再び沸き上がりました。その結果、世論に押された長野県教育委員会は、梁さんを教諭ではなく常勤講師として採用しました。梁さんが常勤講師として採用されたことは、その後の外国人教員の採用をめぐる文部行政に前例をつくったとは言えるでしょう。しかし、正教員としての採用ではなく、常勤講師としてしか採用しないという大きな問題を残すことにもなりました。

地方公務員のレベルで言うと、一九七八年、大阪府八尾市で、公務員の一般行政職の受験資格における国籍条項の撤廃を求める運動が労働組合や市民団体を中心としてなされ、一年にわたる市との交渉を経て、一九七九年八月、八尾市はついに市職員の国籍条項を撤廃しました。この八尾市での実績は、全国に広がる地方公務員の国籍条項撤廃運動の先駆けとなりました。そして、二〇〇四年の段階においては、すべての政令指定都市で、任用上の条件をつけて国籍条項が撤廃されることになりました。また、都道府県レベルでは、神奈川・沖縄・大阪・三重・鳥取・滋賀・大分・愛知・奈良・長野・高知で、任用上の条件を付けて国籍条項を撤廃しています。

管理職への登用で言うと、兵庫県川西市では、二〇〇〇年四月一日、在日コリアン二世で同市建築課（現在は営繕課）の主査（係長級）の孫敏男（ソンミンナム）さんが副主幹（課長補佐級）に昇進しました。一般行政職で外国籍の管理職職員は全国初であり、当時の孫さんは、「上司と同僚に恵まれたおかげ」、「こつこつと仕事をして地域に貢献することで、外国籍市民は自治体にふさわしくないという誤った考え方を拭い去りたい。また私の事例で、在日コリアンの学生を元気づけたい」と話しています。

一方、欧米諸国に目を向けると、在日コリアンのような旧植民地出身者の存在や、近年の移住労働者の増加により、多くの定住外国人が居住しています。しかし、これら欧米諸国の多くの国では、旧植民地出身者等の定住外国人の公務就任権（とくに地方公務員）が認められているのが現状です。公務就任権が認められているることの理由の一つは、欧米の植民地支配を行った国においては、植民地の独立に際し、旧植民地出身者が独立後も本国（宗主国）に住み続ける場合、国籍選択権が認められたこともあります（本書一一三頁参照）。次に、定住外国人の公務就任に関し、一般に公務就任権の国籍要件を緩和する傾向があり、また、外国人の公務就任権を制限する場合にも、日本における「当然の法理」のような曖昧かつ漠然とした包括的な制約基準による制限はしておらず、法令の根拠なしに外国人の公務就任権を否認することはありません。

本件の裁判の経緯

本件の裁判が、一審の東京地裁では敗訴、二審の東京高裁では逆転勝訴、そして、最高裁では逆転敗訴となったことは、すでに説明したとおりです。では、それぞれの裁判所の判断を簡単に見てみましょう。

東京地裁の判断

一審の東京地裁では、従来の「当然の法理」を前提として、日本国憲法の下での国民主権原理から、地方公務員であっても、ある種の上級公務員になるためには日本国籍が必要であると判断しました。

本件の管理職選考は、決定権限の行使を通じて公の意思の形成に参画することによってわが国の統治作用に関わる職への任用を目的とするものであり、実際に合格者はその後、そのような職に任用されているというこ とができるから、外国人である鄭さんには、管理職選考の結果任用されることとなる職（管理職）に就任することが、憲法上保障されていないと判断しました。

したがって、東京都が鄭さんの受験を拒否しても憲法上の問題はないとして、東京都が勝訴しました。

東京高裁の判断

一審の東京地裁判決に対して、二審の東京高裁判決は、公務員の種類をより具体的に検討し、東京地裁とは異なる判断をしました。

つまり、東京都の管理職については、東京地裁が言うような、公権力の行使あるいは公の意思の形成に参画することによって間接的に国の統治作用に関わる職務に従事する公務員であっても、その関わりの程度は強弱さまざまであるから、その職務の内容、権限と統治作用との関わり方およびその程度を個々、具体的に検討することによって、国民主権の原理に照らし、外国人の就任が許される管理職（つまり、憲法上も就任が保障されている管理職）もあるはずだと考えたのです。

加えて、国民主権原理と地方自治原理との関係から、国家公務員と地方公務員でも違いがあり、地方自治の決定はその地方の「住民」が決定するという地方自治の趣旨からすれば、在日コリアンのように、その居住する区域の地方公共団体と特段に密接な関係を有する者については、地方自治に参加させることが望ましく、国家公務員への就任の場合と較べて、おのずからその就任しうる職務の種類は広く、その機会は多くなると判断しました。

したがって、どのような管理職が外国人に許されるかあるいは許されないかを判断することなく、外国人から管理職への就任の機会を一律に奪うことになった今回の東京都の受験拒否は不当であり、憲法上許されない行為であると判断し、鄭さんの逆転勝訴となりました。

最高裁の判断

しかしながら、最高裁では、次のとおりの判断をして、鄭さんが敗訴することになりました。

「地方公務員のうち、住民の権利義務を直接形成し、その範囲を確定するなどの公権力の行使に当たる行為を行い、若しくは普通地方公共団体の重要な施策に関する決定を行い、又はこれらに参画することを職務とするもの（以下「公権力行使等地方公務員」という。）については、次のように解するのが相当である。すなわち、公権力行使等地方公務員の職務の遂行は、住民の権利義務や法的地位の内容を定め、あるいはこれらに事実上大きな影響を及ぼすなど、住民の生活に直接間接に重大なかかわりを有するものである。それゆえ、国民主権の原理に基づき、国及び普通地方公共団体による統治の在り方については日本国の統治者としての国民が最終的な責任を負うべきものであること（憲法一条、一五条一項参照）に照らし、原則として日本の国籍を有する者が公権力行使等地方公務員に就任することが想定されているとみるべきであり、我が国以外の国家に帰属し、その国家との間でその国民としての権利義務を有する外国人が公権力行使等地方公務員に就任することは、本来我が国の法体系の想定するところではないものというべきである」。

すなわち、この想定外の範疇において、普通地方公共団体は、自由裁量で管理職の任用制度を構築することができることになります。

よって、普通地方公共団体である東京都が、日本国民である職員に限って管理職に昇任することができるという措置をとる（つまり、外国人が管理職試験を受けることを拒否する）ことは、合理的な理由に基づいて日本国民である職員と外国人である職員とを区別するものであって、労働基準法三条（国籍による差別の禁止）にも、憲法一四条一項（法の下の平等）にも違反するものではないと判断しました。

筆者はこの裁判での代理人を務めましたが、憲法の番人であり、法律解釈の最終責任者である最高裁が、外国人が地方公務員の管理職になれるかなれないかという問題について、「我が国の法体系の想定するところではない」と言い切り、憲法・法律判断を放棄した態度を許すことはできません。

日本社会が問われること

本件を通じて日本社会が問われたことは、国際社会の中で、これから外国人とどのように付き合っていくか、どのように外国人を日本社会に受け入れていくかという問題でした。

この問題に対する最高裁の判断は、悪く言えば、外国人は公務員になる権利を持ってはいないという考え方であったということもできます。しかし逆に言えば、最高裁は、「普通地方公共団体は自由裁量で管理職の任用制度を構築することができる」とも判断していますので、これからの地方公共団体のあり方として、外国人を積極的に管理職に登用していくという任用制度をつくることもできるのです。それができるかできないかは、まさに地方公共団体のあり方を決める住民の考え方次第だということなのです。

本件は、外国人の公務就任権という憲法問題がありますが、皆さんは外国人が公務員になることをどのように考えますか。外国人が公務員に就任することを反対する理由に、「外国人が公務員になると自分の国籍国に有利な判断をして、日本に不利な行動をとるだろう」という人もいるでしょう。「当然の法理」は、このような日本における外国人に対する根拠のないイメージが背景にあるのです。

最高裁の裁判官をはじめとして、日本人が、安直なイメージによるのではなく、日本に住む外国人の実際を正しく知っていくことが、まさに外国人に対する差別撤廃につながる一番の道だと、私は思います。

《参考文献》

鄭香均編著『正義なき国、「当然の法理」を問いつづけて――都庁国籍任用差別裁判の記録』（明石書店、二〇〇六年）
岡義昭・水野精之編『外国人が公務員になる本』（ポット出版、一九九八年）

（張界満）

司法修習生の国籍要件——裁判所による差別

司法修習生

日本では、裁判官・検察官や弁護士（これら三者をまとめて一般に「法曹」といいます）になるには、司法修習（実務家の指導の下で行われる研修）を修了することが必要とされていますが、この司法修習を受けるには、原則として司法試験に合格した後、最高裁判所によって司法修習生として採用されなければなりません。そして、司法修習生として採用されるには最高裁判所の選考を受けなければなりませんが（といっても、ほとんどの人が書面審査と健康診断だけで当然のように採用されます）、外国人にとってはそこに大きなハードルがありました。

すなわち、最高裁判所が定めた「司法修習生採用選考要項」によれば、「選考を受けることができない者」（これを「欠格事由」といいます）として、「禁錮以上の刑に処せられた者」（犯罪者の中でも重い罪の人です）、「成年被後見人又は被保佐人」（自分で自分の財産を管理できない人です）、「破産者で復権を得ない者」（借金を返済できずに破産してしまった人の中で以前と同じ地位が認められなくなった人です）と並んで、二〇〇八年まで「日本の国籍を有しない者」（つまり外国人のことです）が挙げられていたのです。もっとも、現在の司法修習制度が始まった一九四七年から一九五六年までは、司法修習生の選考公告（当時は「選考要項」がこのように呼ばれていました）

に国籍に関する規定はとくに設けられていませんでした。

ところが、一九五五年に外国籍のままで採用申込みがなされたものの、最高裁判所に採用を拒否されたということが起こり、一九五七年度の選考公告から「日本国籍を有しない者」という条件が設けられるようになりました。このため、外国人は司法試験に合格しても司法修習生になれないことになってしまったのです。

司法試験に合格した外国人はどうしていたか

それでは、外国人が法曹になる道は完全に閉ざされてしまっていたのでしょうか。

実際には、選考公告が変更された後も、司法試験に合格した外国人は、合格発表直後に帰化申請することによって、その約半年後に始まる司法修習開始時期までには帰化が認められ、日本国籍を取得して司法修習を受けていました。ですから、外国人は、司法試験に合格した後、日本人として司法修習を終え、その後に法曹となっていたといえます。このことは、一般にはあまり知られていませんでしたが、外国人合格者は先輩たちから手続を教えられ、みな問題なく帰化が認められていたので、大きな問題として社会で取り上げられることなく（元）外国人は司法修習生となっていました。

ところが、一九七一年一〇月に司法試験に合格した台湾国籍の楊錫明（ヤンシーミン）さんは、当時の台湾国籍法によって四五歳まで国籍離脱の許可が得られないために帰化できませんでした。楊さんは台湾国籍のままでも司法修習生となれるよう最高裁判所に強く訴えましたが、一九七二年三月に司法修習生不採用と最高裁判所に言われ、翌四月からの司法修習生になることができませんでした[二]。

金敬得弁護士

外国籍司法修習生の誕生

楊さんの司法修習生採用の経過を取り上げた新聞記事を読み、韓国籍の金敬得（キムキョンドク）さんは初めて司法修習生の選考に国籍による壁があることを知り、この国籍差別と闘うことを決意しました。そして一九七六年一〇月司法試験合格後、司法修習生採用選考の申込みを行うとともに、自ら韓国国籍のまま司法修習生に採用されたいと請願を行いました（後掲資料「請願書」参照）。

このときには、金敬得さんやその意思に賛同した人たちが積極的に行動し、日本弁護士連合会や自由人権協会等の支援を受け、報道によって社会的関心も高まったため、翌一九七七年三月、ついに金敬得さんは外国籍のまま司法修習生として採用されました。

その後の外国人の司法修習生の採用

もっとも、最高裁判所は一般的に外国人司法修習生を認めたわけではありませんでした。「金敬得氏については日本国籍がないことを理由として司法修習生不採用とはしない。直ちに採用手続に移る」との決定を下しただけであって、国籍に基づく欠格事由を全面撤回したわけではなかったのです。このような経過を経て、同年一〇月に告示された一九七八年度司法修習生採用選考要項には国籍に基づく欠格事由に「(最高裁判所が相当と認めた者を除く。)」という文言が付加され、国籍要件として存続することになったのです。

ただし、これまで、この国籍要件で司法修習生になれなかった外国人は一人もおらず、問題なく皆、司法修習生として採用されています。もっとも、一九七七年から一九九〇年までは外国籍者のみ誓約書と保証書の提出が要求されるという差別的な取扱いがなされていました。

司法修習生と国籍要件

日本国籍を必要とする理由

では、なぜ、最高裁判所は司法修習生選考の欠格事由に国籍要件を入れたのでしょうか。

この点については、司法修習生は、国家公務員と同じであって、国家公務員であれば、当然に日本国籍を有していなければならないからだ、という理由があると言われていました。

一　後日、日中国交回復を契機に帰化が認められたので、結果として楊さんは司法修習生になることができ、現在は吉井正明という名前で弁護士をしている。

司法修習生は国家公務員と同じ？

司法修習生が国家公務員と同じという意見は、最高裁判所という日本国の機関に任免され、修習中は守秘義務（修習の中で知った秘密を他の人に伝えてはいけない）や修習専念義務（修習に専念しなければならない）が課せられ、国庫から支給される給与をもらっていることを理由としています。

しかし、戦前の司法修習生は裁判官や検察官になることが予定されていたので明確に公務員という扱いでしたが、戦後は弁護士になる者も含めて修習生とするというように司法修習制度が変わったので、いったん公務員的な身分を取得しないと弁護士になれないという法制にすることは（弁護士の）在野精神といった観点から望ましくないと考えられ、あえて公務員とはしなかったという経緯があります。また、最高裁判所自身も、司法修習生が「国の事務を担当するものでな」く、「司法修習生が国家公務員法上の国家公務員でないことを前提として」司法修習生に関する規則が定められていると認めていますし、守秘義務や修習専念義務は司法修習生に「修習に専念させるための配慮ないしはその修習が秘密事項に関することがあるための配慮にすぎない」と述べています。給与については、「修習は、国に対する勤務ないし給付の性質をもつものではなく」「修習に専念させる等の見地から、とくに一定額の給与が支給されることとされたものである」と説明しています[二]。

ですから、そもそも司法修習生が公務員と同じであるという考え方がおかしいといえます。

国家公務員であれば日本国籍が必要？

では、仮に司法修習生が公務員であるとしても、そこから当然に日本国籍がなければならないと導かれるものなのでしょうか。

公務員については、「公権力の行使または国家意思の形成への参画にたずさわる公務員となるためには、日本国籍を必要とする」という解釈が行われています（一九五三年六月二九日人事院の見解）。これは「いわゆる公務員に関する当然の法理」と呼ばれ（本書二一二頁参照）、現在でも、外国人の公務への就任の大きな障害となっているものです。右の司法修習生にもこの当然の法理の適用があるというのは、司法修習生も国家権力の行使の場や国家意思形成の場（たとえば、裁判官の合議に参加すること）に立ち会って秘密に接することなどを根拠としています。

しかし、そもそも、この当然の法理については、公務の内容を具体的に見ずして一律に扱うことはできないなど多くの批判があるところです。

また、仮にこのような当然の法理が適用される場面がありうるとしても、司法修習生は研修生ですから、裁判の結果に直接影響を及ぼす権限はなく、国家権力を行使するとはいえませんし、裁判官の合議に立ち会うことも司法修習生の権利や義務として認められているわけではなく、担当裁判官の裁量に委ねられていますから（これは、裁判所以外の検察修習や弁護修習でも同じです）、国家意思の形成への参画にたずさわっていると

二　最高裁第二小法廷一九四九年四月二八日判決。

もいえません。

したがって、司法修習生に当然の法理を適用することにも無理があるといえます。

法律も外国籍の司法修習生を予定している

そもそも、司法修習生に関する直接の法律としては裁判所法がありますが、ここでは、司法修習生は「司法試験に合格した者」の中から最高裁判所が命じる、とだけ記載されており、ほかに要件は課されていません。「司法試験」については別に法律がありますが、ここでは外国人も受けることができるとされています。そうすると、法律上は、外国人も司法試験を受けることができるのですから、これに合格すれば司法修習生になりうることが当然予定されているといえます。

また、現在の弁護士法は一九四九年に制定されていますが、その前の旧弁護士法が明確に日本国籍を要件としていたのに対して、新法はあえてこの要件を外し、司法修習生の修習を終えたことだけを要件としました。これは、おおらかな職業選択の自由の規定を置いた新憲法の精神を尊重し、弁護士の職務が特殊の専門的知識の上に立つものであるところから、国籍を問題にする必要はないと考えられたからです。このような現在の弁護士法の趣旨を考えるならば、その弁護士の主たる供給源になっている司法修習生の資格についても、当然日本国籍を要件とすべきでないといえます。

外国籍のまま司法修習生になるということ

　では、より積極的に、外国籍のまま司法修習生になる、ということにはどのような意味があるのでしょうか。この点については、帰化すれば司法修習生になれるのだから問題はないではないか、という意見もあるかもしれません。実際、楊さんのような例外的なケースを除いて、外国人司法試験合格者にはこれまで確実に帰化が認められてきましたから、楊さんのようなケースだけ特別に救済されればよいではないか、と思った人もいるかもしれません。

　しかし、これまで帰化して司法修習生になった人たちは、心から帰化したいと思って申請したのでしょうか。司法修習生になるために仕方ないと思って帰化した人はいないのでしょうか。

　人には、自分が自分らしく生きていくためにアイデンティティを保持する権利があります。司法試験を受けて弁護士になることが自分らしい生き方になるのだと思って司法試験を受けた人もいるはずです。そして、司法試験に合格するまで帰化しなかった人の中には、帰化したくない、外国籍でいたいという気持ちがあり、それがその人のアイデンティティに関わっていたからこそ、それまで帰化しようとしなかったという人もいるのではないでしょうか。

　外国人にも、特別の事情がない限り、日本人と同様に職業選択の自由が認められています。そして、前項「司法修習生と国籍要件」で検討したことを考えると、司法修習生について外国人と日本人を区別する特別の事情があるとは思えません。

そうであれば、外国人にも、外国籍のまま司法修習生となることを認めるべきですし、そうすることが外国人の職業選択の自由を、ひいては自分らしく生きる権利を認めることになるのではないでしょうか。

その後の経過と、現在の国籍要件をめぐる最高裁判所の態度の持つ意味

二〇〇四年に筆者が、国籍要件が設けられている根拠について最高裁判所担当係長に尋ねたところ、司法修習生は国家公務員と同じであり、いわゆる公務員に関する特別の法理の適用を受けるということが挙げられていました。また、(当時) 修習を希望するのは永住資格を持つ者のみであり、永住者なら日本人と同様に将来も日本国内で活躍する法曹となることが期待されるので、問題ないとも言われていました。

そのような国籍要件は、二〇〇九年度の採用要項から突然削除されました。その理由は公にはされていませんが、法科大学院（ロースクール）制度ができて、留学生など永住資格を有しない外国人合格者が増えた時期と重なります。

しかし、その程度の国籍要件ならば、なぜ最初に設けたのでしょうか。司法修習生としてやること、やれることは変わっていません。公務員に関する特別の法理の適用を受ける、という理由は何だったのでしょうか。司法修習生になれるかなれないかは、その外国人のその後の人生に大きく影響します。その意味で、職業選択の自由に対する制約でもあります。そのような重要な場面で、あっさり撤回されるような「法理」が持ち出されたこと、それが日本の少数者の人権擁護の最後の砦と言われ、理を尽くして争える場と言われて

いる最高裁判所で行われていたこと、その意味は深刻です。最高裁判所が最高裁判所として信頼できる機関たりうるために、私たちはこの司法修習生の問題が残した課題を忘れずに、最高裁判所に対し外国人の権利について問い続けなければならないと思います。

（姜文江）

《参考文献》

金敬得君を支援する会編『在日朝鮮人・金敬得氏の司法修習問題資料集』（金敬得君を支援する会、一九七七年）
原後山治・田中宏編『司法修習生＝弁護士と国籍――金敬得問題資料集』（日本評論社、一九七七年）
金敬得弁護士追悼集編集委員会編『弁護士・金敬得追悼集』（新幹社、二〇〇七年）

【資料】

請願書

一　私は、昭和五十一年十月九日、司法試験第二次試験に合格し、同年十月十八日、昭和五十二年度司法修習生採用選考申込書類を提出し、受理されました。

ところが、翌日、最高裁判所事務総局人事局任用課長より、私が大韓民国国籍であるため、選考欠格事由第一号（日本国籍を有しないこと）に該当する旨伝えられ、司法修習生採用申込受理願なる書面を、既に提出済みの申込書類に追加するように求められました。その内容は、「司法修習生採用決定までに帰化できることを条件に選考申込を致しますから、申込書類の受理をお願いします。」というものでした。そこで、私が、もし帰化申請しない場合、司法修習生採用の件はどうなるのかと尋ねたところ、最終的には、裁判官会議で決定されるが、来年四月の採用は困難であろうとの回答を得ました。

私は、大韓民国籍を有したまま司法修習生に採用していただきたく、本請願を為す次第です。

二　私は、日本国籍を有しないと司法修習生になれないという話は聞いていましたが、それが如何なる法的根拠と経緯に基づくものであるかについては知りませんでした。私はそのような欠格事由は、弁護士になろうとする者についてまで適用されるべきものとは考えていなかったため、試験に合格さえすれば、大韓民国籍を有したままで司法修習生に採用されるべきものと信じていたのです。

私は弁護士を志望しており、そのために司法修習生に採用されることを願っております。弁護士は、裁判官・検察官とは異なり、公権力を行使するものではなく、私人としての立場から基本的人権の擁護と社会正義の実現に尽力することを使命とするものであります。この弁護士の職業的性格を日本国憲法の精神に照らしてみると、外国人が弁護士になれないとする理由はないと考えます（現に弁護士法が、外国人が弁護士となることを排除していないことは、この理を考慮してのことと思います）。むしろ、国家間の交流の著しい伸展に伴い、在留外国人に関しての種々の人権問題・法律問題が生じている現状では、外国人弁護士の存在が必要とされているのではないでしょうか。特に、日本に在留する外国人の八十五パーセント以上を在日朝鮮人（韓国籍・朝鮮籍を問わず民族としての）が占めていること、彼らは日本社会に生活の本拠を有していること、を考えれば、在日朝鮮人弁護士の存在は一層強く要請されているといいえましょう。

外国人も日本人と同じく弁護士になり得なければならないとすると、弁護士になるための道も日本人と同じように開かれていなければならないでしょう。外国人だからという理由で、一律に司法修習生となれないとすることは、この道を閉ざすごとを意味します。司法修習生採用選考欠格事由第一号は、少なくとも弁護士たらんとする外国人には適用がないというべきではないでしょうか。

仮に現在直ちに、外国人に日本人と同様の条件で弁護士資格を認めることができないとしても、在日朝鮮人については、特別の配慮があってしかるべきではないでしょうか。何故ならば、在日朝鮮人は、本国と日本との特別な歴史的経緯から、一般外国人とは異なった地位（法百二十六号該当者や協定永住権者―私自身後者に該当するものであります―等）を有しているからであります。

三　事柄を、私個人が司法修習生になれるか、なれないかの問題だと考えれば、私が日本国に帰化することにより解決は得られるでしょう。しかし、私は、事が私個人の問題にとどまらず、在日六十五万同胞の権利に関するものであると考えるが故に、個人的解決（帰化）をすべきではないし、そのことが、また、日本の民主化にもつながるものであると考えている次第です。

民主主義とは、個人の人間としての権利及び自由、個人の尊厳が最大限度に尊重される社会体制の実現を目指すものであります。価値観は多様であり、個々人は異質なるが故に、少数者の権利の尊重が、民主主義社会実現のためには不可欠であります。

ところが、今日、日本社会においては、在日朝鮮人の民族的特性、少数者としての権利が必ずしも尊重されていないのが現状です。在日朝鮮人個々人は、日本社会の根強い差別と偏見のため、人間としての基本的権利や個人の尊厳をおびやかされています。

私は、幼時より、朝鮮人として生まれたことを恨みに思い、自己一身から一切の朝鮮的なるものを排除することに努めてきました。小学・中学・高校・大学と年を経るにつれ、日本人らしくふるまうことが習性となっていました。しかし、日本人の差別を逃れるため日本人を装うことは非常に苦痛を伴うものでした。私は、大学卒業が近づくにつれ、朝鮮人であることを見すかされないかと周囲に気を配り、小心翼々と生きていくことのみじめさに耐えられなくなりました。日本人を装うために労力を費やすことの馬鹿馬鹿しさを痛感するようになったのです。

考えてみれば、労力を費やすべきは、差別をなくすことに対してであって、日本人を装うことに対してではなかったのであります。私は、そのことに思い致ったのです。

差別に対処する在日朝鮮人の生き方は、一方において、祖国の統一を早く実現し、祖国と日本の関係を正常なものとすることであり、他方において、個々人の生活の場で、朝鮮人としての具体的存在を通して、日本人の意識の中にある朝鮮人観を変えていくことであります。

私は、大学卒業時に味わった社会的、職業的差別を契機として、日本人の前に、朝鮮人としての私の存在をつきつけていこうと決意しました。同時に、日本における朝鮮人差別の解消、日本の民主化のために、自分に出来る最も効果的なことは何であるか、日本社会の差別から逃げ回るように生きてきた過去二十三年間の空白を取り戻す道は何であるか、大学法学部に進学したことを意味あらしめる道は何であるか、について考えました。その総合的結論が、司法試験に合格して、朝鮮人司法修習生、朝鮮人弁護士になるということであります。以来四年間、アルバイトで生計を立てつつ、受験勉強に励み、ようやく今年司法試験に合格できた次第です。

以上のようなわけでありますから、今、司法試験に合格し、最高裁判所から国籍変更をせまられるというこの時点において、軽々しく帰化申請を行うことは、私にはできないのであります。それは、私が弁護士たらんとした立脚点そのものをうしなうことを意味するからであります。帰化したうえで、朝鮮人差別の解消に努力すればよいし、朝鮮人のために弁護活動を為せばよいではないか、といってみたところで、帰化した私が、如何なる形で、朝鮮人差別の解消に関わっていけるでしょうか。帰化をした私がどうして在日同胞の信頼を得ることができるのでしょうか。また、朝鮮人であることを恨み、いたいけない心を痛めている同胞の子供に対して、「朝鮮人であることを恥じずに、強く生きるんだよ。」と諭してみても、それが帰化した人間の言葉であってみれば、一体いかなる効果があるでしょうか。

日本社会の朝鮮人差別がなくならないかぎり、私の帰化には、いかなる理由をつけてみても、所詮は暗い影がつきまとうものであります。

私のような自分の民族に背を向けてきた人間でも、今、なんとか自己の立脚点をみつけることができるのは、私が大韓民国籍を有していればこそであります。故に、私は、自分の存在の意義を失わしめる日本国への帰化を肯じることができないのです。

四　私は、日本における朝鮮人差別の解消が、日本の民主化、祖国の統一、アジアの連帯、世界の平和につながるものであると信じております。

何卒、最高裁判所において、私の真情をお汲み取りいただき、大韓民国籍を有したままで、司法修習生に採用して下さるようお願い致します。

昭和五十一年十一月二十日

右　金　敬　得

最高裁判所　御中

調停委員・司法委員・参与員――仲裁役に日本国籍が必要？

現在、多くの弁護士が弁護士会からの推薦を受け、調停委員・司法委員・参与員などの裁判所での仕事に就いて活動しています。しかし外国籍の弁護士は、法律上の要件を満たしていても、最高裁判所から採用を拒否されていることをご存じでしょうか。

調停委員はどんな仕事？

裁判所の「調停」というと、どのようなイメージがありますか？

「裁判」と違って、映画やドラマに出てくることもほとんどありませんが、民事のもめごとや家族間のもめごとについて、調停委員が両方の当事者の間に入り、両方の言い分や感情にも耳を傾け、互いの主張を整理しながら言い分を調整して合意に導くしくみです。裁判所が判決を出してそれに従う方法とは違って、双方が妥協点を探り、納得のうえで合意する方法です。

近年は、調停の利用件数が増えています。[一]「離婚」について見ると、日本では三組に一組以上が離婚する状況の中、その九割弱が協議離婚、残り一割あまりの離婚のうちの八〇％が調停による離婚です。

調停には、利用者と同じ地域の市民が調停委員として参加します。裁判官のようにどちらの言い分が正しいのかを判断するのではなく、双方に公平な第三者として関わるため、人々のさまざまな悩みを理解できる人生経験が必要です。

裁判所が各分野の市民から調停委員を選ぶ際には、弁護士をはじめ、医師・大学教授・公認会計士・不動産鑑定士・建築士などの専門家のほか、地域社会に密着して幅広く活動してきた人を各分野に推薦依頼のうえ、選任します。現在、全国で約二万人の調停委員がいます。

これまで弁護士は、調停委員の供給源として、質・量ともに重要な役割を担ってきました。もともと法によって紛争を解決する仕事で、対立する当事者が妥協点を探り、合意で解決方法を決める場面にもよく関わります。遺産相続の問題などでは、弁護士としての法的知識も役に立ちます。経験を積んだ弁護士は基本的に調停委員・司法委員としての適性を備えると考えられており、調停委員は弁護士にとって公益的な活動の一つです。

なお、調停委員は非常勤の公務員で、任命については「調停委員規則」で定められており、そこには「日本国籍を要する」との規定は一切ありません。

一　司法統計（家事調停全国新受件数）では、一九九五（平成七）年が九万六〇九九件、同二〇二〇（令和二）年が一三万〇九三七件で、四半世紀の間に三六パーセント以上の増加となっている。

司法委員・参与員はどんな仕事？

司法委員は、簡易裁判所での民事訴訟で和解や審理などに立ち会い、豊富な社会経験に基づいて裁判官に参考となる意見を述べたり、裁判官とともに当事者への説明や調整にあたったりします。全国で約六〇〇〇名の司法委員がいます。

参与員は、家庭裁判所での離婚訴訟の尋問や和解などに立ち会い、率直な意見を裁判官に述べて紛争を解決に導く仕事です。全国で約六〇〇〇名の参与員がいます。

司法委員や参与員の意見はあくまで参考意見で、最終的な判断は裁判官が行います。いずれも裁判所により選任される非常勤の公務員という点で、調停委員と同じです。任命に「国籍要件」がないことも調停委員と同じです。

外国籍の人はできない？なれない？

日本で弁護士活動を続けるうち、自分の経験を生かせる地域活動として、調停委員に手を挙げるのは自然なことです。

依頼者の代理人弁護士として調停を利用するうちに、調停委員がじっくり話を聴いてくれて、問題点を公正的確に把握して支えてくれると、多くの当事者が、裁判所に判決で命じられなくても、もともと本人が持っている解決への力を生かして自分で決断できることを実感してきました。裁判所が調停制度の特長を生かそうとする姿勢を持ち、調停委員も調停の特長をよく理解して関われば、紛争が良い解決に導かれてゆきます。私は、調停には裁判以上に当事者の人生を変える力があると感じ、依頼者の代理人として関わるだけでなく、調停委員としても活動してみたいと思うようになりました。

二〇〇三年一〇月〜現在（二〇二一年五月）までの一七年あまり、筆者が所属する兵庫県弁護士会は、ほぼ毎年、筆者を家事調停委員の候補として神戸家庭裁判所に推薦してくれましたが、家庭裁判所を通じて選任を統括する最高裁判所は、私が「外国籍である」ことを理由に採用を拒否し続けています。

ほかにも、これまでに仙台・東京・第二東京・神奈川・大阪・京都・兵庫・岡山・福岡の各弁護士会が、一四名の在日コリアン弁護士を調停委員や司法委員・参与員に推薦してきました。外国籍の候補者の人たちは、その能力や人柄が調停委員等にふさわしいとされて、各所属弁護士会の推薦委員会の決定を経たうえで推薦されています。しかし最高裁判所は、「日本国籍がない」ことを理由に、毎回決まって採用を拒否しました。

国籍がないという、それだけの理由で調停委員等になれないのはどうしてでしょうか？

「当然の法理」って何？

一定の公務員については、法律で「日本国籍を要する」と明記されています。日本国民に対して権力を行使する者は日本国民であるべきだ、というのが主な理由です。

しかし、調停委員等の資格については、日本国籍を有する人に限るという規定はどこにもありません。調停委員の仕事は、「調停」という語が示すとおり、何かを命令したり、独立して何かを決定する仕事ではありません。ですから、調停委員は権力を行使する者とはいえません。このことは、司法委員・参与員も同じです。

ところが最高裁判所は、たとえ法律には書いていなくても、調停委員等は公権力の行使もしくは重要な施策に関する決定をし、決定に参画する国家公務員であるから、日本国籍を有する者に限ると言うのです。これは「当然の法理」といわれていますが、これではダメだからダメだと言っているのと同じで、まったく説得力がありません。

そもそも「当然の法理」はどのような経緯で生まれたものかを振り返ると、太平洋戦争終結から六年あまり経過した一九五二年二月、政府が内閣官房を通じて内閣法制局に対して照会をかけたことがきっかけでした。照会内容は、「わが国の公務員が日本国籍を喪失した場合、その者は、公務員たる地位を失うか」というものです。これに対する内閣法制局第一部長の回答（一九五三年三月二五日）は、「明文があるわけではないが、公務員に関する当然の法理として、公権力の行使または国家意思の形成への参画にたずさわる公務員となるためには日本国籍を必要とするものと解すべきであり、それ以外の公務員となるためには日本国籍を必要としないものと解せられる。従って、お尋ねの場合も、そのような職にあるもの以外は、国籍の喪失によって直ちに公務員たる地位を失うことはない」というものでした。以後、これが外国人を公務員に任用する際の運用上の基準とされることになりました。

この経緯をみれば、回答は、積極的に「公権力の行使や国家意思形成に参画する人は公務員になれません」と知らせるためのものではありませんでした。植民地時代に日本国籍を持ち、日本の公務員になっていた朝鮮半島・台湾出身の人が多数存在していたところ、サンフランシスコ平和条約により、法務省民事局長通達で日本国籍をなくしたという背景があり、選択制ですらなく日本国籍を喪失したその人たちについて皆、公務員の職を罷免しなくてはいけないのか、それではあまりに気の毒だというので、政府が内閣法制局に回答を求めたのが照会の経緯でした。これに対する答えの中に「当然の法理」という言葉が使われました。公権力の行使や国家意思形成に関わる公務員でなければ何も解雇する必要はない、という趣旨で用いられた言葉であり、これを裁判規範や公務員任用基準として一般的に用いることは、具体的な問題解決の文脈を無視したものです。裁判規範としては、「当然」という言葉は説明にもなっておらず、「法理」と胸を張れるような内容でもないといえます。

国民主権の見地から、一定の公務員については日本国籍が必要であるとしても、公務員の仕事にはさまざまな種類があります。その仕事が市民の権利・義務に与える影響が重大なのか、直接的なのか等を検討せず、当然に外国籍者を公務員から排除することは、外国人の権利を不当に侵害することにほかなりません。

実際、法律上、外国籍者が公務員となることについて、一律の排除はされておらず、法律上国籍が必要と明記されている公務員の種類は限られています。日本では、国の行政機関（各省庁）での運用に委ねられるとされていますが、日本のように法律に基づかないまま「運用」だけで外国人の公務就任を制約する国は、欧米諸外国には見当たりません。

仕事内容からみても、調停委員は、当事者の話し合いにより、裁判に至る前に当事者が互いに譲りあって紛争解決できるよう支援する仕事であり、権力的な職務とはほど遠く、もし調停委員等が権力的であれば、まとまるものもまとまらなくなります。当事者が合意しなければ調停は成立せず、調停委員等には実質的に強制力ある権限は何もありません。

帰化すれば問題解決？

採用拒否された外国籍弁護士のほとんどは日本で生まれ、日本で教育を受けており、日本語や日本の文化を十分理解していますし、日本の司法試験に合格して司法研修所での修習も終えています。

「いっそ日本に帰化すればいいのでは？」と言う人もいます。しかし、それは差別される人に原因があるという考え方であり、男女差別を受ける女性に「男になれば差別されない」と言うのと同じことではないでしょうか。いじめられている子に「いじめられる理由があるからだ」と言うのと同じではないでしょうか。

二〇〇九年二月一八日、ラトビアで国籍のない永住外国人への社会保障が問題となった事件（アンドレイエヴァ対ラトビア事件）で、ヨーロッパ人権裁判所の大法廷判決は次のように述べています。

「ヨーロッパ人権条約一四条に掲げられた差別の禁止は、具体的なそれぞれの事案において、……中立人の個人的状況がそのままで考慮に入れられてのみ、意味あるものになる。

そうではなく、問題となっている要素のいずれかを変えることによって――たとえば、国籍を取得することによって——差別を避けられたであろうという理由で、被害者の主張を退ける方法をとることは、一四条を実体のないものにするであろう」。

国際社会はこの問題をどう見ているか

日本弁護士連合会（以下、「日弁連」）は、調停委員等の問題について、国際人権条約（自由権規約、社会権規約、人種差別撤廃条約）に違反する違法があるとして、その是正を求めるよう各条約の委員会に意見書を提出しました。

これを受けて国連人種差別撤廃委員会は、二〇一〇年以来、三度にわたって現状に懸念を表明しており、二〇一〇年三月、二〇一四年八月には、「調停処理を行う候補者として推薦された能力のある日本国籍を持たない者が家庭裁判所で活動できるように、締約国の立場を見直すこと」と国に勧告しています。また、二〇一八年八月には、「数世代にわたり日本に在留する韓国・朝鮮人に対し、……公権力の行使または公の意思の形成への参画にも携わる国家公務員として勤務することを認めること」「市民でない者特に長期在留者及びその子孫に対して、公権力の行使または公の意思の形成への参画に携わる公職へのアクセスを認めること」と勧告しています。国際社会も現在の最高裁判所の方針に懸念を抱いているのです。

日本弁護士連合会の動き

日弁連も、外国籍調停委員・司法委員の問題について、これまで以下のとおり意見書・会長声明・要望書等を発表し、最高裁判所に対して外国籍調停委員等の採用を求めています。

二〇〇九年三月一八日　外国籍調停委員・司法委員の採用求める意見書
二〇一〇年四月六日　人種差別撤廃委員会の総括所見に対する会長声明
二〇一一年三月三〇日　最高裁判所宛て「外国籍調停委員任命問題について（要望）」
二〇一二年二月一五日　外国籍会員の参与員選任を求める会長声明
二〇一八年一〇月五日　「新しい外国人労働者受入制度を確立し、外国にルーツを持つ人々と共生する社会を構築することを求める宣言」（第六一回日弁連人権大会）において、外国籍調停委員の採用を求めることを言明

こういう仕事にも外国籍の人々が……

大学では、外国籍の人が国公立大学の教授となり、学長等の管理職にも就任しています。罪を犯した人々の改善更生を助け、仮釈放された人々の援助や監督の仕事もする保護司（法務大臣が任命）や、都道府県警察の非常勤職員にも外国籍の人々がいます。

検察官が起訴しなかった事件を強制起訴するかどうかを決める検察審査会の審査補助員（検察審査会が弁護士の中から任命）や、刑務所の収容者の不満を聴き施設に必要な意見を述べる視察委員（法務大臣が任命）にも外国籍弁護士が就任しています。

また、多くの外国人弁護士が、裁判所によって破産管財人[二]、相続財産管理人[三]、不在者財産管理人[四]に選任され、調停委員よりも公的な性質の職務を担当しています。

さらに、調停と同じく、当事者の合意による解決であり合意に確定判決と同一の効力がある仲裁手続（二〇〇三年施行仲裁法による）は、国際・国内、民事・商事分野で行政機関・民間機関を問わず実施されていますが（例：都道府県建築工事紛争審査会、日弁連仲裁センター、日本商事仲裁協会、日本知財仲裁センター等）、この仲裁を行う仲裁人には、外国籍弁護士が委員として活動しています。

弁護士会会長や副会長などの役員にも、日弁連や各地の弁護士会で外国籍弁護士が就任しています。弁護

二　破産者が財産を持つ場合、それらを管理・処分し、債権者に対して公平に分配する職務で、裁判所が選任する（破産法七八条）。

三　破産管財人は、中立・公平な分配のため、債権者の利益を侵害する破産者の法律行為を否認して財産を取り戻したり（破産法一六〇条）、債権者から届け出られた債権を調査し（同法一二一条）、確定する。破産管財人の確定によって、その債権者の債権は、確定した判決と同一の効力を生じる（同法一二四条）。行方不明・生死不明など容易に帰ってくる見込みのない者に財産がある場合、関係者の請求によって家庭裁判所が選任する（民法二五条）。不在者の財産を管理・保存し、裁判所の許可を得たうえでの財産の処分を行う職務（同法二八条）。

四　相続人が存在するかどうかが不明、または不存在の場合に、関係者の申立てによって家庭裁判所が選任する。相続財産の管理と精算を行う職務（民法九二五条）。

士会役員は、会員に対する指導・連絡・監督にあたる立場で懲戒権限も有するうえ、各地の会長職に保護司の選考委員・簡易裁判所裁判官の選考委員があてられることもあります。このような職務に外国籍弁護士が就任することについて、これまで異論が出たこともなく、裁判所もこれを受け入れています。しかし、調停委員等については、各弁護士会から最高裁判所に推薦された外国籍の人たちが日本社会に定着し、日本の弁護士資格を持っているにもかかわらず、日本国籍がないというだけで採用されない状態が続いているのです。

かつて調停委員として活躍した外国籍弁護士がいた――多民族多文化社会のいまは？

最高裁判所は、一九七四年から一九八八年まで日本国籍のない中国（台湾）籍の大阪弁護士会会員張有（チョウユウ）忠（チュウ）弁護士を民事調停委員に採用していました。大阪地裁は、張有忠弁護士の調停委員としての永年の功績に表彰状も授与しています。このような先例もありながら、最高裁判所は採用を拒否し続けています。

調停は、市民の司法参加制度であり、調停委員・司法委員と、これを利用する人が同じ基盤に立つ市民であるということがその要です。だからこそ、身近な紛争解決手段として機能するのであり、このことからすれば、現在、日本には二〇〇万人を超える外国籍の人々、五〇万人を超える日本に帰化した人々や、国際結婚のカップルの子どもなど、外国にルーツのある人々が多数暮らしている現実を調停委員等の構成に反映する必要があります。

日本はすでに、五〇人に一人の割合で外国籍および外国にルーツのある人々が住む多民族・多文化社会です。暮らしに身近であるべき調停制度の運用に、外国籍の人も平等に参画することは、日本社会が真に多民族・多文化共生社会となるために必要なことなのです。

調停委員・司法委員に外国籍弁護士の選任が認められないことは、司法の分野にとどまらず、教育や地方自治、地域運営など、さまざまな分野での外国人の社会参画の問題に深く関わっています。「当然の法理」の不合理を克服し、多民族・多文化共生社会を実現するためにも、この現状を変えてゆかなければなりません。

（梁英子）

《参考文献》

日本弁護士連合会第四七回人権擁護大会「多民族・多文化の共生する社会の構築と外国人・民族的少数者の人権基本法の制定を求める宣言」（二〇〇四年一〇月八日採択）

同人権擁護大会シンポジウム第一分科会基調報告書「多民族・多文化の共生する社会をめざして――外国人の人権基本法を制定しよう」

近畿弁護士連合会「外国籍の調停委員任命を求める決議」（二〇〇五年一一月二五日採択）

吉井正明「なぜ日本国籍がないと調停委員になれないのか――司法参画における人種差別」自由と正義五七巻七号（二〇〇六年）三〇～三五頁

日本弁護士連合会「外国籍調停委員・司法委員の採用を求める意見書」（二〇〇九年三月一八日）

近畿弁護士連合会「外国籍の調停委員の採用を求める決議」（二〇一〇年一一月一九日採択）

日本弁護士連合会「外国籍調停委員任命問題について（要望）」最高裁判所宛て（二〇一一年三月三〇日）

坂本洋子「『外国籍者は調停委員になれない』問題を問う」時の法令二一〇五号（二〇二〇年）五七～六七頁

地方参政権訴訟——課税はされても選挙権はなし

在日コリアンの参政権

在日コリアンは、選挙で選びたい候補者がいても投票に行くことができません。また、自分が政治家になって住み良い社会を作るために頑張りたいと考えても、選挙に立候補することもできません。それは、在日コリアンが「公職選挙法」や「地方自治法」などの法律で、選挙権と被選挙権（合わせて「参政権」と呼びます）を認められている「日本国民」の中に含まれないと扱われているからです。

しかし、在日コリアンに参政権がまったく認められないという現状に問題はないのでしょうか。在日コリアンの大多数は、日本で生まれ、死ぬまで日本で暮らし続けます。一生のうち一度も日本国外に出ないという在日コリアンさえ珍しくありません。また、在日コリアンは、「日本国民」とまったく同様に、日本で税金を納めています。「日本国民」ではないから税金を免除してもらえたり、税金の金額を割り引いてもらえるということもありません。このような在日コリアンが、自分の生活と、生活と密接に結びついている日本の政治を良くしたいと願ったり、自分が支払った税金の有意義な使い途を決めたいと思うことは、不自然なことではないでしょう。しかし、参政権が認められていない在日コリアンには、このような自分の思いを政治に反映させる機会が奪われてしまっています。

世界的にみると、旧宗主国で生活を続けている旧植民地出身者とその子孫には、旧宗主国での参政権が認められているのが通常ですが、在日コリアンには戦後七五年以上経った今でも参政権が認められないままです。さらに、在日コリアンには、他の外国人と異なり、戦前に認められていた参政権が、戦後一方的に剥奪されたという特殊な経緯もあります（本書三五三～三五四頁参照）。このような点から見ても、在日コリアンに参政権が認められていない現状には問題がありそうです。

本稿では、定住外国人の地方参政権運動に大きな影響を与えた金正圭（キムジョンギュ）さんたちの裁判を手がかりに、在日コリアンの参政権の問題について考えてみたいと思います。

参政権の意義

本題に入る前に、そもそも「参政権」とはどのような権利なのでしょうか。まず、この点を確認しておきましょう。

国政参政権

日本は、「民主主義」の国です。民主主義とは、一人の「君主」が国を治めるのではなく、人民全員（「民主」）で国を治めるという政治制度のことです。

国の政治は、刑罰の内容・税金の額・福祉の内容・戦争や徴兵の有無・外交方針を決めるなど、そこに住む人間の生活に重大な影響を及ぼします。誰か（君主など）に政治のことを勝手に決められ、自分の生活に不利益なことをされてはたまりません。政治については、その国に住む人民（「国民」）が、自分たちのこととして自分たちで決めようというのが、民主主義の根本的な考え方です。このように国民全員が国を治める主人（「主権者」）になるという原理を「国民主権」の原理といいます。

もっとも、国民全員で政治をするといっても、現実に全員が集まって政治をすることは、時間的にも場所的にも不可能でしょう。ですから日本では、人民が「選挙」をして、国会議員や内閣総理大臣（これは間接的にですが）などを選んで、その選ばれた人間に具体的な政治を任せるというしくみを採用しています。

このように、選挙というのは、国の主権者である人民が、自分の代わりに、自分の生活に重大な影響を及ぼす政治を担当する者を選ぶという、とても重要な意義を有する作業なのです。そして、このような重要な意義がある選挙に参加する権利こそが「（国政）参政権」です。憲法には第一五条(二)に規定があります。

地方参政権

また、日本では、国とは別に地方公共団体（都道府県や市区町村）が設けられ、地方公共団体ごとに国とは独立した、より住民と密着した形で政治が行われています。このようなしくみを「地方自治」といいます。

そして、この地方自治においても、国政の場合と同じように民主主義の制度が採用されています。具体的には、その地方で生活し、共同の利害を有している「住民」全員が地方公共団体の主権者として、選挙をして地方議員や首長（知事や市区町村長）を選び、選ばれた者に政治を担当させているわけです。

このように、その地方のことはそこに住む住民が主権者として自分たちで決めるという原理を、「住民自治」の原理といいます。そして、このような地方自治レベルの選挙に参加する権利を、とくに「地方参政権」と呼んでいます。憲法には第九三条[二]に規定があります。

「国民国家の常識」という壁

在日コリアンは、日本で生まれ、日本で生活し、日本で税金を納め、日本の法律を守る義務を負うなど、日本の政治の影響をとても強く受けて暮らしています。とすれば、参政権が自分の生活に影響を及ぼすことがらを自分のこととして決めるための手続に参加する権利であることから考えると、日本で生活する在日コリアンにも当然に日本での参政権が認められるべきではないかと思えます。

一　「1　公務員を選定し、及びこれを罷免することは、国民固有の権利である。
2　すべて公務員は、全体の奉仕者であつて、一部の奉仕者ではない。
3　公務員の選挙については、成年者による普通選挙を保障する。
4　すべて選挙における投票の秘密は、これを侵してはならない。選挙人は、その選択に関し公的にも私的にも責任を問はれない」。

二　「1　地方公共団体には、法律の定めるところにより、その議事機関として議会を設置する。
2　地方公共団体の長、その議会の議員及び法律の定めるその他の吏員は、その地方公共団体の住民が、直接これを選挙する」。

しかし現実には、在日コリアンの参政権は、戦後一貫して「国民国家の常識」という憲法や法律に定められていないロジックに阻まれて、認められてきませんでした。その「常識」とは、①憲法（一五条一項等）は、国民主権原理の下、「国民」を主権者と定め、参政権を保障している、②そして「国民」とは、「日本国籍を有する者」である、③したがって、日本国籍を有しない「外国人」である在日コリアンは、主権者である「国民」ではないから参政権を認めることはできない、という無味乾燥な理屈です。もっとも、日本では、明治以来の国民国家という枠組みの中で、国民主権の「国民」とは、国籍保有者のことを指す（②）という「常識」が、長い間ほとんど疑われることなく信じられてきました。そのため、この「常識」は、本当に正しいのかについて十分な検証を加えられることもないまま、在日コリアンを参政権から排除するという役割を果たし続けることになったのです。

しかし、一九八〇年代に入り、ヨーロッパを中心に、定住外国人に一定の参政権を付与する国が増え出すと、必ずしも「国籍」がなければ「参政権」が認められないというロジックが世界の「常識」ではなくなっていきます[三]。そして、その影響は日本にも少しずつ及ぶようになり、一九八九年一一月には、イギリス国籍で日本に永住していたヒッグス・アランさんが、初めて「外国人」として選挙権を求める裁判を提起するなど、徐々に外国人の参政権についての議論が具体的なものとなっていくのです。

金正圭さんたちの裁判

裁判の経過

このような流れの中で、一九九〇年一一月、韓国籍の在日コリアンである金正圭（キムジョンギュ）さんたち一一名は、選挙権を有する者が登録される選挙人名簿に自分たちが登録してもらえないことに不服があるとして、大阪地裁に自分たちを選挙人名簿に登録するよう求める裁判を提起しました。

この裁判の中で、原告の金正圭さんたちは、①自分の生活に影響を及ぼすことがらを自分で決める手続に参加するという参政権の性質から、憲法一五条一項に定める「国民」には、国籍に関係なく日本国内における定住者が含まれる（国政参政権の問題）、②憲法九三条二項［四］に定める「住民」とは、国籍に関係なくその地域で共同生活上の利害関係を有する居住者が含まれる（地方参政権の問題）、③したがって、このような「国民」や「住民」の解釈に反して、公職選挙法や地方自治法が、日本国籍を有する者に限定してしか選挙権を認めないのは憲法違反である、などと主張しました。これは、「国民国家の常識」というロジックに対して、参政権の本質論から理論的な検証を加えようとするアプローチでした。

三　一九九二年のマーストリヒト条約の締結によって創設されたＥＵ（欧州連合）では、構成国内の外国人の地方参政権が認められた。

四　「地方公共団体の長、その議会の議員及び法律の定めるその他の吏員は、その地方公共団体の住民が、直接これを選挙する」。

しかしながら、大阪地裁は、このような原告の新たなアプローチに対して、とくに理由を説明することもなく、①憲法一五条一項の「国民」は、「日本国籍を有する者」をいう、②「住民」は「国民」の一部であると考えるべきであり、「日本国籍を有する者」であることを前提としているとだけ判示し、③したがって、日本国籍を有しない外国人には選挙権はないとする、原告の問題提起にまったく答えない判決を下します。これを不服として原告が最高裁に上告した結果、一九九五年二月二八日、最高裁の判決が下されました。

最高裁判決の内容

最高裁判決は、まず、①憲法一五条一項の「国民」は日本国籍を有する者を意味するから、憲法一五条一項によって保障される選挙権は、日本に在留する外国人には及ばないとし、②憲法九三条二項の「住民」についても、「地方公共団体の区域内に住所を有する日本国民を意味する」から、同条項が日本に在留する外国人に「地方公共団体の長、その議会の議員等の選挙の権利を保障したものということはできない」と述べて、大阪地裁の判決を支持し、原告の上告を棄却しました。最高裁も、大阪地裁と同じように、参政権は「権利の性質上日本国民のみを対象とする」というだけで、「国民＝国籍保有者」という理屈が本当に正しいのかという点についてはまったく検証しようとせず、原告の問題提起に正面から答えなかったわけです。

しかし、その一方で、最高裁判決は、大阪地裁が踏み込まなかった一つの論点に踏み込んだ判断を示しました。それは、日本国籍を有しない外国人に対して、地方参政権を付与する法律を作ることが憲法に違反しないかという論点についてです。最高裁判決は、この点についてこう述べています。

地方参政権を求める在日コリアンたち

「憲法第八章の地方自治に関する規定は、民主主義社会における地方自治の重要性に鑑み、住民の日常生活に密接な関連を有する公共的事務は、その地方の住民の意思に基づきその区域の地方公共団体が処理するという政治形態を憲法上の制度として保障しようとする趣旨に出たものと解されるから、我が国に在留する外国人のうちでも永住者等であってその居住する区域の地方公共団体と特段に緊密な関係を持つに至ったと認められるものについて、その意思を日常生活に密接な関連を有する地方公共団体の公共的事務の処理に反映させるべく、法律をもって、地方公共団体の長、その議会の議員等に対する選挙権を付与する措置を講ずることは、憲法上禁止されているものではない」。

つまり、最高裁は、①憲法は外国人に地方参政権を保障はしているとはいえないが、②住民自治の趣旨から考えると、逆に法律を制定して定住外国人に地方参政権を認めることを憲法が禁止しているともいえない、③したがって、法律を制定して定住外国人に地方参政権を付与することは憲法を改正しなくても可能だが、実際に付与するかどうかは立法政策の問題である（＝だから、国会で議論して決めてください）、と述べたわけです。

最高裁判決の評価

この裁判では、原告らは、参政権の前提となる「民主主義」「国民主権」「住民自治」という基本原理の本質にさかのぼって、「国民」の範囲や「住民」の範囲を検討すべきだという主張を提起しました。これは、それまで「国民国家の常識」に埋没して十分議論されてこなかった論点であり、最高裁の判断が示されれば、今後の外国人参政権の議論にも大きく寄与するはずでした。しかしながら、最高裁判決は、「国民」とは「国籍保有者」であることは「明らかである」とするだけで、なぜ「国民」を「国籍保有者」と考えなければならないのかについては、何の説明もしませんでした。これは、従来の「国民国家の常識」という枠組みから一歩も議論を先に進めなかったことを示すもので、この点については非常に残念な判決だったと言わざるをえません。

しかし、一方で最高裁は、とくに地方参政権について、住民自治の原理を重視して、「国民」以外の者に地方参政権を認めることを憲法は禁止しておらず、法律で定めれば、永住者等の外国人にも地方参政権を認めることが可能であることを明示しました。これは、これまで外国人に参政権を認めることを反対する人々が唱えていた、「『国民』ではない外国人に参政権を認める法律を作ったとしても、それは、『国民』以外の者に主権を認めるもので、『国民主権』原理に違反するから無効だ」という主張を最高裁は採用せず、外国人の地方参政権を認めることについては、憲法は「禁止」も「要請」もしていないため、法律でどちらに決めてもよいという考え方（許容説）に立つことを明確にしたものです。すなわち、この判決は、定住外国人の地方参政権の問題が憲法改正を必要とせず、単なる立法問題として解決することができることを明らかにしたという点で、とても重要な意義を持つものでした。

事実、この最高裁判決を機に、定住外国人の地方参政権の問題は法整備によって解決すべきであるとする機運が高まっていきます。そして、一九九八年には、永住外国人に地方参政権を付与する「永住外国人地方参政権法案」が国会に提出されるまでに至りました。同法案は、残念なことに自民党内に反対意見が根強く、廃案となってしまい、現在も成立の目処が立っていない状況ですが、この判決が日本の定住外国人の参政権問題に一石を投じるものとなったことは間違いないでしょう。

在日コリアンの政治参加を求めて

日本国籍を持っていないから政治に口出しできず、日本国籍を持つ「国民」が自分たちとは無関係に決めたルールに従うことしかできないという在日コリアンの状況は、自分で自分のことを決められないという意味で、「君主」に支配されているのと大差ないのではないでしょうか。そう考えれば、日本を生活の本拠として暮らしている在日コリアン等の定住外国人が、自らの生活に関係することがらを決める手続に参加したいと考え、参政権を望むことは自然な欲求のように思います。

かつて参政権は、「所有財産（納税額）の少ない人」や「女性」にも認められませんでした。これらの参政権制限の場合にも、所有財産の少ない人には「課税なくして代表なし（一定額の納税をしないと選挙権が認められない）」、女性には「選挙権は徴兵の対価である」「男尊女卑」などという「常識」の壁がそびえ立っていました。しかし今では正反対に、納税をしていなくても、女性であっても、選挙権を持っているのが「常識」になっています。このように、その時々の「常識」が常に「正しい」とは限りません。

そして、実際のところ、「国籍」という概念自体も必ずしも一義的な概念ではないのです。たとえば、日本の国籍法は、親が日本国籍を持つ場合に子どもに日本国籍を認めるという「血統主義」を採用しています。そのため両親を在日コリアンとする子どもは、四世になっても五世になっても日本国籍が認められないままです。しかし、国籍についてはアメリカのように、親の国籍とは関係なく国内で生まれた子どもには国籍を与えるという「出生地主義」を採用する国もたくさんあります。日本がこの出生地主義を採用していれば、日本生まれの在日コリアン（二世以降）は、すべて日本国籍を持つことになるのです。そして、このような出生地主義の採用は、国籍法の改正という通常の立法問題として処理することができます。このように法律を改正するだけで簡単に変わってしまう「国籍の有無」を絶対的な基準として外国人に参政権を認めないという「常識」に、どれほどの合理性があるのでしょうか。

また、二〇〇七年の参議院議員選挙で、ペルーの元大統領であるアルベルト・フジモリさんが選挙に立候補したことがありましたが、この立候補は、フジモリ元大統領が日本国籍を持っていることを理由に認められたものでした。しかし、このように、外国籍（二重国籍）を有し、外国の大統領まで務め、外国を生活の本拠としていたとしても、形式的に「日本国籍もある」というだけで簡単に立候補が認められ、当選すれば国会議員にもなれるのと比べて、日本で税金を納め、日本以外に生活の本拠がなく、国籍国の参政権さえ十分に行使することができない在日コリアンには、形式的に「日本国籍がない」（正確には、戦後に日本国籍を剥奪された。本書一一二頁参照）というだけで自分の住んでいる地域の地方議会の選挙での投票権さえ認めないという扱いが、本当に妥当なものといえるのでしょうか。

歴史的に外国人に寛容ではないと言われ続けてきた韓国でも、二〇〇六年六月三〇日、従来の方針を一変させて、永住外国人に地方参政権を認める法律ができました。そのため、韓国で永住資格を持っている日本人は、自分の住んでいる韓国の地方議会の選挙で、現実に投票をすることができます。韓国では、「国籍がないだけで、自分の住んでいる場所で政治に参加することができない」のはおかしいという考え方が主流になり、これを理屈なく否定する「国民国家の常識」というロジックは、もはや古い考え方とされているのです。

このように、韓国ではすでに崩れ去った「過去の常識」が、日本では無批判に現在もなお強固な「常識」のまま残っているという残念な状態が続いています。移動手段と通信手段が急激に発達し、ボーダレス化がますます進んでいる現代社会の実情を考えると、国境を越えた人の往来が極めて難しかった「旧時代の国民国家」観に縛られて生まれた「国民国家の常識」というロジックについては、日本でもそろそろ見直される時期が来ているように思います。

五　ペルーは重国籍を認めているので、フジモリ元大統領はペルーと日本の二つの国籍を有している。

《参考文献》

金敬得『在日コリアンのアイデンティティと法的地位』（明石書店、一九九五年）
宇都宮純一『平成七年度重要判例解説』（有斐閣、一九九六年）二〇〜二一頁
近藤敦『「外国人」の参政権——デニズンシップの比較研究』（明石書店、一九九六年）
田中宏『Q＆A外国人の地方参政権』（五月書房、一九九六年）
福岡右武『最高裁判所判例解説民事編平成七年度（上）』（法曹会、一九九八年）二五七〜二八一頁
後藤光男『憲法判例百選（二）〔第四版〕』（有斐閣、二〇〇〇年）一二〜一三頁
長尾一紘『外国人の参政権』（世界思想社、二〇〇〇年）
河原祐馬・植村和秀編『外国人参政権問題の国際比較』（昭和堂、二〇〇六年）
田中宏・金敬得共編『日・韓「共生社会」の展望』（新幹社、二〇〇六年）

（金哲敏）

column

なぜ帰化しないの？

▼旧植民地であった朝鮮半島の人々が日本に渡って来るようになって以来一〇〇年近く経ちます。朝鮮半島から日本に渡って来た人を一世とすれば、現在、日本に住む在日コリアンの子どもたちは、四世、五世になります。在日コリアンは、何世代にもわたって日本社会に定着して生活をしてきた人々です。

定住が進むなか、在日コリアンの価値観も多様化してきました。「帰化」をして日本国籍を取得する人もいれば、「帰化」をせず、「韓国」や「朝鮮」といった国籍表示を持ち続ける人もいます。韓国・朝鮮式の名前を名乗る人もいれば、日本式の通称名を名乗る人もいます。国籍国である大韓民国や朝鮮民主主義人民共和国との交流や親しみの度合いも、人によってさまざまです。

▼「帰化」をせず、「韓国」や「朝鮮」といった国籍表示を持ち続けている在日コリアンに対して、なぜ日本に帰化しないのか、と疑問に思う人は少なくありません。なかには、選挙権が欲しいなら日本に帰化すればよい、管理職公務員や裁判所の調停委員等になりたいなら日本に帰化すればよい、と言う人もいます。このように言う人は必ずしも偏った考えを持つ人だけではありません。悪気なく、または慎重に言葉は選びながら、同じような発言をします。

▼帰化をしない在日コリアンは「反日」とのレッテルが貼られることがあるかもしれません。あえて言うのもおこがましい気がしますが、在日コリアンが帰化しないのは日本が嫌いだからではありません。

日本で生活する在日コリアンは日本で生まれ育った人がほとんどです。およそ人は生まれ育ってきた社会に愛着を持つものです。現在も将来も生活していく場所が日本であればなおさらです。そして、成長すれば、その社会に貢献したい、と思うことも人として自然な感情です。

反面、生まれ育ってきた社会に受け入れられたい、自らのルーツ（出自）を否定されず、尊厳をもって生活していきたい、と願うことも人として当然です。在日コリアンが日本社会に対して声をあげて意見することがありますが、それは、「反日」だからではなく、このような願いがあるからです。そして、そのような社会を子や孫に引き継いでいきたい、という願いがあるからです。
▼日本では戦前から植民地である朝鮮半島出身者に対してひどい差別と偏見が存在しました。一世の在日コリアンがさらされてきた差別と偏見は、現在とは比較にならないほどひどいものでした。二世の在日コリアンは幼い頃からこのような差別と偏見に間近に接してきました。世代交代が進み、差別・偏見は和らいできたと思いきや、在日コリアンを標的とするヘイトスピーチという言葉が流行語大賞にノミネートされるに至ったのは二〇一三年のことです。在日コリアンに対する差別意識や偏見が根深く残っていることが如実に示されました。
K－POPの流行などもあり、在日コリアン四世・五世の世代は違っているかもしれません。しかし、日本社会は同調圧力が強い社会だと言われていますし、実際にもそう感じます。日本に住む人は、日本人であることが当り前という感覚を持っています。そのような社会の中で、在日コリアンとして生きるということには、少なからず困難や葛藤を伴います。
▼自身が在日コリアンであるということは、その人の出自（ルーツ）に関わります。出自（ルーツ）は、生まれながらに決まります。変えることはできません。ただ、隠して生きることもできますし、真正面から向かい合って生きることもできます。正解があるわけではありません。その人の価値観、生き方に関わります。置かれた環境にもよるでしょう。
▼故・金敬得弁護士は、最高裁宛ての請願書（本書二三〇頁）で、以下のように述べています。
「私は、幼時より、朝鮮人として

生まれたことを恨みに思い、自己一身から一切の朝鮮的なるものを排除することに努めてきました。小学・中学・高校・大学と年を経るにつれ、日本人らしくふるまうことが習性となっていました。しかし、日本人の差別を逃れるため日本人を装うことは非常に苦痛を伴うものでした。私が、大学卒業が近づくにつれ、朝鮮人であることを見すかされないかと周囲に気を配り、小心翼々と生きていくことのみじめさに耐えられなくなりました。日本人を装うために労力を費やすことの馬鹿馬鹿しさを痛感するようになったのです。考えてみれば、労力を費やすべきは、差別をなくすことに対してであって、日本人を装うことに対してではなかったのであります。私は、そのことに思い至ったのです」。

金弁護士が請願書を作成したのは、一九七六年（昭和五一年）です。今の日本社会は当時と変わったのでしょうか。

▼帰化をしたから差別や偏見から解放されるわけではありません。帰化をして日本国籍を取得した者にもヘイトスピーチは向けられます。実際、ＤＨＣの会長が、自社のホームページで「コリアン系」などと称して帰化した在日コリアンに対するひどい偏見を公表しました。残念ながら、帰化をして日本国籍を取得しても、朝鮮半島に出自（ルーツ）を持つことは変わらず、そこに着目した差別や偏見にさらされるのが現状です。

▼他方で、国籍が異なることから来るさまざまな悩み・葛藤から解放される、少なくとも自分の子どもたちには同じような悩み・葛藤を持たせたくない、なによりこの先も日本で生活していく、このようなことを考えて帰化を選択した人もいます。そのような選択は尊重されるべきですし、さまざまな事情から帰化を選択する在日コリアンが多いのが実情です。

▼今の日本の帰化制度にも問題があります。届け出さえすれば日本国籍が取得できるわけではありません。国籍法は、帰化によって日本国籍を取得する条件について定めています。帰化をするには、法務大臣の「許可」を得なければなりません（国

籍法四条)。また、素行が善良であることや、自立して生活できる経済力があること、日本の治安を害する団体に属したことがないこと等が条件として定められています(同法五条)。これらの条件について、大量の資料を提出したうえで、何カ月も調査を受け、法務大臣が「よし」と認めた者しか帰化できないのです。さらに、日本国籍を取得すれば元の国籍を喪失しなければなりません。国際的には二重国籍を認めることが趨勢となっています。日本の帰化制度は二重国籍を認めない排他的な制度となっています。

ただし、従前は、帰化後の氏として日本式の氏にするよう指導されていましたが、現在では、韓国・朝鮮式の姓を氏として定めることも可能となりました。帰化をしても、名前の面では自らのルーツが否定されることはなくなりました。

▼なぜ、在日コリアンは帰化しないのか?と韓国に住む韓国人から問われる場合もあります。彼らからすれば、言葉も文化も(ほとんど)日本人と同じなのだから、今後も日本に住み続けていくのであれば、日本に帰化すればよいではないか、というわけです。

日本で何世代にもわたって生活してきているのに、日本人でもなければ、本国に住む大韓民国人や朝鮮民主主義人民共和国人とも違う。では、自分とは何なのか。在日コリアンとは、常に自らのアイデンティティと向き合うことを余儀なくされている存在です。帰化する・しないは、その人の生き方に関わる問題です。このような在日コリアンの境遇については、韓国に住む韓国人もなかなか理解できないようです。

在日コリアンはなぜ帰化しないのかという質問に対する答えが簡単ではないことは、少しはご理解いただけたでしょうか。朝鮮半島にルーツを持つ者であっても、差別や偏見にさらされず、尊厳をもって生きていける、そのような社会が実現すれば、帰化をめぐる問題は、少しは単純になるかもしれません。

(韓雅之)

第7章

民族的教育を受ける権利

高槻マイノリティ教育権訴訟――多文化共生を求めて

日本の学校で学ぶコリアンの子どもたち

いま日本の学校には、コリアンをはじめとする外国人の子どもたちがどれだけ通っているか、ご存知でしょうか。二〇二〇年五月一日時点で、国公私立の小学校に約六万八〇〇〇人、中学校に約二万八〇〇〇人の外国人が在籍しています。公立の高等学校には、二〇一八年五月一日時点の統計で、約九六〇〇人の外国人が在籍しています。日本の学校で学ぶ外国人は、年々増えています。コンビニやファーストフード店などでさまざまな国の外国人が働くのが一般的になりましたが、多くの外国人の子どもたちも日本に暮らしています。

外国人の子どもたちが日本の学校で学ぶようになったのは、日本が朝鮮などを植民地にしたことに始まります。多数の人々が、日本に移住し、また太平洋戦争の時期に労働力として強制的に連行されて来ましたが、一九四五年の日本の敗戦後も多くの人々が日本に住み続けました。日本に残ったコリアンは、日本の植民地当時、自由に学べなかった言語や歴史を子どもたちに学ばせようと、ハングルやコリアの歴史を教える「国語講習所」を開設しました。「国語講習所」は、一九四八年三月の時点で、六〇〇の学校、五万三〇〇〇人の生徒、一四二五人の教師を擁する民族学校に発展していました。その一方で、日本政府は在日コリアンに日本の学校で学ぶことを強制しました。一九四八年一月、文部省は「朝鮮人の子弟であっても学齢に該当するものは、日本人同様市町村立又は私立の小学校、又は中学校に入学させなければならない」という通達を出し、この国の方針に沿って、各都道府県は同年四月を前後して「朝鮮人学校閉鎖令」を発しました。これに対し、在日コリアンが激しい抗議運動を行いましたが、アメリカ占領軍が非常事態宣言を発して武力で弾圧し、民族学校は強制的に閉鎖させられました。その過程で、在日コリアンの一六歳の金太一（キムテイル）少年が銃撃により死亡する事件も起こりました。

その後、一部の地域で民族学校が再建されますが、民族学校に通っていた在日コリアンの多くは日本の学校に通うことになりました。しかし、日本の学校では、在日コリアンにも日本人の生徒向けの歴史や文化教育がそのまま当てはめられました。自国の言葉や歴史を学ぶという日本人にとって当たり前のことが、在日コリアンにとって困難となったのです。

大阪府高槻市の「在日韓国朝鮮人教育事業」

民族学校の強制閉鎖の後、日本の学校の中で、放課後の課外授業としてハングルやコリアの歴史・文化を教える取組みが新たに現れました。その一つが、一九六七年に始まった高槻市立第六中学校（以下、「高槻六中」）での取組みでした。

高槻六中二年五組の吉岡治子先生の学級では、コリアンであることを隠している生徒をコリアンである自身と向き合わせるとともに、日本人生徒には「朝鮮人差別」の実態を教え、コリアンの生徒を仲間ととらえ、差別をしない、差別をさせない教育をめざしました。

同時に「学校子ども会」も始まりました。「学校子ども会」は、週一回、在日コリアンの生徒が課外時間に自主的に集い、朝鮮人差別を考え、お互いを仲間として支え合う場でした。そこで話された吉岡先生の学級での取組みは、他のクラスのコリアンの生徒たちに刺激を与え、同じ取組みが学校全体に広がりました。さらに「学校子ども会」は、高槻六中にとどまらず、市内の八校の小・中学校に設置されました。高槻市も一九六八年頃から「学校子ども会」に予算を出すことで、その活動を奨励しました。

一九七二年、在日コリアンの高槻六中の卒業生が「高槻むくげの会」を立ち上げました。「高槻むくげの会」は、「学校子ども会」のない学校のコリアンの子どもたちのために「地域子ども会」を行い、学校の外でハングルやコリアの歴史・文化を学ぶ場所をつくりました。また、在日コリアンの高齢者に対する日本語識字教室も始めました。これらの「地域こども会」などの取組みは、一九八五年、高槻市が「在日韓国朝鮮人教育事業」を創設することで、市の取組みとして引き継がれました。

「学校子ども会」の廃止、「地域子ども会」の縮小

高槻市内では、その後、コリアンの子どもたちが減少する一方で、コリアン以外の外国人の子どもたちや、

日本人とコリアン、中国人、フィリピン人、タイ人などの夫婦から生まれた複数の民族的ルーツを持つ「ダブル」の子どもたちが増えていきました。それに伴い「学校子ども会」「地域子ども会」は、韓国・朝鮮籍だけでない外国籍や「ダブル」という多様なルーツを持つ子どもたちが集い、両親の国の言語・歴史・文化を学び、それらに親しむ場となっていきました。それだけでなく、「地域子ども会」では、日本語が不自由な外国人の子どもたちに学力向上のための教育支援も行い、外国人の子どもたちの高校進学率の向上につながりました。

一九九四年一二月の国連総会では、一九九五年から二〇〇四年までの一〇年間を「人権教育のための国連一〇年」とすることが決議され、日本政府も人権教育のための国連一〇年推進本部を設置し積極的な取組みを推進していくこととしました。これを受けて高槻市も、一九九九年九月に「人権教育基本方針」、二〇〇〇年に「人権教育推進プラン」を策定し、「在日韓国朝鮮人教育事業」を、コリアンだけにとどまらない「多文化共生･国際理解教育事業」へと発展させました。「人権教育推進プラン」では、「学校子ども会」「地域子ども会」を多文化共生教育の事業として発展させるよう努力することが明記されました。

ところが、市は二〇〇一年九月、「学校子ども会活動、地域子ども会活動、日本語識字教室への行政的支援の廃止が望ましい」という「人権教育推進プラン」とは正反対の提言を示しました。そして市は、二〇〇三年三月、「多文化共生・国際理解教育事業」の予算を大幅に削減し、市内の小学校三校、中学校五校に置かれていた「学校子ども会」をすべて廃止し、週三回行われていた「地域子ども会」を週一回に縮小しました。

「学校子ども会」「地域子ども会」は、三〇年以上にもわたり、外国籍、「ダブル」という日本社会の少数者（マイノリティ）の子どもたちが、両親の国の言葉・歴史・文化を学び、自分のルーツに誇りを持ち、差別やいじめに向き合う力をつけるための場となってきました。そのような場が市によって奪われてしまったのです。

訴訟──大切でかけがえのない場所を守るために

二〇〇四年七月一四日、「学校子ども会」「地域子ども会」に参加していた韓国・中国・ブラジル・ベトナム・フィリピン・タイ・アメリカなどの国籍またはルーツを持つ子どもたち五〇人は、高槻市を相手取り、「学校子ども会」の廃止、「地域子ども会」の縮小によって多大な精神的苦痛を被ったことへの慰謝料を請求する訴訟を大阪地裁に提訴しました。

原告たちは、国籍が外国籍であったり、両親やその祖父母のルーツが外国であるなど日本社会の少数者（マイノリティ）には、日本が批准した国際人権条約の規定──自由権規約二七条、社会権規約一三条、子どもの権利条約三〇条、人種差別撤廃条約二条や、日本国憲法二六条、「人権教育及び人権啓発の推進に関する法律」五条によって、マイノリティとしての教育を受け、マイノリティの言語を用い、マイノリティの文化について積極的に学ぶ環境を享受できるマイノリティの学習権（教育権）が保障されていると主張しました。

そして、「学校子ども会」の廃止、「地域子ども会」の縮小によってマイノリティの学習権（教育権）が不当に侵害されていると主張しました。

この裁判の中で、「学校子ども会」「地域子ども会」に参加していた子どもたちは、「学校子ども会」「地域子ども会」が自身にとって大切でかけがえのない、日本社会で生きていくための勇気や力をくれる場所だったことを、次のように裁判所に訴えました。

「学校に子ども会があることで、在日の子供たちが大切にされているなというものを感じました」（コリアンと日本人のダブルの子ども）。

「僕がこんなに行動的になれるとは思えなくて、日本に来たときは、笑顔がなくて、子ども会に出会ってからは笑顔を取り戻した気がします」「同じフィリピン人の友だちができました。子ども会でそれが一番良かったです。なんか助かったみたいでした」（フィリピン国籍の子ども）。

「今まで自分だけの心にしまっておいた悩んでいたこと、ばかにされたこととか家族のことも、他の人に話せなくても、子ども会の友だちと指導員さんには話せるようになりました。本当にうれしかったです」「学校でいやなことがあっても、子ども会の友達や指導員さんに話を聞いてもらったり、相談にのってもらったりしました。本当にうれしかった。子ども会はあたたかかったです。私は日本にもこんな場所があるんだとわかりました。日本人のことが信用できるような気がしました」（中国籍の子ども）。

「差別があったとき、学校の先生より子ども会の指導員さんに話しやすいです。先生に相談に行く前に、子ども会の指導員さんや子ども会の友達に相談します」「子ども会ではいろんな国のことを学びます。子ども会ではタイの自分のことを大事にできます。子ども会に来るとほっとします。大きな声が出ます。心が自由になります」（タイ国籍の子ども）。

「学校では、外国にルーツのある人はあまりいない。だから、キャンプや合宿で、同じように外国人の友だちと仲良くなれてうれしい。僕一人じゃないんだなって思う。子ども会は差別をなくすことを考えている。大切な場所だと思う」（アメリカ・日本のダブルの子ども）。

「学校で日本語を教えてくれないので、中学校のとき、授業についていけなくて、子ども会に1週間に2回来て、勉強を教えてもらいました。今は夜の定時制高校に行っています。今も勉強は難しい。子ども会で、指導員さんに助けてもらってがんばっています」（フィリピン国籍の子ども）。

しかし、大阪地裁は二〇〇八年一月二三日、原告の子どもたちの訴えを退ける判決を下しました。裁判所は、マイノリティの教育権が保護に値する具体的な権利ではないから、「学校子ども会」を廃止し「地域子ども会」を縮小した高槻市の措置は違法でない、という判断を示しました。

原告たちは、この地裁の判決に対して控訴して争いましたが、大阪高裁も二〇〇八年一一月二七日、控訴を退ける判決を下しました。大阪高裁も、マイノリティの教育権が具体的な権利でないという大阪地裁の判断を踏襲しました。高裁の判決に対しても最高裁に上告して争いましたが、大阪地裁・大阪高裁の判断は覆りませんでした。

その後、高槻市では、縮小された「地域子ども会」が続けられているものの「学校子ども会」は再開されていません。学校の中でマイノリティの子どもたちを支援する場は失われたままとなっています。

国際基準に背を向ける日本の裁判所

原告たちは、自由権規約・社会権規約・子どもの権利条約・人種差別撤廃条約という国際人権条約は、マイノリティの教育権を保障する国連総会や条約機関で採択された文書に沿って解釈されなければならないと主張しました。

たとえば自由権規約は、第二七条で、「種族的、宗教的又は言語的少数民族が存在する国において、当該少数民族に属する者は、その集団の他の構成員とともに自己の文化を享有し、自己の宗教を信仰しかつ実践し又は自己の言語を使用する権利を否定されない」と定めています。この規定について、自由権規約の実施を監督する自由権規約委員会は、「立法、司法又は行政のいずれの当局によるかを問わず、締約国自身の行為に対してだけではなく、締約国内の他の者の行為に対しても、積極的な保護措置が必要とされる」という文書（一般的意見二三）を採択しています。自由権規約二七条の解釈については、国連総会で一九九二年に「マイノリティ権利宣言」（以下、「権利宣言」）が採択されており、国連内のマイノリティ作業部会の議長により権利宣言の各条項の解釈を詳しく記した解説書「コメンタリー」が一九九七年に提出されています。権利宣言四条一項では、国家は、あらゆる人権と基本的自由を法の前においてまったく平等に、充分かつ効果的に行使できるように確保するための措置をとることが定められ、これに関する「コメンタリー」五五項では「時限的な積極的差別是正措置（アファーマティブ・アクション）をとる必要がある」と記されています。

このように、国連総会や条約機関で採択された文書では、マイノリティが自己の言語を使用し文化を享有する権利を保護するために、そのマイノリティが所属する国に積極的な措置をとるべき義務があると述べています。しかし、大阪地裁・高裁は、国連総会や条約機関で採択された文書に法的拘束力がないとして、そのような積極的な措置をとるべき義務は国や自治体にないという判決を言い渡しました。最高裁もその大阪地裁・高裁の判決を追認しました。

このように日本の裁判所は、日本が国際人権条約に関する国連総会や条約機関の解釈や意見と異なる独自の解釈をしてかまわないとして、国際基準に背を向けています。日本は、刑事司法に関しても、国連の会議で「中世のやり方」「国際標準に合わせる必要がある」と批判を受け、国連から何度も改善を勧告されたものの、ほとんど改善していません。このような国際水準に背を向ける司法の姿勢は、国際人権法の分野でも同じなのです。

《参考文献》

文部科学省総合教育政策局男女共同参画共生社会学習・安全課「外国人の子供の就学状況等調査結果（速報）」（https://www.mext.go.jp/content/1421568_001.pdf）（二〇一九年九月二七日）

文部科学省総合教育政策局男女共同参画共生社会学習・安全課『「日本語指導が必要な児童生徒の受入状況等に関する調査（平成三〇年度）」の結果について』（https://www.mext.go.jp/content/1421569_002.pdf）（二〇一九年九月二七日）

日本弁護士連合会「国連拷問禁止委員会は日本政府に何を求めたか――自由を奪われた人々への非人道的な取扱いの根絶を求めて」（https://www.kodomosukoyaka.net/pdf/2013-UNC-against-torture.pdf）（二〇一三年九月二四日）

（金奉植）

「高校無償化」裁判――教育制度における不平等

繰り返される朝鮮学校への差別

朝鮮学校は、戦後、日本に留まった在日朝鮮人たちが、朝鮮語や朝鮮の文化を子どもたちに伝えるために作った学校です(一)。

学校教育法一条に規定されている小学校・中学校・高等学校と同じ世代の子どもたちが学びますが、独自の教科書を使って朝鮮語で授業を行うので、学校教育法一条の学校とは区別され、学校教育法一三四条の「各種学校」として扱われています。小学校と同じ世代が学ぶ学校が「初級学校」、中学校と同じ世代が学ぶ学校が「中級学校」、高等学校と同じ世代が学ぶ学校が「高級学校」となります。付属の幼稚園を持つ学校もあります。

私（金英哲）自身、幼稚園から高級学校まで、朝鮮学校で学びました。朝鮮学校では、日本語ではなく朝

一　日本各地の「国語（朝鮮語）講習所」（本書二一七〜二一八頁、二六四〜二六五頁参照）は、一九四九年九月の朝連解散（本書年表〔三五四頁〕参照）に伴い大多数の朝連傘下の学校が強制的に閉鎖させられた。現在の朝鮮学校は、その後、在日朝鮮人の熱意により初級学校から大学校に至るまでの教育体系が整えられたもの。

鮮語を日常的に使うように指導され、授業も朝鮮語で受けます。「国語」は朝鮮語で、日本語の授業もあるので、二つの言語が身につきます。皆、日本の中ではマイノリティですが、学校では自分の出自を隠すことなく本名の朝鮮語読みで呼び合います。成績は一〇点満点の絶対評価なので、皆よい点数をとれるよう、友だちと一緒に勉強することも多く、試験前には勉強すると言って友人の家に泊まることが一つの楽しみでもありました。クラブ活動も活発で、先生の熱血指導を受けながら心と体が鍛えられるようになります。朝鮮学校で一緒に学んだ友だちとの絆は強く、お互い困ったことがあれば助け合う関係になっていきます。新しく出会った人でも、その人が朝鮮学校出身であれば、それだけで安心して打ち解けるという、不思議な力もあります。

ただし、朝鮮学校に通いながら、理不尽な差別をいくつか経験しました。私は高級学校までサッカー部に所属していたのですが、全国高等学校選手権大会予選への出場資格がありませんでした[二]。同じように部活をして、普段は練習試合で対戦する学校の高校生とも、全国大会をめざす公式戦で戦うことができませんでした。

また、大学の受験資格がありませんでした。そこで、大学受験をするためには大学入学資格検定[三]（大検）に合格しなければならなかったのですが、朝鮮初級学校・中級学校出身者は、義務教育を受けていないということで、その大検の受験資格もありませんでした。仕方なく高級学校入学と同時に定時制高校にも入学することで、やっと大検を受けられることになりました。大検を受けて一二科目合格し、ようやく大学入試を受ける資格を手に入れました。朝鮮語で授業を受けているとはいえ、習っていることは基本的に同じなのにどうして受験資格もないのか、とても理不尽に感じました。競争して負けるならともかく、競争することすら難しくするのは、差別以外の何ものでもないと感じました。

その後の生徒・保護者・朝鮮学校関係者・支援者たちの活動により、今ではこれらの差別は大幅に改善されていますが、高校無償化等の制度ができるにあたって、同じような差別が繰り返されることになってしまったのです。

「高校無償化」制度からの排除

二〇一〇年三月、「公立高等学校に係る授業料の不徴収及び高等学校等就学支援金の支給に関する法律」（いわゆる「高校無償化法」）が成立しました。法の目的は、「高等学校等における教育に係る経済的負担の軽減を図り、もって教育の機会均等に寄与すること」（第一条）にあり、外国人学校に通う生徒にも平等に就学支援金を支給する制度となりました。

二　朝鮮学校が、全国高等学校総合体育大会（高校総体）に出場できるようになったのが一九九四年、全国高等学校サッカー選手権大会に出場できるようになったのが一九九六年。

三　現在の「高等学校卒業程度認定試験」（高認）。二〇〇三年九月、「学校教育法施行規則」改正により、朝鮮学校生は、国立大も含め直接に志願大学の認定を受けることで、「高認」を受検しなくても、当該大学（センター試験〔現大学入学共通テスト〕も含む）を受験できる道が開かれた。

ただし、各種学校にあたる外国人学校に通う生徒が就学支援金の支給を受けるためには、その生徒たちが通う教育施設が文部科学大臣から就学支援金支給対象校として指定を受ける必要がありました。

全国の朝鮮高級学校一〇校も指定を受けるための申請を行いましたが、二年以上も審査結果が出ませんでした。この間、朝鮮学校以外の外国人学校は申請を行った学校すべてが指定を受けることになりましたが、朝鮮学校に対してだけ結果が出ない状態が続きました。

そして、二〇一二年一二月、政府は、各朝鮮高級学校を就学支援金支給対象として指定しない方針を固めました。このようななか、全国各地で弁護団が結成され、私も、後輩たちに理不尽な差別を経験させたくないという一心で弁護団に加わりました。

二〇一三年一月、大阪では、大阪朝鮮高級学校を運営する学校法人大阪朝鮮学園が国を相手に、いつまでも結論を出さない不作為についての違法確認と指定の義務付けを求める行政訴訟を起こしました。同時に、愛知でも、愛知朝鮮中高級学校の高等部に通う生徒・卒業生が、高校無償化制度からの排除は違法だとして国家賠償請求訴訟を起こしました。

当時の下村博文文部科学大臣は、第一回期日前の二〇一三年二月、朝鮮高級学校が支給を受けるための根拠規定である「高校無償化法」施行規則一条一項二号ハ[四]（いわゆる「ハの規定」）を削除するとともに、各朝鮮学園に対して不指定処分を行いました。

その後、東京・広島・福岡でも、朝鮮学園または朝鮮高級学校に通う生徒が、「高校無償化」制度からの排除は違法だとする訴訟を起こしました。

私は大阪の事件の弁護団に所属していたので、本稿では主に大阪の事件について扱います。

国との戦い

文部科学大臣の不指定処分により、結果を出さない不作為状態は解消されたので、大阪弁護団は、すかさず訴えを不作為の違法確認から不指定処分の取消訴訟に変更し、同年三月の第一回期日を迎えました。法廷には数多くの当事者・支援者たちが駆けつけました。満席となった大法廷では、弁護団による訴状等の要旨陳述と、学園理事長の意見陳述が行われました。そこでは、「教育の機会均等を目的とする制度において、日本で生まれ育った生徒たちが影響を与えられるはずもない外交的・政治的な問題によって不利益を

四　第一条　公立高等学校に係る授業料の不徴収及び高等学校等就学支援金の支給に関する法律（以下「法」という。）第二条第一項第五号に掲げる専修学校及び各種学校のうち高等学校の課程に類する課程を置くものとして文部科学省令で定めるものは、次の各号に掲げるものとする。
一　専修学校の高等課程
二　各種学校であって、我が国に居住する外国人を専ら対象とするもののうち、次に掲げるもの
イ　高等学校に対応する外国の学校の課程と同等の課程を有するものとして当該外国の学校教育制度において位置付けられたものであって、文部科学大臣が指定したもの
ロ　イに掲げるもののほか、その教育活動について、文部科学大臣が指定する団体の認定を受けたものであって、文部科学大臣が指定したもの
ハ　イ及びロに掲げるもののほか、文部科学大臣が定めるところにより、高等学校の課程に類する課程を置くものと認められるものとして、文部科学大臣が指定したもの

与えることは、差別意識を助長する重大な人権侵害行為」であること等を主張しました。弁護団は毎回大法廷の傍聴席を埋めてくれる当事者・支援者たちの前で、提出した準備書面の要旨を陳述することで、裁判官だけでなく、当事者・支援者にも提出した書面のポイントを伝えました。

これに対して国側は、朝鮮学校のことを悪く言う団体や新聞の記事等を大量に提出して朝鮮学校に対する悪印象を持たせるような主張立証をしてきました。そこで弁護団は、判決を書く裁判官に偏見を持たれてはいけないと考え、朝鮮学校で学ぶ生徒たちの様子を正確に伝えるような新聞記事・雑誌・パンフレット等を積極的に提出していくことにしました。

また、国際機関や国内の人権団体、各弁護士会の声明、各新聞の社説における、朝鮮学校にも平等に就学支援金を支給すべきであるとの多数の意見書等を提出することにしました。さらに生徒や保護者等、人々の悲痛な思いを知ってもらうため、生徒や卒業生から話を聞き取った陳述書を数多く作成・提出するとともに、当時の大阪府下の全初級学校（七校）・中級学校（二校）・高級学校（一校）に通う全保護者を対象にしたアンケート調査を実施し（対象七七六世帯中六九六世帯から回収）、これらを分析した伊地知紀子教授の意見書とともに裁判所に提出しました。アンケート結果によれば、家計が「苦しい」「少し苦しい」と答えた世帯は全体の八七％に及びました。自由記述欄にも、学費等の教育費用を捻出するためにパートの量を増やしたり、身のまわりの物を減らしたりしているという記載もありました。保護者たちは、経済的に苦しいなか、子どもたちに民族の言語や文化を学ばせて自己肯定感を育むため、必死の思いで朝鮮学校に通わせていることがわかりました。自由記述欄には、「対北朝鮮政策の矛先に学校や教育を選ぶのに憤りを感じます。恐れているのは生徒や保護者が『差別されるような学校なんだ』と卑下したり間違った認識を持つことです。自分自身や属するものへの否定は生きていく上で辛いと思います」という記載もありました。

結審

二〇一六年一〇月の尋問期日においては、生徒たちの学校での様子を撮影したＤＶＤを上映した後、本人尋問・証人尋問が行われました。ここでは、勉強やクラブ活動に励む高校生の姿や、国の制度から差別的に排除されて傷ついていくことに対する悲しみや怒りが涙ながらに語られました。朝鮮学校の元教員は、最後に言いたいことがあるかどうか質問され、次のように締めくくりました。

「朝鮮学校という場所が、本当に自分に友だちをくれて、言葉をくれて、本当に自分が信じるべきもの、いろんな誇りのものをくれた本当に大切な場所なんです。それを本当に国だとか、本当に私たちがどうすることもできないもので、いろんなふうに判断されてしまうというものが、ものすごく悲しいと思っています。なので、本当にもう一度、この裁判を通して、傷ついたのが子どもであるということ、一七歳一八歳の本当に自分のことだけ考えていればいいような子どもたちが、この問題によってずっと六年間、卒業したとしても、その傷、決して癒えていないということ、きっとおそらくこれからも、あんなことがあったんだってずっと思わなくてはいけないということ、それだけを忘れないでいてほしいと思っています」。

その後、二〇一七年二月の第一九回期日においては、双方が最終準備書面を陳述して結審しました。原告側の準備書面は、尋問結果も踏まえてこれまでの主張を全面的に展開した一六五ページの大作となりました。弁護団が要旨を陳述している間、裁判官が真剣に聞いている様子がうかがえました。この日に結審し、判決が七月に言い渡されることになりましたが、その間、広島地裁では、大阪よりも後に結審したにもかかわらず、先に原告敗訴の判決が言い渡されてしまいました。

歓喜の大法廷

二〇一七年七月二八日午前一一時、静まり返った大阪地裁二〇二号法廷で、裁判官の声が響き渡りました。「判決を言い渡します。主文、文部科学大臣が原告に対し平成二五年二月二〇日付でした、平成二五年文部科学省令第三号による改正前の公立高等学校に係る授業料の不徴収及び高等学校等就学支援金の支給に関する法律施行規則一条一項二号ハの規定に基づく指定をしない旨の処分を取り消す。文部科学大臣は、原告に対し、大阪朝鮮高級学校について平成二五年文部科学省令第三号による改正前の公立高等学校に係る授業料の不徴収及び高等学校等就学支援金の支給に関する法律施行規則一条一項二号ハの規定に基づく指定をせよ。訴訟費用は被告の負担とする」。

裁判官が主文を読み終えた直後、傍聴席から自然と拍手が沸き起こり、「よっしゃ！」という声とともにほぼ全員が立ち上がりました。弁護団もお互い握手を交わし、第二制服のチマチョゴリを着て傍聴席にいた女生徒たちは、手を固く握り合って嬉し涙を流していました。わずか数分間の出来事でしたが、歴史的な全面勝訴判決が言い渡された法廷内は、感極まった人々の涙と笑顔が溢れた夢のような舞台となりました。

広島の敗訴判決を受け、もはや司法に期待できないという雰囲気が漂っていたなかで下された大阪地裁判決は、文部科学大臣の不指定処分を取り消し、大阪朝鮮高級学校を就学支援金支給対象校として指定することを文部科学大臣に義務付けるという画期的な原告全面勝訴判決となりました。

その日の判決報告集会には、七〇〇名にものぼる方々が出席し、興奮しながら勝訴の喜びを語り合いました。なかでも、大阪朝鮮高級学校二年生の生徒が次のようなスピーチを行い、会場が感動に包まれました。

「街に溢れるヘイトスピーチ、高校無償化の裁判、補助金の裁判と、私たちが朝鮮人として生きていくことが、こんなにも難しいことなのか、また、純度一〇〇％でないとのけ者にされるような、そんな最近のニュースを見ながら、本当に不安が大きくなるばかりでした。今日、裁判を聞きながら、私たちは手を握り合って、抱き合って泣きました。やっと、やっと私たちの存在が認められたんだ。私たちはこの社会で生きていっていいんだと、そんなふうに言われている気がしました。差別は差別を生みます。それ以外は何も生まれません。（中略）この大阪が、日本が、そして、世界が、偏見や差別がなく、みんなが平等で、当たり前の人権が守られる世の中になることを願っています。そして、私は、そんな世の中を創っていく一員になるべく、これからもウリハッキョ(五)に通っていきます。私は、この大阪で、日本で、ウリハッキョに通う在日コリアンが

五　「私たちの学校」という意味。在日コリアンの多くは、自分たちが守ってきた朝鮮学校のことを、親しみを込めて「ウリハッキョ」と呼ぶ。

本名で堂々と生きる、どこの国、どこの民族の一員であっても堂々と生きていける、いろんな人が助け合って生きる、そんな、そんな素晴らしい社会が来ることを強く願い、そのための架け橋のような存在になりたいと思っています」。

大阪地裁判決の内容

大阪地裁判決は、まず、文部科学大臣が、申請のための根拠規定（「ハ」の規定）を削除したことの違法性について判断しました。

大阪地裁判決は、文部科学大臣が就任後、拉致問題の進展がない等の理由で規定を削除したこと等を挙げ、これが法の目的である教育の機会均等とは無関係な外交的・政治的判断に基づくものであるから、高校無償化法による委任の趣旨に反するものとして違法・無効と判断しました。

もう一つの大きな争点は、「規程第一三条に適合すると認めるに至らなかった」という理由についてです。指定のための審査基準となる「規程」には、修業年限や授業時間数、教員数等の客観的に判断可能な事項が主に定められていますが、一三条は「前条に規定するもののほか、指定教育施設は、高等学校等就学支援金の授業料に係る債権の弁済への確実な充当など法令に基づく学校運営を適正に行わなければならない」という抽象的な定めとなっています。国は、朝鮮学園が北朝鮮や朝鮮総聯から「不当な支配」（教育基本法一六条一項）を受けていない確証がなく、学校運営の適正性について認めるに至らないというような主張を行ってきました。「認める」わけでも「認めない」わけでもなく、「認めるに至らない」という曖昧な結論で排除されたのです。このような結論も文部科学大臣の裁量の範囲内だから違法でないと主張してきたのです。

しかし、大阪地裁判決は、教育の機会均等の観点から、就学支援金を受けることについて司法的救済の必要性が高いことなどに照らせば、文部科学大臣の裁量権を認めるべきでないとしました。また、教育基本法一六条一項の「不当な支配」についても、教育基本法一六条一項がとくに教育に対する行政権力による介入を警戒し、これに抑制的態度を表明したものであるという最高裁判例を引用し、行政権力による過度の介入を防止する観点からも、「不当な支配」の判断に文部科学大臣の裁量は認められないとしました。

そして、規程一三条に適合しているか否かについては、①法に基づいて財産目録・財務諸表が作成されている、②理事会等も開催されている、③五年以内に法令違反の処分を受けていないという、他の外国人学校と同じ条件が満たされれば、他に特段の事情がない限り、基準に適合するという枠組みを採用しました。また、大阪朝鮮高級学校が在日朝鮮人子女に対して民族教育を行うことを目的の一つとしているところ、母国語と母国の歴史および文化についての教育は、民族的自覚および自尊心を醸成するうえで基本的な教育であると認めたうえで、朝鮮学校と朝鮮総聯との間に、自主性を奪うような支配が及んでいるとは認められないので、「不当な支配」と言えるような「特段の事情」もなく、大阪朝鮮高級学校が規程一三条に適合すると判断しました。

よって、文部科学大臣の不指定処分は違法であり取り消されること、審査基準を満たすので指定が義務付けられるべきことが認められました。

大阪高裁での審理

二〇一七年一二月に行われた控訴審第一回期日には、国側から異例の意見陳述がありました。最後の一文は、「なお、被控訴人が提出した答弁書の主張に対しては、次回期日までに詳細な反論を準備する予定です」と締めくくられました。大阪朝鮮学園側からは速やかな結審が求められたにもかかわらず、裁判所は結審せず、第二回期日が設定されました。

二〇一八年二月に行われた第二回期日においては、双方からこれ以上の主張立証がないとされたにもかかわらず、裁判所は、当事者双方に対して、裁判所が指摘する論点（不指定処分にかかる行政裁量と「不当な支配」との関係）について、さらに主張立証するように求めてきました。そして、二〇一八年四月の第三回期日が開かれ結審しました。

逆転敗訴

二〇一八年九月二七日、大阪高裁で控訴審判決がありました。結果は、原判決を取り消し、朝鮮学園の請求を棄却するものでした。大阪高裁は、本件が審査基準適合性の問題だとして「規程第一三条に適合すると認めるに至らなかった」という理由についてだけ判断しました。

朝鮮学園が「法令に基づく適正な学校運営」をしているかどうかについて、教育基本法一六条一項の「不当な支配」がされていないか等に係る事情を判断要素として考慮すべきであるとし、その判断に文部科学大臣の裁量が認められるとしました。そして、国側が提出した朝鮮学校に対する悪い印象を持たせるような証拠をただ羅列し、大阪朝鮮高級学校が教育の自主性を歪めるような支配を受けている合理的な疑いがあると判断した文部科学大臣の不指定処分は違法でないとしました。

大阪朝鮮学園は、大阪高裁での敗訴判決に対して、上告および上告受理申立てを行いましたが、二〇一九年八月、最高裁は、実質的理由を何も書かず、上告を棄却し、上告受理申立てを受理しないという決定をしました。

終わらない戦い

大阪・愛知・東京・広島・福岡で起こされた「高校無償化」裁判は、大阪地裁での勝訴判決を除いて、すべて原告側が敗訴しています。しかし、教育制度における不平等が許されるはずはありません。大阪では毎週火曜日、大阪府庁前で朝鮮学校に対する平等な扱いを求める支援者らによる火曜行動が行われており、東京でも文部科学省前で同様に金曜行動が毎週行われています。子どもの教育について平等な権利が勝ち取れるまで、支援者・保護者たちの声が止むことはありません。

（金英哲）

第8章

ヘイトスピーチ・ヘイトクライムとの闘い

京都朝鮮学校襲撃事件――怯える子どもたち

世界人権宣言は言います。「人は生まれながらにして、……尊厳と権利において平等」であると。私は、ここにいう「人」なのかな。そう思わせる出来事があります。

二〇〇九年一二月四日、「在日特権を許さない市民の会」(以下、「在特会」)、「主権回復を目指す市民の会」等のメンバー十数名が、旧京都朝鮮第一初級学校(京都市南区上鳥羽勧進橋町)で、拡声器を用いて、「朝鮮学校、こんなものは学校ではない」「スパイ養成機関」「日本から出て行け。何が子どもじゃ、こんなもんお前、スパイの子どもやないか」「約束というものは人間同士がするものなんですよ。人間と朝鮮人では約束は成立しません」等と、一時間以上にわたって怒号をあげたうえ、学校の所有物を破壊するなどのヘイトデモを行いました。同種のヘイトデモは、二〇一〇年一月、三月にも立て続けに行われ、いずれもその様子を録画した動画がインターネット上にアップされました。

私(具良鈺)は、この学校の卒業生として、被害を受けた学校の弁護団に加わり、約五年の民事裁判闘争の末、最高裁において勝利しました。というとあたかも勇敢な話のように聞こえますが、まったくそんなことはありません。私は今も、当時のこと、裁判のこと、そして今の日本のヘイトの状況を考えると、胸が苦しくなります。あの事件のことを、「勝利」として忘れることはおろか、脳裏に迫ってきて眠れなくなる日もあります。

弱い自分に腹が立ちます。これは、そんな情けない、ある在日コリアン弁護士の話です。

事件の発端と衝撃

私は、二〇〇九年一二月に弁護士になるとともに、この事件に関わることとなりました。

発端は、二〇〇九年一一月、当時、司法修習生だった私に、ある在日コリアンの方から、メールで動画のリンクが送られてきたことでした。それをクリックしてみると、当時は名前さえ聞いたこともない団体（在特会）のメンバーたちが、私の母校の前にある公園を「視察」と題して訪問し、朝鮮学校のことを指して、「こいつら、叩き出しましょうかね」「一二月初旬に」などと、いわゆるチンピラのように話す姿が映っていました。

私は、小中高と朝鮮学校に通いましたが、私が学生時代、右翼の街宣車が学校近くを徘徊したり、見知らぬ大人が朝鮮学校の子どもに暴言を吐いたり、といったことは少なからずありました。そのため、在特会の襲撃予告動画を見ても、「またか」「本当に来るのかな」といった、漠然とした思いでした。

当時の私は、翌月に弁護士登録を控えた身分でした。とりうる法的措置として、仮処分、告訴などいろいろ考えもしましたが、「いや、これまでにもよくあったことだ」「大丈夫だろう」と、不安な思いに蓋をすることとしました。一方で、彼らがそれまでと違って、インターネットを使って堂々と襲撃の「予告」をし、仲間を募っている点に異様さを感じ、嫌な予感もしたことを覚えています。

数日後、一二月になり、私は無事、それまでの夢だった弁護士になりました。気分も晴れやかで、毎日がワクワクした気分でした。そんなある日、また、一通のメールを受け取りました。それは、彼らが本当に学校に襲撃に来た、ということを知らせるものでした。私は、心臓がバクバクしました。とっさに、そのメールに記載してあったリンクを押し、慌てて再生しました。見慣れた校舎、教師の姿。とともに、大音量で漏れ出る怒号。すぐに再生をやめました。とてつもないことが起こってしまったと予感しました。

私はその日、両親が寝静まった後、深夜にそっと一人パソコンを開き、先ほどのリンクを押して再生しました。

「……開けんかい、こらぁ!!」

校門を開けるようにと、彼らのうち一人が叫びました。

「ここは学校ですからね」。これが唯一、学校側が発した言葉です。覆い被せるように、怒号が続きました。

「学校？　学校教育法に基づいておりません！　ここはね、自動車教習所などの各種学校と一緒の扱い！」「朝鮮学校、こんなものは学校ではない」「スパイ養成機関」「ろくでなしの朝鮮学校を日本から叩き出せ！　なめとったらあかんぞこらぁ！　叩き出せ」「出て行け。何が子どもじゃ、こんなもん、お前、スパイの子どもやないか！」彼らは、拡声器を使って、耳をつんざくような大声で怒鳴り続けました。

学校の通報を受けて駆けつけた警察官は、彼らを逮捕することはおろか、傍観するだけでした。彼らはますますエスカレートしました。学校が設置したスピーカーの線を切断したり、朝礼台を移動して校門にぶつけたりし始めました。事件が起こったのは、一二月四日午後一時、当時校舎の中では、小学校一年生から六年生の学齢の児童たちが昼食を食べたり、他校と交流会をしていた最中でした。子どもたちは恐怖と不安に怯え、泣き出す子もいました。

逃げたい

私はこのとき、この動画を、何度も再生しては止める、再生しては止める、を繰り返しながら最後まで見ました。手は震え、徐々に涙で視界は曇りました。それでも私は、音声ボリュームを上げ、彼らが何を言っているのかを、必死で聞き取ろうとしました。

「学校ではない」「スパイの子ども」「叩き出せ」「ゴキブリ」「キムチくさい」――私は、何度も巻き戻してこの言葉を聞きました。

人ではない？　学校ではない？　こういった言葉は、思い返せば私が、それまでにも聞いてきた言葉でもありました。大人になろうと、弁護士になろうと、私は結局ここから逃れられない。私は両手で顔を覆い、むせび泣きました。「またや」「ごめん」そう思いました。

私は、一気に過去の自分に引き戻されたようでした。朝鮮半島の情勢が否定的に報道されるたびに、朝鮮学校に通う女子生徒のチマチョゴリが標的となりました。通学路でチマチョゴリがカッターナイフで切り裂かれる事件が起こったり、私自身も、「死ね」「帰れ」という暴言を受けたり、電車に乗ろうとしたら髪の毛を引っ張られるといった暴行に遭ったりもしました。そのたびに「運が悪かった」「たまたまだった」、そのように自分に言い聞かせてきました。しかし今回の事件は、私のそのような経験が、たまたまでも運が悪かったのでもなく、自分はこのような攻撃や憎悪を受けることから一生逃れられないという現実を確信させるに十分なものでした。

それからは心を冷凍し、「このような事件があったようだ」と人ごとのように、まわりの弁護士や知人らに伝えました。願わくば、スーパーヒーローのような弁護士が現れて、「ひどい！　許せない！」と先頭に立って法的アクションを起こしてくれることを期待する気持ちが大きかったのだと思います。社会の反応が怖い、という思いもありました。情けないことに、私は、「もう関わりたくない」「逃げたい」という現実逃避の気持ちのほうが強かったのです。

止まらない襲撃

一方で、当時校舎にいた子どもたちのことを考えると、いたたまれない気持ちにもなりました。彼らは、襲撃の直後に動画をアップし、子どもたちは家でその動画を見て、繰り返し傷つきました。「朝鮮人って悪い言葉なの？」「私たちは何か悪いことをしたの？」と親に疑問を投げかける子もいました。おねしょをしたり、そわそわと不安げな様子をみせる子も出てきました。

そのようななか、一回目の襲撃から約一カ月後の二〇一〇年一月、二回目の襲撃予告がネット上にアップされました。学校は、緊急の保護者会議や教員会議を行い、児童らの安全確保のため、襲撃予定の日に課外活動に出る準備に追われました。行政や警察は、決して協力的な態度ではありませんでした。

在特会に襲撃された京都朝鮮第一初級学校（当時）

私は、いてもたってもいられず、京都の弁護士らを中心に有志弁護士が集まってできた弁護団に加わることにしました。弁護団は、なんとか二度目の街宣を防ごうと、警察・行政への支援要請、検察への告訴、民事仮処分等さまざまな法的手段を検討・準備していきました。しかし、二度目のヘイト街宣も止めることはできず、学校前で行われてしまいました。被害当事者は、自分たちには人権もないと絶望しました。

在特会らは立て続けに、三度目の襲撃予告をネット上にアップしました。そのようななか、とうとう京都地裁は、在特会らが学校から半径二〇〇メートル以内で街宣活動等を行うことを禁止する街宣禁止仮処分命令を三月二四日に発令し、この命令が在特会らに送達されました。当事者も弁護団も、少し安堵しました。

ところがその四日後である三月二八日、彼らは、裁判所の仮処分命令を無視し、学校に対してヘイト街宣を行ったのでした。二回目・三回目のヘイト街宣は、

「ゴキブリうじむし朝鮮人」「犬の方が賢い」「保健所で処分しろ」「不逞鮮人」等、殺人予告や露骨な侮蔑用語を叫ぶなど、過激さを増したものでした。

葛藤と気づき

当事者は絶望しました。警察は犯罪行為を目の当たりにしても傍観するのみ、検察も告訴状受理を拒む。彼らは民事仮処分命令も無視する。残すは、民事訴訟の提起がありえました。ところが、民事裁判は時間がかかるうえに、主張立証のために被害の痛みを繰り返し思い出さなければならず、当事者に大きな苦痛を強いるものでした。さらに、在日コリアンに対する差別事案について日本の裁判所がそれを正しく判断するのか、といった司法への不信もありました。

私自身を振り返ってみると、この学校の前にある勧進橋児童公園を、学校が運動場として使ってきたことが気にかかっていました。私がこの学校に通っていた頃、これが運動場ではなく公園で、近隣住民と仲良く一緒に使わなければいけない、ということを理解していました。後の裁判の中で、学校がこの公園を使っていたのは、自治体連合会・京都市・学校との三者協議に基づいた合意に基づいていたことが明らかとなりました。しかし私は、在特会が、この公園を学校が使っていることを「正す」「取り返す」と叫んでいるのを聞き、「なぜ公園を使ったのだろう。公園さえ使わなければ」と自分を責める気持ちになっていたのも事実です。

そのとき、弁護団のうちの一人が発した言葉で、ふと私は我に返りました。

「具さん、これは公園の話じゃない。差別の話なんだよ」。

私は、頭が打たれたようでした。私は、それまで受けてきた理不尽すぎる差別と憎悪の中で、いつしか自分自身の中にその原因があると考えようとしていたことに気づきました。そしてそのような考えは、突き詰めていけば、在日コリアンとして生まれなければ、という考えにつながっていく危険もあるのです。そうだ、私が悪いのではない、これは、許されない差別との闘いなんだ、そう気づかされた瞬間でした。

民事訴訟における「勝利」

学校関係者・保護者・弁護団は、議論を重ね、とうとう「これ以上、理不尽な差別を許すことはできない」と当事者が涙の中で立ち上がり、二〇一〇年六月、京都地裁に損害賠償請求訴訟を提起しました。まさに苦渋の決断でした。

私たちの主張の柱は二つでした。ヘイトクライム(一)(憎悪犯罪)であること、民族教育権の侵害であること。主張立証は大変なものでした。当事者は、それまでの被差別体験、事件の痛みを幾度となく思い出し、弁護団に打ち明け、裁判所でも話をし、差別を追体験しました。学生時代に学んだ教師からの聞き取りに、私は

一　被害者の人種・皮膚の色・民族的出身・血統・性別・宗教・宗教的実践・年齢または性別的志向などを理由とする犯罪者の偏見によって動機づけられた重罪または軽罪（Hate Crime, Black's Law Dictionary, 10th ed, 2014）。

胸がはり割けそうでした。私たちの気持ちは一つでした。二度とこのような事件を繰り返させまい。

皆が固唾を呑んで見守るなか、第一審京都地裁は、二〇一三年一〇月七日、画期的な判決を下しました。初めて人種差別撤廃条約を引用し、在日コリアンへの「差別」であると認定し、一二〇〇万円を超える損害賠償を命じたのでした。この判決は、日本を含めて世界中で報道されました。大阪高裁は、この一審判決を維持し、さらに踏み込んで、朝鮮学校が日本社会において「民族教育を行う利益」を保持していることにも言及しました。二〇一四年一二月、最高裁で確定し、「勝利」が確定しました。

しかし、当事者の負った被害、児童らの心の傷は消えることはありません。京都朝鮮第一初級学校は、裁判のさなかであった二〇一三年三月に廃校となってしまいました。弁護団も、「勝利」という喜びよりはホッとする思いが強く、判決後の報告集会では、当事者と抱き合って泣きました。私は、判決文のうち、在特会らの三度の街宣活動および映像公開が「在日朝鮮人という民族的出身に基づく排除であって、在日朝鮮人の平等の立場での人権及び基本的自由の享有を妨げる目的を有する」というくだりに、涙が止まりませんでした。

終わらない闘い

この事件は、二〇一六年六月に施行された、いわゆるヘイトスピーチ解消法や、自治体におけるヘイトスピーチ対策条例成立等のきっかけとなったといえます。

ところが、その後の日本のヘイトの状況は悪化していると言わざるをえません。実際、前述の京都事件で中心的役割を果たしたある在特会元幹部は、京都事件の一カ月後である二〇一〇年四月に、徳島県教職員組合襲撃事件（本書二九九頁参照）を起こし、威力業務妨害・器物損壊・侮辱罪等により有罪判決を受け、その執行猶予期間にさらにヘイト街宣事件を起こしたことにより、刑務所に服役することとなりました。ところが、出所後一年と経っていなかった二〇一七年四月、再度、京都朝鮮第一初級学校の跡地において、「日本人を拉致した朝鮮学校」等と拡声器を使って叫び、再度ヘイト街宣を行ったのです。彼は、その様子を撮影し、ネット上にアップして拡散しました。場所・方法・態様において二〇〇九年に起こった京都事件と同様でした。彼の意図は、差別というほかありません。

ところが、ヘイト事案としては初めて名誉毀損で起訴されたこの事件について、京都地裁（第三刑事部）は、被告人が、「主として、日本人拉致事件に関する事実関係を一般に明らかにする」という「公益」を図る目的のために、当該活動を行ったと認定しました。結論は、真実性の証明がないとして有罪判決とはなりましたが、懲役刑ではなく罰金五〇万円という不当に軽い判決となりました。くしくも、はじめの京都事件発生からちょうど一〇年を迎えようという二〇一九年一一月のことでした。そして、大阪高裁・最高裁もこれを維持し、ヘイト街宣に「公益」目的を認める不当な判決が、二〇二〇年一二月、確定してしまいました。

二〇一〇年二月二五日、日本政府は、国連人種差別撤廃委員会から、日本の刑事裁判が「人種的動機（racial motivation）」を考慮しないのかとの質問を受けて、「レイシズムの事件においては，裁判官がしばしばその悪意の観点から参照し、それが量刑の重さに反映される」と答弁しました。それにもかかわらず実際の刑事裁判実務においては、検察官も裁判官も、差別的動機を検討できておらず、刑事裁判実務の改善が求められます。

前述の京都事件の被害者らは、それまでの五年にわたる民事裁判闘争と「勝利」、ヘイトに抗う連帯の輪の広がりとこれまでの活動を、いっぺんに覆されたような絶望を味わっています。終わらない、逃れられない、という恐怖でもあります。

この終わらない闘いは、差別との闘いでもあり、在日コリアンの尊厳を回復するための闘いでもあるのです。克服すべき日本社会の課題です。

（具良鈺）

徳島県教職員組合襲撃事件――差別との闘いが拓いた新たな景色

イジメを受けている人を助けたら、今度はその助けた人もイジメを受けた。そんなことを見た、聞いたことがある人もいらっしゃるのではないでしょうか。イジメは、その邪魔になるような人に対して、「アイツを助けるなんて、コイツも私たちの仲間じゃない！」「アイツらを助けようとする裏切り者がどんな目に遭うか見せてやる！」と新たな標的にするものです。そのためにイジメは、イジメる人（「積極的」な加害者）、イジメられる人のほか、大勢の「傍観者」（自分自身では加害行為をしないがイジメを容認している「消極的」な加害者）でつくられます。本項は、在日コリアンに対する差別（イジメ）の新たな標的にされた人が、自分が黙ることによって大勢の「傍観者」をつくり差別者を助長させないために、信念と勇気をもって闘った事件について記述します。

二〇一〇年四月、在日特権を許さない市民の会（以下、「在特会」）関係者らは、徳島県教職員組合（徳島県にある公立学校の先生たちが作っている教職員組合。以下、「徳島県教組」）を襲撃し、その動画を全世界に向けてネット配信しました。在特会関係者がこの事件を起こしたのは、前項の京都朝鮮学校襲撃事件の直後です。在特会関係者らは、かねてから差別対象としていた四国朝鮮初中級学校に徳島県教組が支援金を渡したことを知り、徳島県教組を「売国奴」「非国民」「朝鮮の手先」「朝鮮の犬」などとして攻撃したのです。彼らがこのような行動をとった狙いは、在日コリアンを支援する者は在特会関係者から攻撃を受けてさまざまな被害を受けるということを広く社会に知らせ、在日コリアンを支援しようとする人々を萎縮させることにありました。

徳島県教組と四国朝鮮初中級学校の交流、支援金の交付

徳島県教組と四国朝鮮初中級学校との交流は、二〇〇四年から二〇一〇年四月、在特会から襲撃されるまで続いていました。この交流は、二〇一〇年に在特会が襲撃した当時の徳島県教組書記長で、その攻撃の的になった冨田真由美さん（社会科の教師）が中心になって行っていました。冨田さんは、その教師人生の大半を校区内に被差別部落とされた地域を含む中学校で勤務し、子どもたちやその保護者が苦しむ日本社会の差別構造に対し、教師として、また教職員組合として、一人ひとりが平等に扱われ教育を受けられるように、ずっと取り組んでいました。

二〇〇九年、前年に起きた「リーマンショック」の大不況を受けて、日本労働組合総連合（以下、「連合」）が「雇用と就労・自立支援カンパ」を企画し、それに伴い連合加盟の日本教職員組合（徳島県教組が加盟する教職員組合の全国的団体）も「子ども救援カンパ」を企画しました。それに徳島県教組が、教育の機会均等を保障する取組みとして、四国朝鮮初中級学校と徳島市の児童養護施設へ支援金を渡すことの申請をしました。それを連合が支援決定したので、徳島県教組の冨田さんが二〇〇九年八月五日、支援金一五〇万円を四国朝鮮初中

級学校に手渡したのです。

在特会関係者による徳島県教組に対する襲撃

二〇一〇年四月一四日午後一時頃、徳島市内の徳島県教組事務所にいた冨田さんは、外から、何か拡声器を使ったような、怒っているような声が聞こえてくることに気づきました。そうしているうちにその声がどんどん大きくなってきて、突如、見知らぬ者たちが大勢事務所に押し入ってきました。途端に、約二八平方メートルの小さい徳島県教組事務所の中で、冨田さんともう一人の組合書記の女性は、一〇名ほどにのぼる正体不明の不法侵入者（冨田さんたちは当時この在特会関係者らが何者かをまったく知りませんでした）、拡声器による一〇八・八デシベルもの大音量（ジェット機の発進音くらいの音量）での怒号と、その様子を無断で撮影し続けるカメラに取り囲まれたのです。冨田さんは、四国朝鮮初中級学校校長へ直接支援金を手渡しする場面が写真報道されていたため、彼らの攻撃の的になりました。この在特会関係者らは、十数分にわたって、冨田さんに対し、「朝鮮の犬」「おまえ朝鮮学校にな、朝鮮学校に金送ってねんけ」「売国奴」「非国民」「死刑や、死刑」「腹切れ、お前、こら」「お前みたいなメンタはどうでもええ」「おいババア」「こらお前、ちょめちょめするぞ」などと、集団で罵声を浴びせかけ続けるとともに、シュプレヒコールを上げたり、拡声器でサイレン音を響かせたりなどしながら、冨田さんの名前を連呼し、冨田さんの顔や徳島県教組事務所内の様子を撮影し続けたのです。冨田さんはこの襲撃の際に肩を突かれたり手や腕を掴まれたりする暴行を受けたため、全治五日間を要する右前腕擦過傷も負わされました。

この在特会関係者らは、徳島県教組事務所を出た後、そのビル前の路上で、冨田さんに対して「鳴門の渦潮に沈んでしまえ！　海の藻屑と消えろ」「また来るぞ」「毎日来るぞ」などとさらに怒号したりシュプレヒコールを上げたりしました。そして、この襲撃の一連の様子を撮影した動画をすぐにネットで公開し、さらにＤＶＤも作ってそれを販売して、この暴挙を自ら社会に宣伝したのです。

この在特会関係者らは、予告どおり、その二週間後の二〇一〇年四月二八日午前一一時頃から、徳島県庁前の路上で、冨田さんと徳島県教組に対するさらなる攻撃を行いました。拡声器を使って、「朝鮮学校といえばね……スパイ拉致反日国家の北朝鮮の養成学校」とか、そのように彼らが憎む朝鮮学校に支援金を手渡した冨田さんについて、その名前を連呼しながら、「死んだ魚のような目をして、ぶっさいくな」「ちょめちょめせなあかんのですよ」「悪魔の手先」「売国奴、国賊、きちがい婆」「北朝鮮のスパイ機関である四国朝鮮学校に一五〇万円渡しとんですよ」「家に街宣かけないかんな」「覚悟しとけよ」「家を探しに行くぞ」「抗議の電話、ファックス、メールを送ってやってください。お願いします」などと叫んだり、シュプレヒコールを上げたり、ビラの配布をしたりしたのです。

彼らはその様子も撮影しており、その動画もネットで公開しました。二〇一〇年四月のこれら一連の攻撃の際、在特会関係者らは、冨田さんと徳島県教組が「募金詐欺」を行ったという事実無根のことを言い立て、そのお金で四国朝鮮初中級学校に支援金を渡したという嘘の主張を並べ立てていました。

在特会関係者らによる攻撃の影響

在特会関係者らがその暴力と嘘の宣伝をネットでばらまいた後、しばらくの間、徳島県教組の事務所には、「募金詐欺」などと怒鳴るような声で罵倒する嫌がらせ電話が頻繁にかかってきました。また、在特会関係者らがネット公開した動画には、その視聴者により、おびただしい数の冨田さんと徳島県教組を誹謗中傷するコメントが書き込まれました。在特会関係者らは、狙いどおり、冨田さんのことをよく知らない社会の人々に、「冨田という教師は犯罪者じゃないか」と信じ込ませることに成功したのです。冨田さんは、二〇一一年に徳島県教組の専従（教員としての勤務からいったん離れて組合業務に専念すること）から教職現場に復帰したのですが、教え子から「先生動画に出とったろう、あれはほんまか」と言われ、「体中の血が逆流するほど身体が硬直」するくらいの激しいショックを受けたそうです。このように、冨田さんは、在特会関係者らが憎む在日コリアンに支援金を渡したことを理由に、長年続けてきた教師としての誇りや、人間・女性としての尊厳をすべて否定され、徹底的に追いつめられたのです。

理不尽な暴力と嘘の攻撃を受けた徳島県教組は、この事件に四国朝鮮初中級学校の子どもたちを巻き込まないようにと、それまで続けてきた交流を自ら止めざるをえませんでした。ここでも在特会関係者らは、狙いどおりに、差別対象である四国朝鮮初中級学校と、その支援をした徳島県教組との交流を止めることに成功したのです。

高松高裁の判決

この襲撃事件を起こした在特会関係者らのほとんどは刑事裁判にかけられ、建造物侵入罪と威力業務妨害罪で有罪判決を言い渡されています。そして、二〇一六年四月二五日、高松高裁が、民事裁判（損害賠償請求訴訟）で次のとおり判断をしました（最高裁で確定）。

すなわち、この在特会関係者らの行為について、冨田さんと徳島県教組が、その「差別の対象とするグループである朝鮮学校へ支援したことに憤りを覚え、事実確認を行えば事実無根であることが容易に明らかであるにもかかわらず、ことさらに『募金詐欺』などという謂われのないレッテルを貼り、」冨田さんに対して「リンチ行為としか言いようのない狼藉に及び、しかも、これらの映像をインターネット上に公開したものであ」って、この行動は、在特会関係者らが「差別の対象とする在日朝鮮人らを支援する者は」在特会関係者らから「攻撃を受け、様々な被害を蒙るということを広く一般に知らしめ、その支援活動に萎縮効果をもたらすことを目的としたものであり、」「本件各示威行動等が行われ、その映像がインターネット上で公開された後、」徳島県教組の「事務所に嫌がらせ電話が殺到し、ニコニコ動画にアップロードした動画には視聴者による夥しい数の」冨田さんと徳島県教組を「非難中傷するコメントが書き込まれたことからも、その目的に沿う効果があったことは容易に推認できるところであり、人種差別撤廃条約一条に定義する、少数者の『平等の立場での人権及び基本的自由を認識し、享有し又は行使することを妨げ又は害する目的又は効果を有するもの』に該当し、強い非難に値し、違法性の強いもの」であると、明快に断罪したのです。

この事件が教えてくれること

この事件では、

・差別対象を追いつめるために、その対象を支援した人をさらなる攻撃対象とした（そのため、高松高裁は、日本人である冨田さんへの攻撃も人種差別であると認めました）

・それだけでなく、攻撃対象を追いつめるために、事実無根のこと（今日では「フェイクニュース」ともいわれています）を声高に叫ぶことまでした

・そういったフェイクニュースの宣伝がネットや街頭で堂々とされたところ、事実無根であるのに、それを信じた人たちが大勢いた

・そして、フェイクニュースを信じた人たちが、「抗議」電話やネットの書き込みでその攻撃に加担したということが起きました。

その被害を受けた冨田さんは、重いＰＴＳＤに苦しむことになりました。しかし冨田さんは、刑事裁判と民事裁判で幾度も加害者の無反省な自己正当化とさらなる攻撃の尋問を受けながらも、信念と勇気を持って闘い続けたのです。冨田さんが高松高裁の法廷で述べられことを一部紹介します。

「私は、朝鮮学校を支援し共生の教育の道を拓こうとする日本人に対して、ありもしない『募金詐欺』攻撃をする被告らの言動が、言論によるテロ行為だということをこの身体と心で図らずも体験しました。その

被害の甚大さを、どうか分かってください。今回の事件が、どんなに人間として存在することを否定することであるのか。どれだけ人間の尊厳を打ち砕いているのか。そして、朝鮮学校に対する差別と偏見を、動画や文字として記録し、インターネットで発信することによって、どれだけ多くの人間を追いつめているのか。徳島県教組事件は、人種差別事件です。私が自らの教職人生の存在価値を賭けて、差別を乗り越え共生していこうという思いで培ってきた人とのつながりと信頼。これらは、大地に根を張る樹木のように大切に育ててきたものでした。こうしたかけがえのないものを打ち砕いておきながら、平然と無反省に過ごし、ヘイトスピーチ動画をまき散らす被告らを、私は、どうしても許すことができません」。

冨田さんと徳島県教組が、この事件に巻き込むまいと四国朝鮮初中級学校には知らせずに闘っていたため、四国朝鮮初中級学校の人たちがこの事件を知ることになったのは、民事裁判（損害賠償請求訴訟）が高松高裁に移った頃でした。それ以降は、徳島県教組と四国朝鮮初中級学校との交流は以前より強まり、高松高裁での勝利判決も共に喜ぶことができました。いまは、冨田さんの信念と勇気の闘いのおかげで、この事件の関係者・支援者の人たちは、以前よりも強い共生の絆で結ばれています。

（安原邦博）

《参考文献》

冨田真由美「あきらめない。ヘイトクライムとたたかった２３９４日」二〇一九年四月二一日アジェンダ・プロジェクト

二重の差別（人種差別・女性差別）との闘い

李信恵（リシネ）さんは、東大阪市出身で、ライターの仕事（執筆業）をしている女性です。アボジ（父）が一世、オモニ（母）が二世であるため、ご自身は自分のことを二・五世とおっしゃいます。李信恵さんは、在特会等のヘイトデモ・街宣の現場に、取材または抗議のために直接出向き、在特会の面々と対峙するようになりました。李信恵さんは、いつしか在特会等から標的にされるようになりました。李信恵さんは、ヘイトデモ・街宣の現場で、在特会等の参加者から名指しでひどい言葉を浴びせられるようになりました。また、「2ちゃんねる」という掲示板サイトで、李信恵さんのことをひどく侮辱する書き込みがなされ、これらの書き込みが「保守速報」というサイトにまとめて掲載されるようになりました。保守速報には、李信恵さんについてのまとめ記事が四〇本以上掲載されました。李信恵さんによれば、保守速報のサイトで李信恵さんに関するまとめ記事が一本掲載されれば、ツイッターで、少ないときで数千件、多いときで数万件、リツイートやメンションされたそうです。

李信恵さんは、警察にも相談しましたが、うやむやにされてしまい、警察に対応をお願いするには限界を感じたそうです。李信恵さんは、自身が原告となって、二つの民事訴訟を提起することを決意しました。一つは、在特会の当時代表であった桜井誠氏（以下、「元代表」）と在特会自体に損害賠償を求める訴訟です。もう一つは、保守速報のサイト運営者に対して損害賠償を求める訴訟です。

李信恵さんは、京都弁護士会の上瀧（こうたき）浩子弁護士と大杉光子弁護士を代理人に選任して、二〇一四年八月一八日、大阪地裁に二つの訴訟を提起しました。提訴の日に、李信恵さんは、オモニからもらったチョゴリを着て、大阪地裁に出廷しました。

在特会訴訟

李信恵さんは、在特会と元代表を被告とする訴訟で、元代表がヘイトデモ・街宣の現場やインターネット上で李信恵さんに対して行った発言が名誉毀損や侮辱などにあたる、と主張しました。

大阪地裁の二〇一六年九月二七日判決は、元代表が、李信恵さんについて、虚偽の事実を垂れ流している、と述べた発言は名誉毀損にあたり、三宮付近での街宣活動で「みなさん、ここにいる朝鮮人のババアね、反日記者でしてね」、「日本が嫌いで嫌いで仕方ないババアは、そのピンク色のババアです」等と述べた発言は侮辱にあたる、とそれぞれ認定して、元代表と在特会に対し、慰謝料七〇万円、弁護士費用七万円、合計七七万円の損害賠償を支払うことを命じました。

続く大阪高裁は、二〇一七年六月一九日の判決で、第一審の判決を維持しました。

さらに最高裁は、二〇一七年一一月二九日、在特会と元代表の上告を受理しない決定をしたことで、李信恵さんの勝訴が確定しました。

人種差別と女性差別の複合差別

大阪地裁の判決は、賠償を命じる判決の理由で、元代表の発言が人種差別にあたる、と認定しました。判決は、「〔元代表の発言は〕その発言内容や経緯に照らせば、原告〔李信恵さん〕を含む在日朝鮮人を我が国の社会から排斥すべきであるといった被告らの独自の見解に基づき、在日朝鮮人に対する差別を助長し増幅させることを意図して行われたものであることが明らかである」と述べ（〔 〕内は筆者。以下、同じ）、元代表の発言が、人種差別撤廃条約（二条一項柱書・六条）の趣旨に反する意図を持って行われたものである点を慰謝料額の算定において考慮されなければならない、と判示しました。この判示部分は、大阪高裁の判決でも維持されています。

李信恵さんは、元代表の発言は人種差別のみならず、女性差別にもあたる複合差別である、と主張しましたが、大阪地裁は、この主張を認めませんでした。しかし、続く大阪高裁は、一転、李信恵さんの主張を認めました。大阪高裁は、判決の中で、元代表の発言は、「〔李信恵さんが〕女性であることに着目し、その容姿等に関して貶める表現を用いて行われており、女性差別との複合差別に当たる」と認めたのです。日本で、人種差別と女性差別の複合差別を認定した判決は、この大阪高裁判決が初めてのことです。

保守速報訴訟

保守速報のサイト運営者を被告とする訴訟で、李信恵さんは、2ちゃんねるの書き込みをまとめた記事を掲載したことは、名誉毀損・侮辱・人種差別・女性差別などにあたると主張して、保守速報のサイト運営者に損害賠償を求めました。

これに対して、保守速報の運営者側は、保守速報の記事は2ちゃんねるの情報をまとめたものであり、2ちゃんねるの記載内容以上の情報を伝えるものではない、と反論して、名誉毀損等の成立を争っていました。

まとめ記事に新たな不法行為が成立することを認定

大阪地裁は二〇一七年一一月一六日の判決で、保守速報側の反論を認めず、まとめ記事について、2ちゃんねるの投稿とは別の新たな不法行為が成立すると判断しました。大阪地裁は、保守速報のブログ記事が、①表題を、原告（李信恵さん）に対する人種差別にあたる用語や原告を揶揄する趣旨の文言を追加して作成している点や、②引用する2ちゃんねるのスレッド等について、全体の情報量を減らしたり、レスまたは返答ツイートの順番を並べ替えたり、表記文字を拡大したり色付けするなどの加工を行って強調したりしている点に着目して、保守速報のブログ記事が、「引用元の2ちゃんねるのスレッド等とは異なる、新たな意味合いを有するに至った」と認めたのです。そして、保守速報のまとめ記事が、引用元とは別個の新たな名誉毀損・侮辱等に該当することを認めました（大阪高裁も大阪地裁の認定を維持）。

人種差別と女性差別の複合差別を認定

保守速報事件において裁判所は、地裁の段階から人種差別と女性差別の複合差別を認定しました。

まず、保守速報のまとめ記事は、在日朝鮮人であることを理由に原告（李信恵さん）を侮辱し、日本の地域社会から排除することを煽動するものであって、憲法一四条一項の差別的言動解消法および人種差別撤廃条約の趣旨および内容に反する人種差別にあたる内容を含むと認め、このような人種差別表現が、名誉毀損・侮辱と並んで、不法行為として原告の人格権を違法に侵害した、と認定しました。

次いで、保守速報の記事の「クソアマ」「ババア」「ブス」「ブサイク」などの表現は、原告が女性であることに着目した表現であり、原告が女性であることを理由に原告の性別・年齢・容姿等をことさら侮辱するものであって、女性差別にあたる内容を含むものと認め、このような女性差別表現が、名誉毀損・侮辱・人種差別と並んで、不法行為として原告の人格権を違法に侵害していると認定しました。

勝訴確定

以上の認定の結果、大阪地裁は、保守速報のサイト運営者に対して、二〇〇万円（慰謝料一八〇万円、弁護士費用二〇万円）の賠償を命ずる判決を言い渡しました。

続く大阪高裁は二〇一八年六月二八日の判決で、大阪地裁の判決を維持し、さらに最高裁は二〇一八年一二月一一日、上告を受理しない決定をし、李信恵さんの勝訴が確定しました。

李信恵さんが裁判を起こした理由

李信恵さんは、二〇一一年にインターネットの保守系の放送局である「チャンネル桜」の番組に出演しましたが、それ以降、李信恵さん個人に対するネット上での攻撃や嫌がらせが増えていったそうです。二〇一三年に入って、在特会の街宣を批判するようになってから、ネット上で攻撃される数は膨大になったそうです。

李信恵さんが感じた痛み……ヘイトスピーチの「怖さ」

李信恵さんは、保守速報で自身のまとめ記事を見たときの心情について、次のように述べています[二]。

「私は、生まれ育った場所を愛していますし、この国が自分の故郷だと思っています。しかし、保守速報の記事にはほぼすべてに『日本から出ていけ』『朝鮮半島に、祖国に帰れ』といった書き込みが並びました。保守速報の記事を見るたび、自分自身の存在を脅かされるようで不安になりました。自分がまるで殺されるような、『死ね』と言われているような気持になりました」。「私は、差別を受けたことがない、と自分では思ってきたのですが、保守速報の記事を読むたびに、この日本の中で、在日朝鮮人として女性として、学校でも地域でも頑張ってきたこと、私がここで生まれ育ったこと、生きていくことすらすべて否定されたように感じました。すべてが土台から崩れていくような気分にもなりました。いままで、できれば感じないようにしたいと思ってきた『差別』への痛みがありましたが、その瘡蓋（かさぶた）を引きはがされるような痛みを感じます」。

安田浩一さんは、著書で次のようなエピソードを紹介しています[二]。

二〇一三年三月二四日、在特会等の参加者らによって、大阪市内の、天王寺から鶴橋をルートとする「日韓国交断絶大行進」と題するデモが行われた際、取材のためデモ現場を訪れた李信恵さんは、「一人で取材すると、なんか怖いし、何されるかわからないし」と安田さんに声をかけ、安田さんの後ろに隠れながらデモ隊を追っていたそうです。「朝鮮人死ね」「殺せ、殺せ」「ゴキブリ朝鮮人を叩き出せ」等の、下劣で聞くに堪えないシュプレヒコールが繰り返され、デモが終わった後、安田さんが李信恵さんに「これで終わったよ。まあ、よかったね、名指しで攻撃されること、なかったもんね」と声をかけたところ、李信恵さんは、「私、ずっと攻撃されてたやん。『死ね』って言われてた。『殺してやる』って言われてた。『朝鮮人は追い出せ』って言われてた。あれ、全部私のことやんか。私、ずっと攻撃されてた！　いいことなんて、少しもなかった！」と泣いて訴えられたそうです。安田さんは、このとき、ヘイトスピーチの「怖さ」をあらためて思い知ったそうです。『朝鮮人を殺せ』と言われても、日本人である私は本当の意味で傷ついてはいない。しかし、当事者である李信恵は違った。徹頭徹尾、傷つけられていた。彼女だけではない。その場所にいたすべての在

一　李信恵・上瀧浩子『＃黙らない女たち――インターネット上のヘイトスピーチ・複合差別と裁判で闘う』（かもがわ出版、二〇一八年）。
二　安田浩一『ヘイトスピーチ――「愛国者」たちの憎悪と暴力』（文藝春秋、二〇一五年）。

李信恵さん（中央）と上瀧浩子弁護士（右）、大杉光子弁護士（左）
地裁判決勝訴を報告した支援者集会で。

日コリアンは、ずっと、突き刺すような痛みを感じていた。それが、ヘイトスピーチの『怖さ』だ」。

このエピソードは、ヘイトスピーチにさらされることによる被害は、名指しされた場合に限らないことを端的に示しています。

「私にしかできない裁判」

李信恵さんが原告となって、在特会や元代表、保守速報を相手に裁判をすることは、どれほど勇気のいることだったでしょう。李信恵さんは、訴訟をしようと思った理由について、次のように述べています[三]。

（保守速報訴訟について）「最近の中高生、若者はインターネットで情報を得ます。新聞やテレビなどは見ず、ニュースを知るのはまとめサイトだとも聞きました。そのまとめサイトは、差別を扇動するもので満ち溢れています。マイノリティの子どもたちがそれを見たときにどう思うのでしょうか」。「また、マジョリティの子どもにとっても、差別的なまとめサイトは差別へのハードルを下げるものであり、悪影響しかありません。子どもや女性など弱い立場の人ほど人種差別的な言動による攻撃対象になりやすく、ネット上ではなおさらです。子どもたちを被害者にも、加害者にもしてはいけない、これを何とかしたい、そう切実に思っております」。

（在特会訴訟について）「私にしかできない裁判だから、ここでちゃんと闘わなければ、と思ってもいた。在特会の桜井誠元会長に『名指しされた』在日朝鮮人の女性は、私しかいないんだから」。「自ら選択できない属性をもって、死ね、殺せと誰かに言われることがあってはならないはずだ。しんどいなあと思うたびに、名指しで攻撃された自分しか裁判はできないから。自分の役目だからと言い聞かせたりもしていた。」

李信恵さんは、裁判中、とてもつらい経験をしたことを述べています。「裁判の準備をするために、証拠資料を読み返しますが、そこに並んでいるのは自分へのヘイトスピーチであり、何度も被害を体感することになります」。裁判期日で、元代表が行った街宣などの動画のＤＶＤを観たときは、過呼吸を起こして立ち上がれなくなったそうです。そのようなつらい経験を乗り越えた末に、李信恵さんは、画期的な判決を勝ち取ったのでした。

共闘する弁護士の支え

李信恵さんは、前掲書(四)で、上瀧浩子弁護士との出会いが支えになったことを繰り返し述べています。在特

三　前掲『#黙らない女たち――インターネット上のヘイトスピーチ・複合差別と裁判で闘う』。

会のデモや街宣の現場で、在特会の面々と対峙し、怖い思いをしたときには、二〇一〇年一〇月九日に同志社大学今出川キャンパス前に押しかけた在特会の面々に対して、ひとり対峙した上瀧弁護士の姿を思い出すのだそうです。「誰かのために、自分のために。ひとりでも立つ勇気をもらったと思う」。

在特会等と裁判で闘った李信恵さん、裁判の代理人となった上瀧浩子弁護士、大杉光子弁護士。三名の努力と勇気が画期的な判決に結びついたことを、私たちは忘れてはなりません。

李信恵さんの決意

李信恵さんは、今後について次のように述べています[五]。

「（中略）『死ね、殺せ』いう過激なヘイトスピーチだけではなく、政治活動に名を借りた（中略）排外主義、また、歴史を修正するという教科書問題のような『きれいなヘイトスピーチ』にどうやって対抗するか、それも今後の課題だ。

また、最高裁の判決が出た前後から、入管法の改正が問題になってもいる。私は何度か、大阪入国管理局に抗議活動に行った。ほかの入管でもそうだが、収容されている外国人に対する人権侵害が数多く行われていて、虐待を受け、病気になっても医療を受けられない人たちがたくさんいる。私も移民の子孫だ。収容されている外国人と、外国人という立場では何も変わらない。自由に飛び回れる自分と、中にいる外国人とに分けてしまう日本の政策は、おかしい。彼らは、私の祖父母の時代、長崎にあった大村収容所に閉じ込められた朝鮮人の姿が現代によみがえってきたものでもある。
選挙権がないことがずっと当たり前だと思って生きてきたけれど、やっぱり外国人の参政権は必要だ。何ができるか分からないけれど、獲得のための運動もしたいとも考えている」。

（韓雅之）

四　前掲『#黙らない女たち――インターネット上のヘイトスピーチ・複合差別と裁判で闘う』。
五　李信恵「反ヘイトスピーチ裁判、５年間の闘い」『日本女性差別事件資料集成一七　全五巻・別冊一　複合差別事件資料』（すいれん舎、二〇一九年）。

川崎ヘイトデモ禁止仮処分事件

狙われた桜本

神奈川県川崎市桜本には、かつて戦前より低賃金で過酷な労働を担わされた朝鮮人の集落があり、現在も多くの在日コリアンが居住しています。

二〇一五年一一月八日、インターネット上に「反日汚染の酷い川崎発の【日本浄化デモ】」を開催するという予告がなされました。川崎ではこれまで一〇回のヘイトスピーチデモが行われていましたが、それらは川崎駅前や繁華街で行われたものでした。ところが、桜本に住む高齢の在日コリアン女性らが「戦争は差別をうむ」として安保法制に反対したことが記事に掲載されたことをきっかけに、差別デモは攻撃の矛先を桜本へ向け始めたのです。同日、参加者の一人は宣言しました。「川崎に住むごみ、うじ虫、ダニを駆逐するデモを行うことになりました」。

これに対し、ヘイトスピーチデモへの抗議が呼びかけられ、デモ当日は、市内外から約三〇〇名の人々が集まり、桜本の入口に立ってヘイトデモの侵入を阻みました。

ところが、翌年一月に、桜本へ「日本浄化デモ第二弾」の予告がされました。そこで激化するヘイトデモに反対するため、同月、「ヘイトスピーチを許さないかわさき市民ネットワーク」が結成されました。賛同団体は六一団体を超え、市民団体やＮＧＯや労組、各政党市議団などが加わりました。

同月三一日の桜本でのヘイトデモの際には、ヘイトスピーチに反対する約一〇〇〇人もの人々が集まり、多くの市民が道路上に身を横たえ、まさに身を挺してヘイトデモの侵入を阻止しました。

ヘイトスピーチ解消法の成立

二〇一六年五月二四日、「本邦外出身者に対する不当な差別的言動の解消に向けた取組の推進に関する法律」いわゆる「ヘイトスピーチ解消法」が成立しました。この法律は、不当な差別的言動は許されないことを宣言し、人権教育や啓発活動を通じて解消に取り組むと定めた理念法です。ヘイトスピーチを明確に禁止する規定や罰則規定などヘイトスピーチを根絶するための実効的な規定がなく、また、保護の対象を適法に居住する者に限定している点などについては問題があります。しかし、ヘイトスピーチは解消されるべきものだと法が宣言することは、ヘイトスピーチを根絶する取組みの第一歩として大きく評価できるものです。

この法律の制定にあたって、桜本でのヘイトスピーチの被害の実態と被害者たちの訴えが強く後押しをしました。

成立に先立つ三月二二日、桜本に住む在日コリアン女性の崔江以子（チェカンイジャ）さんが、参議院法務委員会で意見陳述をし、ヘイトスピーチによる深刻な被害について切実な思いを述べました。この訴えに国会が動きました。

同月三一日、参議院法務委員会の国会議員一〇名が桜本を視察することになったのです。地元の住民らは「違いを豊かさとして尊重してきたこの町の思いが踏みにじられた」と訴え、視察を終えた国会議員からは「多文化共生に取り組むなかでのヘイトスピーチの痛みを実感した」「ヘイトスピーチはなくさなければならないという点で、すべての与野党が一致した」などの声があがりました。

ヘイトデモ禁止仮処分決定

しかし、ヘイトスピーチ解消法が成立した直後、「川崎発！　日本浄化デモ第三弾」の開催が予告されました。デモを予告した男性は、同年一月の桜本でのデモで、「これから、存分に発狂するまで焦ればいいよ。じわじわと真綿で首を絞めてやるからよ。一人残らず日本から出てくまでな。わかったか」と発言した男性でした。

そこで、同年五月二七日、桜本の近隣を徘徊し、大声を張り上げ、街宣車あるいはスピーカーによる演説を行うなどの行為をさせないとする、ヘイトデモ禁止の仮処分（裁判所による緊急の命令）を求める申立てを有志の弁護士五名が行いました。そして、六月二日、横浜地裁川崎支部は、桜本でのヘイトデモ禁止を認める仮処分決定を下したのです。

裁判所は、成立したばかりのヘイトスピーチ解消法に言及し、他の国または地域出身であることを理由として差別され、地域社会から排除されることのない権利は、地域社会内の生活の基盤である住居において平穏に生活し、人格を形成しつつ、自由に活動し、名誉と信用を獲得し、これを保持するのに必要となる基盤をなすものであり、人格権を共有するための前提となるものとして強く保護されるべきだと認定しました。

そして、ヘイトデモについて、その差別的言動は人格権を侵害するものであり、専ら差別意識を助長しまたは誘発する目的で、公然とその生命・身体・自由・名誉または財産に危害を加えることを告知し、また街宣車やスピーカーの使用態様からすると違法性は顕著であるとして、「もはや憲法の定める集会や表現の自由の範囲外であることは明らかである」と画期的な判断をしたのです。

ヘイトデモへの公園使用不許可

ところが、ヘイトデモの主催者は場所を変えてデモを決行しようとしました。通常、デモをするためには、出発地として利用する公園を届け出る必要がありますが、その公園の場所を変えることで仮処分をすり抜けようとしたのです。

しかし五月三〇日、川崎市長は、川崎市都市公園条例三条四項の「公園の利用に支障を及ぼさないと認められる場合に限り、許可する」との規定を根拠として、ヘイトデモのための公園の使用を不許可とする画期的な判断をしました。川崎市長は「川崎市は、違いを豊かさとして認め合いながら発展してきた多文化共生のまちであり、不当な差別的言動から市民の安全と尊厳を守る観点から判断した」とコメントしました。

ヘイトデモを理由に公園の使用を不許可とした判断は、全国で初めてのことでした。

ヘイトデモの中止

しかし、同月五日、ヘイトデモの主催側は、川崎市中原平和公園「前」を出発地点として「川崎発日本浄化デモ第三弾」の開催を決行しました。これに対し、デモに反対する市民ら約一〇〇〇人が集まり、プラカードを掲げたり、あるいは「ヘイト反対」と声を上げたり、デモを行進させないために道路にシットイン（抗議のために道路上に座ったり横たわったりする非暴力の活動）をするなどしてこれを阻止し、最終的に、ヘイトデモは約一〇メートル進んだところで中止となりました。

共に生きよう

この日、崔江以子さんは、ヘイトデモの予告をした男性に、加害被害の関係を終えて、今をともに生きる一人の人間同士として出会い直したいと手紙を渡しました。その一部をご紹介します（以下、伏字は筆者）。

〇〇さん。あなた方は私たちに「出ていけ。帰れ」と言いますが、私は帰る場所もないし、出ていくつもりもありません。差別をやめて共に生きようのメッセージを発信すると「文句があるなら帰れ」と攻撃を受けます。

○○さん。私たちは文句があるのではありません。共に生きようとラブコールをおくっているのです。私たちの暮らすこの地域社会が、誰にとっても暮らしやすい、優しい社会になるように役割を果たしたい。ただそれだけの想いで「差別をやめて共に生きよう」と発信しています。

○○さん。桜本の子どもや若者たちは、○○さんあなた方に対して、「共に生きよう。共に幸せに」とメッセージをつづりました。

○○さん。その想いをどうか受け取ってください。

そして、私たち出会い直しましょう。

あなたがあなたらしく、私が私らしく生きられる、そんな地域社会を私は諦めていません。

○○さん、あなたのこの地域社会をよりよくしたい想いをお手伝いさせてください。差別がなく、誰もが力いっぱい生きられる地域社会で私たちと共に生きてください。

どうか私たちのこの想いを受け取ってください。

○○さん。共に幸せに。

あなたと、あなたの家族の安寧な生活を、幸せな生活を心から祈っています。

共に。

川崎の沿岸地域は、在日コリアンをはじめとする外国人や日系人と地域住民とが協力をして作り上げた街であり、だからこそ、地域全体が差別を許さない、ヘイトスピーチを許さないという確固たる共通の認識が形成されています。しかし、残念ながら、川崎を標的としたヘイトスピーチの街宣やデモはいまだに続いており、また、川崎に住む在日コリアンを標的としたネット上の悪質な嫌がらせも続いています。これに対し、ヘイトスピーチを止めようとする一般市民が「カウンター」として駆けつけ、有志の弁護士による見守りが続いています。

ヘイトスピーチとの闘いは、表現の自由との闘いではなく差別との闘いです。差別を根絶するために、さまざまなバックボーンを持つ人々が幸せに暮らしていけるように、ヘイトスピーチを根絶しなければなりません。

（宋惠燕）

鶴橋ヘイト禁止の仮処分――ヘイトは許さへんで

「鶴橋」は在日コリアン集住地区の玄関口

鶴橋は、在日コリアンが集住する大阪市生野区の玄関口です。鶴橋には、ＪＲ鶴橋駅・近鉄鶴橋駅・地下鉄千日前線鶴橋駅があり、相互に乗り換え可能なターミナル駅になっています。

大阪市生野区に在日コリアンが集住するようになったことには、歴史的な経緯があります。日本が大韓帝国（朝鮮）を併合し植民地化した一九一〇年当時、日本には留学生を中心として約八〇〇人の朝鮮人が暮らしていたに過ぎませんでしたが、日本の植民地政策が進むにつれて朝鮮は疲弊し、朝鮮人は流民（出稼ぎ）として日本や満州に渡り始めます。その後、戦争による日本国内の労働力不足を補うために、募集・官斡旋・徴用の名の下に朝鮮人が日本に連れて来られ、過酷な労働を強制されます。一九一〇年に約八〇〇人であったものが、一九四〇年には約一二〇万人、一九四五年には約二一〇万人と激増しました。

戦前、現在の大阪城公園一帯には、東洋一の規模を誇った大阪砲兵工廠（こうしょう）が存在し、一九一九年頃から、その東側を生野区から大阪湾にかけて流れる平野川の開削工事が行われます。そのため、生野区に朝鮮人が労働力として集められ、一九二二年には大阪・済州島を結ぶ定期直行船「君が代丸」が就航し、韓国済州島か

鶴橋商店街内のキムチなど韓国料理の販売店

鶴橋商店街内のチマチョゴリなど韓国衣類の販売店

ら渡航した朝鮮人が加わり、いわゆる朝鮮人部落と呼ばれる大きな集団が形成されます。大阪市生野区は全国一の在日コリアン集住地域です。在日コリアンだけでも約二万四〇〇〇人にのぼり、生野区の人口の約四人に一人が在日コリアンです。

「鶴橋」駅周辺、コリアンタウン

鶴橋駅の高架下には「国際市場」と呼ばれる市場があり、他所では見られない民族色豊かな商店が所狭しと軒を連ねています。キムチ、チヂミ、チョグ（いしもち）、メンテ（干し鱈）、ポッサム（蒸し豚）、チョッパル（豚足）、キム（韓国海苔）、コサリ（わらび）、コンナムル（豆もやし）、ケッパリ（ゴマの葉）といった食品や食材を売るお店、色鮮やかなチマチョゴリ（朝鮮の民族衣装）を売るお店、塩タン、カルビ、テッチャン、ミノなどの種類豊富な部位や冷麺を出す焼肉屋などなど。今では日本も国際化が進み、いろんな国の人を見かけるようになりましたが、つい最近まで身近な外国人といえば韓国朝鮮人だったので、この市場は「国際」市場と呼ばれるようになったのです。

国際市場から南東に徒歩一二分ほど歩くと、疎開道路（一）沿いに御幸森神社（二）があり、ここから東に向かって平

一　戦時中、空襲による市内中心部への延焼を防ぐために作られた道路で、住んでいた人たちが立退きで疎開させられたため「疎開道路」と呼ばれている。

野川に突き当たるまでが御幸森商店街です。かつて「朝鮮市場」と呼ばれ、現在はコリアンタウンと呼ばれている商店街です。いまや、K‐POP、韓国コスメ、韓国スイーツ、韓国グルメのメッカとして知られ、週末ともなればまっすぐ歩けないほどの人混みで、もはや一大観光地のような賑わいをみせています。

　御幸森神社の伝承があるとおり、生野は古代から朝鮮半島との交流が盛んで、「猪飼野」は養豚の技術を持ち込んだ百済人たちがこの地に住み着いたことからつけられた地名でしたし、文献上の日本最古の橋が「百済川」（現在の平野川）に架けられ、後に「つるのはし」と呼ばれたことから現在の「鶴橋」の地名のもとになっています。また、鶴橋にある「比売許曽神社」で祀られている神様は新羅由来という伝承もあり、新羅からの渡来人の集団が住んでいたのではないかともいわれています。古代の百済・新羅から現代のコリアンタウンまで、朝鮮半島との交流は脈々と続いているわけです。

嫌韓の兆し

　このような鶴橋でも、二〇〇三年頃から、すでに嫌韓の兆しは見えていたのでした。JR鶴橋駅の敷地を出たJR環状線の高架下、千日前通りを横断するための信号機の下あたりで、なにやら陰気なヒョロヒョロした男性が二〜三人で署名を集めていました。筆者が何気なく見ていると、「在日特権[三]」に関する署名でした（もちろん、当時はそんな名称はなかったし、誰もそんなことを言っていませんでした）。内心、「こんなとこで何やってんねん。場所を考えろよな。ヘタしたら誰かに殴られたりするかもしれへんぞ」とか思いながら無視して通り過ぎました。ＪＲ鶴橋前での嫌韓を訴える署名集めは、誰からも相手にされていませんでした。協力する人もいなかったし、怒って突っかかっていく人もいませんでした。みんな無視していました。その程度の存在でした。そのときは。

ヘイトデモ・ヘイト街宣

一〇年後、関西には、ヘイトスピーチ一色のデモや街頭宣伝（街宣）が蔓延していました。毎週のように、大阪・京都・神戸といった関西の主要三都市のどこかで、ヘイトデモやヘイト街宣が行われるようになっていました。在日コリアンの集住地域である鶴橋も、ヘイトデモ・ヘイト街宣に狙われました。「殺す」「犯す」「殴る」「叩き出す」といった、人の生命身体への加害を扇動する言葉が繰り返され、在日コリアンを嫌虫や野生動物にたとえ、あらん限りの罵倒・侮辱・誹謗・中傷を行う醜悪なデモ・街宣でした。

ヘイトスピーチは朝鮮人・韓国人といった抽象的な集団に向けられたものだから特定の個人や団体には具体的な損害が生じていないという理屈で、ヘイトスピーチとして違法ではあっても、規制が難しいのではな

二　難波に都を定めた仁徳天皇が百済からの渡来人を訪ねたときに休憩した森が「御幸（みゆき）の森」と呼ばれ、そこに建てられた神社と伝承されている。

三　野間易通『「在日特権」の虚構――ネット空間が生み出したヘイト・スピーチ』（河出書房新社、二〇一三年）に詳しい。在日コリアンが税金を納めなくても済む特権を持っている等のデマである。

いかとも考えられていました。しかし、ヘイトデモやヘイト街宣の現場に出て私たち在日コリアンが感じるものの、それは人格を否定され、無価値どころか卑しいもの扱いされる屈辱、いつ襲われて暴力によって傷つけられ、殺されるかもしれないという恐怖です。鼓動が早まり、顔は紅潮し、口の中がカラカラに乾く。心は切り刻まれ、その場にいることはとても苦痛だけれど、こんな奴らに負けてたまるかと立ち去らない。レイシストたちはあからさまな差別を口にして何憚ることなく、まるでサークル活動でもしているかのようにニヤニヤ笑いながら差別を楽しんでいる。こんな体験はこれまでしたことがありません。そこで攻撃されているのは、朝鮮人・韓国人といった抽象的なものではなく、朝鮮人・韓国人である筆者や家族、友人たちでした。

二〇一三年二月二四日、ＪＲ鶴橋前のヘイト街宣では、主宰団体代表者の中学生の娘が大人に交じってマイクを握り、「私も憎いし、消えてほしい。いつまでも調子に乗っ取ったら、南京大虐殺じゃなくて、鶴橋大虐殺を実行しますよ！」と叫びました。制服姿の女子中学生が虐殺をおおっぴらに口にする衝撃的な場面でした。

反ヘイトの動き

二〇一三年一〇月七日、京都朝鮮学校襲撃事件の第一審判決が下され、京都地裁は、ヘイトスピーチを「人種差別」であると認定し、約一二二六万円の高額賠償と学校周辺での宣伝活動禁止を認めました。この判決は、二〇一四年一二月九日に最高裁で確定しています。

二〇一四年七月二四日には、国連・自由権規約委員会が日本政府に対する総括所見を採択し、人種差別、憎悪や人種的優位を唱える宣伝活動やデモを禁止するよう勧告を出しています。

同年八月二九日には、人種差別撤廃委員会で総括所見が採択され、日本政府がヘイトスピーチ撲滅に積極的に取り組むよう、厳しい勧告が出されています。

二〇一六年一月一五日には、「大阪市ヘイトスピーチへの対処に関する条例」（大阪市ヘイト条例。二〇一六年七月一日施行）[四]が成立しました。

同年五月二四日には、「本邦外出身者に対する不当な差別的言動の解消に向けた取組の推進に関する法律」（ヘイトスピーチ解消法、同年六月三日施行）が国会で可決され、成立しました。

こうして、日本の国の内外でヘイトスピーチを規制する動きが高まってきていました。

Kが「鶴橋防犯パトロール」をネット予告

Kは、在特会（在日特権を許さない市民の会）の副会長であったこともあり、京都朝鮮学校襲撃事件（本書二八八頁参照）、徳島県教職員組合襲撃事件（本書二九九頁参照）、水平社博物館前差別街宣事件[五]という、悪質な

四　法律・条例は、国会・地方議会で可決されたときに成立し、施行日に効力が発生する。

ヘイト事件を次々と引き起こしていました。関西各地のヘイトデモ・ヘイト街宣や鶴橋大虐殺を叫んだヘイト街宣など、その主催者または主要メンバーとして知られた存在でした。

そのKが、「二〇一六年一二月二九日、JR鶴橋駅を起点として、大阪市生野区内で『鶴橋防犯パトロール』を行う」とネット上で予告しました。在日コリアンは犯罪民族だから、多住地域である大阪市生野区で日本人に警戒を呼びかけるためにパトロールを行うと言うのでした。予告文自体も在日コリアンを罵倒・侮辱・誹謗・中傷する言葉で溢れていました。

ヘイトデモ・ヘイト街宣禁止の仮処分

鶴橋で二度とヘイトデモ・ヘイト街宣を許してはならない。コリアNGOセンターが、Kに対してヘイトデモ・ヘイト街宣禁止の仮処分の申立てに立ち上がり、LAZAKのメンバーが中心となって弁護団を結成しました。

先行して川崎仮処分決定（本書三二八頁参照）があったので、これを参考に主張を行いました。コリアNGOセンターでは、毎年、年間約二〇〇団体、約一万名に対し、本稿の冒頭で述べたような鶴橋の歴史などを現地学習するフィールドワークを継続して行っており、フィールドワークはコリアNGOセンターの中核的な事業の一つでした。この範囲内でヘイトデモ・ヘイト街宣が行われるときには、コリアNGOセンターの事業の平穏が害されます。だから、JR鶴橋からコリアタウンに至る範囲でヘイトデモ・ヘイト街宣が禁止されるべきだという仮処分を申し立てました。

私たちの主張は入れられ、大阪地裁は、二〇一六年一二月二〇日、コリアNGOセンターの事務所から半径六〇〇メートルの範囲内でヘイトデモ・ヘイト街宣を禁止する仮処分決定を下しました。

ヘイトビラ配布・ヘイト名称使用禁止の仮処分

Kは、ヘイトデモ・ヘイト街宣が禁止されると、今度は一人でヘイトビラをポスティングし始めました。態様が平穏であれば、ヘイトデモ・ヘイト街宣にあたらず、仮処分に違反しないと考えたようです。しかも「朝鮮人のいない日本を目指す会」（「朝ない会」〔ちょうないかい〕）という悪ふざけのような団体名を名乗ってやって来るのです。差別を楽しむ姿勢がここにも窺えます。そして、懲りずにまた、「二〇一九年一二月二九日に、JR鶴橋駅を起点として、大阪市生野区内で『鶴橋防犯パトロール』を行う」とネット上で予告してきました。

いくら態様が一見、平穏であっても、「朝鮮人のいない日本を目指す会」などというそれ自体差別的な団体名を名乗って、ヘイトビラを配布しながら「鶴橋防犯パトロール」をするのだとなれば、鶴橋の街は騒然とすることが当然に予想されました。鶴橋に在日コリアンに対する差別が大っぴらに持ち込まれては、コリ

五　二〇一一年一月二二日、Kが、奈良県御所市の水平社博物館で開催されていた「コリアと日本――『韓国併合』から一〇〇年」と題する特別展示の歴史認識に抗議するとして、同館前で部落差別的な内容を含んだ街宣を行い、Kに不法行為に基づく損害賠償責任が認められた事件。

ＡＮＧＯセンターの事業の平穏が害されてしまいます。それはヘイトデモ・ヘイト街宣のときと変わりません。

私たちは、再び、仮処分を申し立て、二〇一九年一二月二四日、「朝鮮人のいない日本を目指す会」を名乗って、またヘイトビラをポスティングするなどして、差別を行ってはならないという決定を得ました。

終わりに

いまでは、鶴橋でヘイトデモ・ヘイト街宣・ヘイトビラの配布は行われず、安寧を保っています。古代から続いてきた韓国朝鮮と日本の友好的な交流は、今日もまた続いています。生野区は、中国人・タイ人・ベトナム人の住民が増加し、街にもエスニックな食堂が増えてきました。まさに多文化共生、国際色豊かな街に成長しつつあります。ますます楽しい街になってきました。

（林範夫）

ヘイトハラスメント裁判——職場で差別・偏見にさらされない権利

二〇一五年八月三一日、在日コリアンの女性パート社員Aさんが、勤務する会社「フジ住宅株式会社」（以下、「フジ住宅」）とその創業者かつ代表者であるB会長を相手取り、訴訟を提起しました。原告となったAさんとその弁護団は、裁判の名前を「ヘイトハラスメント裁判」と名づけ、裁判闘争を繰り広げています。フジ住宅で何が起きているのでしょうか。

事件の概要

Aさんが勤務するフジ住宅は、分譲住宅・住宅流通等の事業を営む、東証一部上場の不動産会社です。Aさんは、二〇〇二年から、フジ住宅（Aさんが入社した当時の名称はフジ工務店株式会社）において、現在に至るまで、長年CADオペレーター（設計士の指示のもとに設計図面を作成する業務）として働いています。Aさんは、契約が自動更新されていたことや、パート社員に対しても福利厚生が充実していること、有休を取得しやすいことなど、フジ住宅は子育て真っ最中のAさんにとって働きやすい職場だと感じていました。

ところが、二〇〇八年頃から、フジ住宅では、不動産業務とは何ら関係のない文書が配布されるようになり、二〇一三年頃からは、全社員に対して、毎日のように文書が配布されるようになりました。配布された文書は、新聞や雑誌、インターネット上で配信されている記事（記事に対するコメント等も含む）・書籍等であり、その内容はたとえば以下のようなものでした。

①　ヘイトスピーチに該当するもの

「立ち上がれ日本だった人たちは素晴らしい。在日支配売国マスコミはこの立派な人たちを立ち枯れって揶揄していた。在日は死ねよ」（YouTube「中山恭子、ウズベキスタンと日本を語る」の視聴者コメント欄）。「死ね」「出ていけ」「祖国へ帰れ」等のヘイトスピーチは、尊厳を傷つけ、差別的意識を助長するものであって、決して許されるものではありません。しかし、フジ住宅では、このような文書も配布されていたのです。

②　中国・韓国・朝鮮の国民性・民族性を非難するもの

「なぜ韓国人は第三国でこれほど反日活動に走るのだろうか。それは韓国人の習性に由来している。韓国人同士がケンカする時は相手の言い分などに耳を貸さず、ひたすら自分の主張を大声で怒鳴り合う。さらに、周りの人々に訴えて自分の味方を増やそうとする。直接相手に堂々と挑むのではなく、第三者に訴えて同情をひき、数で相手をねじ伏せようする（ママ）のが韓国流のケンカである。彼らは味方を増やすために『いかに自分の主張が正しいか』嘘八百を並べながら、身振り手振り、場合によっては号泣して周りに訴える」（松木國俊「『慰安婦問題』は韓国との外交戦争だ」WILL二〇一三年七月号）。

このほかにも、中国・韓国・朝鮮の国民やルーツを有する人々に対し「嘘つき」「卑劣」「野生動物」といったような言葉で人格攻撃をする内容が含まれた文書が多数配布されました。

③　歴史修正主義

「従軍慰安婦強制連行の嘘　従軍慰安婦とは高給取りの戦時売春婦です」（Yahoo! 知恵袋記事）。

このように、歴史研究において明らかとなっている事実を否定し、被害者のハルモニたちをさらに貶めるような内容の文書が多数配布されました。

④　日本国籍や日本にルーツを有する者を賛美し他国より優越していることを述べるもの

「我が国の正しい歴史や、中国、韓国などの反日国の真実を知るにつれ、日本国に日本人として生まれてきて本当に良かったという気持ちが大きくなります」（二〇一三年五月度経営理念感想文。従業員が氏名を公表のうえ、B会長の文書配布行為に感謝を述べる内容）。

人種差別撤廃条約は、人種的相異に基づく優越性のいかなる理論も科学的に誤りであって、人種差別を正当化できるものではないと宣言しており、他国より自国が優越していることを述べることもまた、人種差別に該当するものとしています（人種差別撤廃条約前文・四条等参照）。

⑤　「在日特権」デマ

「在日特権のありえない控除内容に驚きです。市県民税も所得税もなく、その上、問題になっている生活保護の不正受給でお金まで貰えて、在日の人からすれば日本は本当に居心地の良い国と思います。それをまともな日本人が支えているようなもので、逆差別のような状況を生む特権は無くすべきです。日本人のための日本国であって欲しいです」（京本和也氏の Facebook 記事「【拡散希望】「在日特権・外国人特権」

の公的証明～外国人のみ税金が安く生活が楽」という内容の文書に対する社員感想文）。

当然のことながら、フジ住宅は、外国籍であるAさんの給与から所得税等を源泉徴収しており、上記言説がまったくのでたらめであることを知りながら配布していました。

以上のような文書が、連日、フジ住宅社内で配布されたのです。

配布文書の鏡文には、左肩に大きく「配布」と印字されており、差出人として「会長」、宛先は「全役職員各位（含む　出向者の方、契約社員、派遣社員、パートの方、マンション管理員の方全員）」との記載がなされたうえで配布されていました。また、これら文書は、まず、社内の各部署に配布された後、部署内の事務職員が人数分をコピーし、部署内の各従業員の机上に置いたり、手渡しするという形で配布されていました。このように、配布された文書は、B会長が個人的に社員に配布したものではなく、「社内文書」として配布されていたのです。

さらに、上記引用した各文章には、B会長によってサイドラインや○印がつけられ、会長が「感銘を受けた」箇所が強調されているものであり、配布文書の中に「文中のサイドラインや○印は、私がつけさせていただきました」と会長がサイドライン等を引いたことが周知されていました。

Ａさんが被った精神的苦痛

このような文書が連日配布される職場で働くＡさんは、どんなに苦しかったでしょうか。

フジ住宅では、社員は名札をつけて勤務しており、民族名を名乗って勤務しているＡさんも当然、名札をつけて勤務していました。配布文書には、Ａさんの直属の上司等、Ａさんと接点のある従業員の感想文も複数挙がっており、Ａさんは、「職場の同僚が韓国・朝鮮人等への誹謗中傷を行っている。在日韓国人である自分も彼らから憎まれたり疎まれたりしているのではないか」「職場の同僚らは『在日特権』などというものが存在すると信じているのではないか」などと考え、恐怖や不安、激しいストレスを日々感じながら働かざるをえない状況でした。

裁判所に提出した陳述書で、Ａさんは次のように述べています。

「攻撃の対象に在日韓国人の自分が置かれているのに、何もできない自分の非力、時に感じる人への憎しみが涙や吐き気になって溢れそうになることがあります」。「『在日特権』の話などと繰り広げ、まるで『在日』が不正に日本に存在しているかのように書いていることもあり、そのような文書を会社で目にする度に、心が砕けそうになります」。

二〇一三年五月には、Ａさんが耐えることのできない文書が社内配布されました。それは、ある社員がＢ会長に進呈した漫画で、そのストーリーは、第二次世界大戦を「自虐的」に教える教師が、在日コリアンであることを伏せていた女子生徒の了承なく、同人が在日コリアンであることやその民族名を教室内で暴露し、クラスメイトたちがその女子生徒に対し、朝鮮半島への植民地支配を謝罪するも、その女子生徒自身によって「日本軍の統治下においてアジアの近代化が行われたのも事実なんです！」と、植民地支配を肯定的に語らせるというものでした。

Aさんは、小学校高学年で、民族名を名乗る「本名」宣言をしたのですが、その際に、クラスメイトたちから「差別に負けないでください」「ちゃんと本名を呼びたいと思います」と声をかけられ、Aさんの「本名」宣言は、「本名」でまっすぐ人とつながろうと思うことのできるようになった、大切な思い出となりました。しかし、全社員に向けて配布されたこの漫画は、在日コリアンにとって非常にセンシティブな問題であり、かつ、Aさん自身の人生において重要な契機となった「本名」宣言の記憶を踏みにじり、在日コリアンの存在を、植民地支配の歴史を正当化する著者の主張のために利用した内容でした。

意を決したAさん

フジ住宅での文書配布が連日やまず、耐え難い精神的苦痛を感じたAさんは、新聞広告に記載されていた労働相談ホットラインに電話をかけました。Aさんからの電話相談を受けた筆者は、Aさんの職場環境を想像し、胸が痛くなりました。また、同じ在日コリアンとして、とても他人事とは思えませんでした。「自身の民族的ルーツが侮蔑されたり、会社やその代表者の思想信条を労働者に押しつけるようなことがあってはならない。職場で差別・偏見にさらされることがあってはならない。企業に勤めるすべての人々が生き生きと働ける就業環境をつくらなければならない」。筆者は、そのような想いで、必死に受話器に耳を傾け、Aさんの相談内容を聞いていました。

その後、筆者は、当日ホットラインを担当していた他の弁護士らとともに、直接Aさんとお会いし、社内の配布文書を確認しながら何度も打合せを重ねました。Aさんは、今後もフジ住宅での勤務を希望しており、裁判をすることは望んでいなかったので、まずは、フジ住宅への環境改善申入れという形で問題提起をしました。

しかし、フジ住宅からは「文書配布は違法ではない」という回答しか得られず、文書配布はその後もやむことなく継続されました。また、Aさんが大阪弁護士会に対し人権救済申立てを行ったところ、直属の上司を通じて「会社から三〇〇万円を受け取ってしんどくない職場へ移るか」と退職を勧められるに至りました。そこで、Aさんは、やむなく裁判を提起し、司法に救済を求めたのです。

提訴後、いっそうひどくなった職場環境

Aさんが裁判を提起したことは、各社新聞等で報道されました。それを受け、フジ住宅社内では、従業員らに向けて裁判説明会が行われましたが、配布文書がやむことはありませんでした。それどころか、Aさん個人を組織的に攻撃するような内容の文書や感想文までもが全社員に向けて配布されるようになったのです。全社員に配布された、Aさんの提訴に関する従業員の感想文は、次のような内容でした。

「お金で賠償を求めるのではなく、環境を改善してほしい等の訴えであればつらかったんだろうなぁという思いも湧かない訳ではありませんが法外なお金なので正しく民族性を発揮されているなあと思います」。

「正直、請求自体失当（#権利侵害すら観念できない）な訴訟であるにもかかわらず、記者会見を行って、事実でないことをあたかも事実であるかのように世間に流布するという手法は、まさに隣国の得意とするものであり、憤りを感じざるを得ませんでした」。

「せっかく、会長が日本の為・将来の日本を担う子供達の為に命懸けでエネルギーを、注いでくださっているにもかかわらず、何やコレと！腹が立って、殴り倒してやりたい気持ちです。（略）クズと関わっても仕方ありませんし、ネタにされるだけですので、相手にせずに、目の前のお客様に喜んでいただけますように平静な気持ちでしっかり仕事に取り組んでいきます」。

「何よりも驚いたのが、その社員の方がまだ社内にいるという事です。どのような神経で、どのような心境で働いているのか？全く理解できません。その事を知ってから、訴訟についての各日報や感想文が全社員配布されている事が可笑しく、また動じる事も臆す事もなく、さすがだなぁと感じます」。

これらの内容にも、B会長が○やサイドラインを付し、配布していました。Aさんが勤務を継続していることを知りながら、B会長は、あえてオフィシャルな文書として、以上のような文書も連日配布したのです。

社内での裁判説明会においては、Aさんの個人名こそ明かされていないものの、誰が提訴したのかについておよその特定ができるほどの情報が社内で共有されたようでした。Aさんは、提訴したことによって、社内において組織的・集団的な攻撃の対象となってしまいました。Aさんは、このような職場の状況に耐えられず、社内のトイレで嘔吐するほど精神的に追い詰められていました。

B会長の文書配布の意図

文書を配布した事実については、フジ住宅もB会長も概ね争いはなく、裁判の争点は、その行為の違法性にありました。B会長は、これらの文書を業務時間内に配布した理由について、裁判で次のように主張しました。

「日本の歴史の負の部分をことさらに強調する一方で、正の部分を過小評価し自国を貶める偏頗な歴史認識（いわゆる「自虐史観」）が長年はびこり、重要な史実について教育現場や国際社会においても誤った認識が広まっている」。「これからの日本を背負う子どもたちが自虐史観から解き放たれ、自国と自分自身に誇りと自信を持ってほしい」。「前記のような思いを有する被告Bは、自身が創業し経営している被告会社の役員、従業員らにも日本の文化・道徳・歴史について正しい知識や認識を広めることにより、それが、被告会社を超えて社会に少しでも伝わり、さらに、そこから教育のあり方が少しでも改められていくなどして、微力ながら我が国の子どもたちの将来を明るいものにできる一助になればという真摯な目的・意図から、社内配布を行ってきた」。

また、B会長は次のようにも主張し、この配布行為は自身の表現の自由の範疇であると主張しました。「他者作成の資料の配布は、被告Bの考えの表現そのものではないが、被告Bが読んで感銘を受けた資料を読んでもらいたい、その趣旨を伝えたいということで従業員の手元に届けているものであり、そういう意味では、被告Bによる情報ないし意見の発信行為であり、被告Bの表現の自由の範疇に属する行為と評価されるべきものである」。

つまり、B会長は、日本の子どもたちを「自虐史観」から解放させるために社内で文書を配布するという表現行為を行ったのであり、その表現の自由は最大限保障されなければならないというのです。

また、フジ住宅も、配布文書に記載されている文言は、Aさんに関する内容ではないため、Aさんとの関係で名誉毀損等になりえず、Aさん個人に対する不法行為たりえない、公刊物を職場で配布したに過ぎず違法ではないなどと主張したのです。

大阪地裁（第一審）の判断

大阪地裁堺支部第一民事部（中垣内健治裁判長）は、フジ住宅やB会長のこのような主張を退け、二〇二〇年七月二日、フジ住宅とB会長に対し、連帯して一一〇万円の損害賠償を支払うよう命じました。

裁判所は、フジ住宅での文書配布行為につき、「労働契約に基づき労働者に実施する教育としては、労働者の国籍によって差別的取扱いを受けない人格的利益を具体的に侵害するおそれがあり、その態様、程度がもはや社会的に許容できる限度を超えるものといわざるを得ず、原告の人格的利益を侵害して違法」と判断しました(二)。

また、提訴後に原告Aさんを攻撃する文書を社内で配布した行為については、「救済を求めて本件訴えを提起した原告（略）に対する報復であるとともに、原告を社内で孤立化させる危険の高いものであり、原告の裁判を受ける権利を抑圧するとともに、その職場において自由な人間関係を形成する自由や名誉感情を侵害したものというべきであって、違法であることは明らかである」と述べ、フジ住宅とB会長の行為を断罪しました。

このように、一審判決は、職場における労働者の人格的利益を重視することを明確に示し、フジ住宅およびB会長の各行為を違法であることを示しました[二]。

一　裁判所は、使用者による社内での文書配布行為が違法となる基準について、「私的支配関係である労働契約において、使用者の実施する文書配布による教育が、その配布の目的や必要性（当該企業の設立目的や業務遂行との関連性）、配布物の内容や量、配布方法等の配布態様、そして、受講の任意性（労働者における受領拒絶の可否やその容易性）やそれに対する自由な意見表明が企業内で許容されていたかなどの労働者がそれによって受けた負担や不利益等の諸般の事情から総合的に判断して、労働者の国籍によって差別的取扱いを受けない人格的利益を具体的に侵害するおそれがあり、その態様、程度がもはや社会的に許容できる限度を超える場合には違法になるというべきである」と判決の中で述べている。

二　フジ住宅は、文書配布行為のほかにも、二〇一三年から二〇一五年の間に、就業時間中に、社員らに社用車を割り当てて、教科書検定で合格となった図書の見本を展示する「教科書展示会」に行かせ、教科書アンケートの記入方法（「東京書籍×」「育鵬社〇」）等をあらかじめ指示して、特定の教科書が採択されるようアンケート記入することを、原告を含む全社員に積極的に勧奨した。このような行為についても、裁判所は、「業務と関連しない政治活動であって、労働者である原告の政治的な思想・信条の自由を侵害する差別的取扱いを伴うもので、その侵害の態様、程度が社会的に許容できる限度を超えるものといわざるを得ず、原告の人格的利益を侵害して違法というべきである」と判断した。

大阪高裁（控訴審）の判断

フジ住宅とB会長は、第一審判決を不服として大阪高裁に控訴しました。

Aさんも、第一審判決が、フジ住宅およびB会長が人種差別撤廃条約やヘイトスピーチ解消法が対象とする差別的言動に該当する記載を含む文書を配布した点を明確に認定しなかったこと等を理由として、控訴しました。加えて、第一審判決において文書配布行為等が違法とされたにもかかわらず、フジ住宅およびB会長が社内での文書配布行為を継続しているため、新たに文書配布の差止めを求め、仮処分も申し立てました。

大阪高裁第二民事部（清水響裁判長）は、二〇二一年一一月一八日、次のように判示し、フジ住宅およびB会長に対し、第一審判決よりも損害賠償額を増額し一三二万円の支払いを命じました。また、文書配布の差止めおよび仮処分も認めました。

「原審被告らは、原審原告に対する関係で、民族的出自等に基づく差別的な言動が職場で行われることを禁止するだけでは足りず、そのような差別的な言動に至る源となる差別的思想が自らの行為又は他者の行為により職場で醸成され、人種間の分断が強化されることがないよう配慮する義務があるものと解するのが相当である。民族的出自等は個人の人格に関わる事柄であり、従業員である原審原告には、私法上、法的保護に値する利益として、自己の民族的出自等に関わる差別的思想を醸成する行為が行われていない職場又はそのような差別的思想が放置されることがない職場において就労する人格的利益がある」。「このように解することは、（略）憲法一四条、人種差別撤廃条約及び差別的言動解消法の趣旨に合致するというべきである」。

また、「優越的地位にある原審被告らが、本件訴訟の提起を非難する他の従業員等の意見を、原審原告のみならず社内の従業員に対して広く周知させることは、原審原告に対し職場における強い疎外感を与えて孤立化させるものであるとともに、本件訴訟による救済を抑圧するものということができる」、「職場環境の改善を求める労働者である従業員が使用者を訴える本件のような場合には、使用者側には、なおさら当該従業員が不必要に萎縮することなく、裁判を受けることができるよう配慮する責任があるというべきである」と判示したのです。

以上のように、控訴審判決は、「民族的出自等に関わる差別的思想を醸成する行為が行われていない職場、差別的思想が放置されることがない職場で働く労働者の人格的利益」や「職場において抑圧されることなく裁判を受けることができる人格的利益」を認めた点等において、第一審判決を上回るものであり、フジ住宅とB会長がAさんの人格的利益を侵害したと強く断罪したのです。

ヘイトハラスメントという概念

「ヘイトハラスメント」という言葉は、Aさん・弁護団・裁判支援を行っている「ヘイトハラスメント裁判を支える会」のメンバーが作った言葉であり、日本ではまだ耳慣れない言葉かもしれません。「ハラスメント」と聞いてみなさんの頭にまず思い浮かぶのは、「セクシュアルハラスメント」ではないでしょうか。

セクシュアルハラスメントとは、「職場において行われる性的な言動に対するその雇用する労働者の対応により当該労働者がその労働条件につき不利益を受け、又は当該性的な言動により当該労働者の就業環境が害される」（雇用機会均等法一一条）ことです。職場での性的な言動等に対し、被害者が屈さず声を上げたことで、それがセクシュアルハラスメントという違法なものであるということを世の中に知らしめました。

ヘイトハラスメントもまさに同様です。差別的な職場環境に置かれていたAさんが、自身の職場環境を改善しようと意を決し立ち上がりました。そしてその闘いが、こうして裁判所の判断をもたらし、大きな社会運動となっています。Aさんが司法の判断を仰いだ意義はきわめて大きなものでした。

裁判は上告審へと続きますが、Aさんも私たち弁護団も、ヘイトハラスメント裁判を支える会のメンバーも皆、Aさんの職場環境を良いものとするために闘うのみならず、この裁判を通じて、「ヘイトハラスメント」という概念が広く社会に浸透し、誰もが差別的な言動にさらされることなく生き生きと働くことのできる社会になるよう、尽力したいと思います。

（金星姫）

政治家の発言

▼この本でも取り上げたヘイトスピーチの問題は、特に二〇〇〇年代後半から二〇一〇年代にかけて表面化しました。また、ほんの数年前まで、韓国社会や韓国人を嘲笑するような嫌韓本が書店で目につくところに置かれているのが珍しくない状況が続きました。現在（二〇二一年）も、韓国への敵愾心を煽るような単行本や雑誌が引き続き出版されていますし、インターネット・SNSでは目を覆いたくなるような書き込みが多数見受けられます。もっとも、これらに対しては常に冷静な認識を訴える動きもありますが、刺激的な嫌韓論が目につくというのは、多くの人が感じていることではないでしょうか。

しかし、こうした状況が作り出されたのは、決して自然の流れというわけではなく、日本の政治状況や社会状況が関係しています。日本の政治や社会の分析についてもさまざまな見解があるところですが、一九九〇年代後半からの日本の政治の動き（バックラッシュ）を取り上げることは有益です。そこで、このコラムでは、一九九〇年代後半からの日本の政治家の発言や政治が発したメッセージを中心に、現在の日本社会で有力な韓国・朝鮮に対する見方が作り出された原因を考えたいと思います（以下の政治家の役職は、各発言・談話当時のもの）。

▼日本が一九九五年に加入した人種差別撤廃条約（あらゆる形態の人種差別の撤廃に関する国際条約）の第四条は、条約の締結国に対し、国または地方の公の当局または機関が人種差別を助長・扇動することを認めないように求めており、また、公職者による人種差別の助長・扇動等に対処することを求めています。また、政治家は選挙で選ばれた社会の代表者であり、その発言も社会の代表者に

よるものですから、政治家の発言の影響力は一般人の発言とは次元が異なります。したがって、本来は、政治家は率先して人種差別の撤廃に向けた政策を推進し、差別を許さない発言を積極的に行うことが求められるところです。

しかし、実際には、日本におけるヘイトスピーチを規制する政治の動きは鈍く、政治家の問題発言は二〇〇〇年代後半頃からのヘイトスピーチの過激化の一因となりました。本書の初版では、二〇〇〇年の石原慎太郎東京都知事の「三国人」発言や、二〇〇三年の麻生太郎外務大臣の創氏改名を朝鮮人が希望したという発言を取り上げました。その後も問題発言は相次ぎ、ひどい場合には政治家自身から人種差別を助長・扇動する発言がなされることもありました。二〇一三年五月には、西村眞悟衆議院議員が、日本維新の会の党代議士会において「韓国人の売春婦はうようよいる。大阪の繁華街で韓国人に『慰安婦』と言えばいい」と、民族・女性差別発言をして大きな問題となりました。

▼ヘイトスピーチが過激化した要因として、いわゆる「官製ヘイト」も挙げられます。官製ヘイトとは、国自体が外国人を敵視したり、差別的な政策をとったりすることをいいます。本書で取り上げた、朝鮮学校の高校無償化制度からの排除の問題は、官製ヘイトの象徴的な例といえます。

▼一九九〇年代後半以降、歴史修正主義の考えを持つ政治家の勢いも活発になりました。ここで、歴史修正主義とは、日本の植民地支配やアジア太平洋戦争についての責任を小さく見せることによって、日本が過去に行ったこれらの行為の評価を逆転させようとする動きのことをいいます。そして、この歴史修正主義は、一九九三年の河野洋平内閣官房長官の慰安婦問題に関する談話、一九九五年の戦後五〇年国会決議と村山富市内閣総理大臣談話（村山談話）を主な対象として展開されました。

二〇一三年五月には、当時の橋下徹大阪市長が「（戦争時の軍隊に）慰安婦制度は必要なのはこれは誰だってわかる」と発言しました。この発言の前段で橋下徹氏が「日本は敗戦国。（中略）敗戦の結果として、侵略であることは受け止めなければならない。周辺国に多大な苦痛と損害を与えたことは間違いない。反省とお詫びはしなければならない」と発言したことに対して、当時の石原慎太郎・日本維新の会共同代表が「あの戦争が侵略だと規定することは自虐でしかない。歴史に関しての無知」と述べました。

同じ時期（五月一二日）に、高市早苗自由民主党政調会長も、テレビの討論番組において、過去の植民地支配と侵略を謝罪した村山談話に関して「侵略という文言を入れているのはしっくりきていない」と発言し、問題となりました。

過去の植民地支配に関する発言でも、二〇一五年に戦後七〇年を受けて出された安倍晋三内閣総理大臣談話（戦後七〇年談話）では、「植民地支配」や「侵略」といった表現は、日本の行為としてではなく、誰がそれを行ったのかを曖昧にした一般論として触れられるにとどまるものとなりました。これは、村山談話、一九九八年の日韓共同宣言、村山談話を基本的な表現として踏襲した二〇〇五年の小泉純一郎内閣総理大臣による戦後六〇年談話と比べても大きな後退と言わなければなりません。さらに、戦後七〇年談話では、一九三一年の満州事変と一九三三年の国際連盟脱退が日本の「進むべき進路」を誤ったとする一方、日本が帝国主義への道を大きく踏み出し、朝鮮半島への支配を強めることとなった「日露戦争」について「植民地支配のもとにあった、多くのアジア人やアフリカの人々を勇気づけました」としています。このように、戦後七〇年談話は、満州事変以前の日本の対外侵略、朝鮮半島の植民地支配を肯定する旨の内容となっており、実質的に日本政府の見解の転換を図ろうとするものでした。

▼こうした政策、発言や談話があり、日韓関係や日朝関係は悪化しているなか、在日コリアンに対して敵視的・差別的な言論をしても社会的に批判・非難されない状況が作り出されてきており、これがヘイトスピー

チをする人たちを助長しています。

上に挙げた政治家の発言は、歴史認識の問題を通じて日本の歴史や文化の正当性を強調しようとし、それにそぐわないものを排除しようとする考え方が背景にあると考えられ、そうした考え方が日本で支配的になりつつあります。しかし、そうすると、日本による植民地支配やアジア太平洋戦争の影響を受けて故郷を離れて日本で暮らすようになった在日コリアンの歴史は、まったく関心が向けられることがなく、むしろ目障りな存在として映るのではないでしょうか。

その現れとして、二〇二〇年一月の麻生太郎氏による「二〇〇〇年にわたって同じ民族が、同じ言語で、同じ一つの王朝を保ち続けている国など世界中に日本しかない」との発言があります。また、小池百合子東京都知事は、都知事就任以降、二〇一七年から二〇二一年の現在まで、歴代の都知事が行ってきた関東大震災の際の朝鮮人虐殺犠牲者の追悼式典への追悼文送付を取りやめてしまっています。

そもそも、歴史とは日本という国家や韓国という国家が決めるものではなく、また、自らに有利なものであればいいというわけではないはずです。一国民の立場だけでなく多様な立場から、負の歴史も含めた冷静で自省的な歴史の考察が自由に繰り広げられることが必要ですし、また、歴史認識の共有に向けた歩みは常に続けられるべきです。政治家は本来、自由で多様な歴史研究を奨励し、歴史認識の共有に向けた努力をしなければならないと思います。

折しも二〇二一年に開催された東京オリンピック・パラリンピックでは、多様性と調和が唄われていましたが、オリンピック・パラリンピックに合わせたかけ声だけでなく、国家の歴史観では捉えきれないさまざまな存在への視点を普段から持つことが、ヘイトスピーチを許さない本当の多様性ではないでしょうか。

（邊公律）

在日コリアン関係略年表

※■は在日コリアンの法的地位の変遷を表わす。

一九一〇年
韓国併合、朝鮮総督府設置
　韓国併合に関する条約一条「韓国皇帝陛下は韓国全部に関する一切の統治権を完全且つ永久に日本国皇帝陛下に譲与す」

> 朝鮮は日本の領土（植民地）となり、朝鮮人は日本国民（日本臣民）となる。

一九一九年
二・八独立宣言
三・一独立運動
大韓民国臨時政府、上海で設立

一九二三年
関東大震災で朝鮮人虐殺

一九三九年
国民徴用令公布
朝鮮人労働者の募集開始
　一九四二年、官斡旋開始。一九四四年、国民徴用令が朝鮮でも発動
創氏改名令公布（一九四〇年施行）

一九四四年
朝鮮人に対し徴兵制を実施
朝鮮で女子挺身勤労令公布

一九四五年
八月一四日　日本がポツダム宣言受諾
　一五日　国民に発表
一〇月　在日本朝鮮人連盟（朝連）結成
一一月　朝鮮建国促進青年同盟（建青）結成
一二月　衆議院議員選挙法改正、朝鮮人・台湾人の参政権を停止

> 衆議院議員選挙法附則「戸籍の適用を受けない者の選挙権及び被選挙権は当分の内、これを停止する」。

一九四六年
一月　新朝鮮建国同盟（建同）結成
一〇月　建青・建同が合流して在日本朝鮮居留民団（民団）結成（後に「在日本大韓民国居留民団」と改称）

一九四六年	朝鮮姓名復旧令（米陸軍司令部軍政庁法令）
一九四七年	五月二日　外国人登録令施行 在日コリアンは「外国人」とみなされ、国籍欄には「朝鮮」と記載 五月三日　日本国憲法施行
一九四八年	阪神教育闘争 大韓民国建国 朝鮮民主主義人民共和国建国
一九四九年	朝連に「団体規制令」を適用し、強制解散（一九五一年「民戦」へ）
一九五〇年	公職選挙法制定 朝鮮戦争勃発（一九五一年「民戦」へ）
一九五一年	在日本朝鮮統一民主戦線（民戦）結成（一九五五年「総連」へ）
一九五二年	日本国との平和条約（サンフランシスコ講和条約）公布・発動 「ポツダム宣言の受諾に伴い発する命令に関する件に基づく外務省関係所令の措置に関する法律」（法律第一二六号、略称「法一二六」）制定
一九五五年	在日本朝鮮人総連合会（総連）結成
一九五八年	北朝鮮への帰国運動始まる 一九五九年、日朝赤十字間で帰還協定、新潟から第一船出港 小松川事件

外国人登録令一一条「（前略）朝鮮人は、この勅令の適用については、当分の間、これを外国人とみなす」。

公職選挙法附則二項「戸籍法（昭和二十二年法律第二百二十四号）の適用を受けない者の選挙権及び被選挙権は、当分の間、停止する」とし、朝鮮人・台湾人の参政権を認めなかった。

日本国との平和条約「日本国は朝鮮の独立を承認して、……朝鮮に対するすべての権利、権原及び請求権を放棄する」。

法務省民事局長通達「講和条約の発効に伴い、朝鮮人及び台湾人は内地に住んでいるものを含め全て日本国籍を喪失する」。

法律第一二六号二条六項「別に法律で定めるところにより、その者の在留資格及び在留期間が決定されるまでの間、引き続き在留資格を有することなく本邦に在留することができる」（本項が定める法的地位を「法一二六－二－六」と呼ぶ）。在留資格のないまま日本に住むことを認めるというものであるが、安定した在住ではなかった。

一九六五年	日本国と大韓民国との間の基本契約に関する条約（日韓条約）締結
一九六六年	日本国に居住する大韓民国国民の法的地位及び待遇に関する日本国と大韓民国との間の協定（日韓法的地位協定）発効
一九六八年	寸又峡事件
一九六九年	宋斗会（そうとかい）、日本国籍確認訴訟、提訴（一九八〇年、敗訴判決）
一九七〇年	日立就職差別裁判、提訴（一九七四年、勝訴判決）
一九七三年	金大中（キムデジュン）が韓国中央情報部（KCIA）により東京のホテル・グランドパレスから拉致される
一九七五年	サハリン残留者帰還請求裁判、提訴（一九八九年、取下げで終了）
一九七六年	金敬得（キムキョンドク）、司法試験に合格するが、司法研修所に入所できず 一九七七年最高裁決定により初の外国籍の司法修習生となる
一九七九年	国際人権規約を日本が批准→批准に先立ち、住宅金融公庫・公営住宅・公団住宅などの国籍条項撤廃 金鉉釣（キムヒョンギュン）、国民年金の支払いを求めて提訴 一九八三年、東京高裁は、社会保険庁に国民年金の支払いを命じた
一九八〇年	韓宗碩（ハンジョンソク）、外国人登録更新の際に指紋押捺を拒否→指紋押捺拒否運動が広がる
一九八一年	難民の地位に関する条約に日本が加入→加入に先立ち、児童扶養手当、国民年金などの国籍条項撤廃
一九八二年	「出入国管理及び難民認定法」施行 出入国管理令を「出入国管理及び難民認定法」とし、その中で「特例永住」制度が定められた
一九八四年	父系血統主義から父母両系血統主義へ国籍法改正 第一回ワンコリアフェスティバル開催

協定永住の対象者は、一九四五年八月一五日以前から申請の日まで引き続き日本国に居住している者、これに該当する者の直系卑属として一九四五年八月一五日以降の効力発生の日から五年以上に日本国で出生し、その後、申請のときまで引き続き日本国に居住している者。またこれによって永住を許可された者の子ども。韓国との二国間の条約であるため、「協定永住」は「韓国」表示の者にのみ認められ、「朝鮮」表示の者には認められなかった。

一九六五年の日韓法的地位協定により協定永住の資格が認められなかった者（「朝鮮」表示の者）を対象に、「法一二六-二-六」と特定在留およびその子どもを「特例永住」とし、特例として、申請をすれば一般永住の資格を与えるとした。ただし、退去強制事由などの処遇面で協定永住より不安定な永住資格であった。

一九八八年	ソウルオリンピック開催 サハリン残留韓国人の韓国への永住帰国始まる
一九八九年	西日本興産、ウトロ地区住民に対して土地明渡請求訴訟、提訴（二〇〇〇年、最高裁で住民敗訴確定） 裵健一（ペコニル）、入居差別裁判、提訴（一九九三年、勝訴判決）
一九九〇年	金正圭（キムジョンギュ）ら、地方参政権訴訟、提訴 　一九九五年、最高裁で敗訴となるが、外国人の参政権は立法で可能とする判断を最高裁が示す
一九九一年	「日韓法的地位協定に基づく協議の結果に関する覚書」署名 「日本国との平和条約に基づき日本の国籍を離脱した者等の出入国管理に関する特例法」（入管特例法）公布 李鶴来（イハンネ）ら、BC級戦犯訴訟、提訴（一九九九年、最高裁で敗訴確定） 入管特例法により、在日コリアンは「特別永住」の資格を持つこととなり、退去強制事由が内乱罪や外患誘致などに限定され、孫以降も永住資格が付与されることとなった。
一九九二年	永住者・特別永住者に対する指紋押捺制度廃止（二〇〇〇年、外国人に対する指紋押捺制度全廃。二〇〇七年一一月に一六歳未満の者、特別永住者等を除く外国人から指紋・顔写真採取開始）
一九九三年	宋神道（ソンシンド）、従軍「慰安婦」裁判、提訴（二〇〇三年、最高裁で敗訴確定） 慰安婦調査結果発表に関する河野洋平内閣官房長官談話（河野談話）
一九九四年	鄭香均（チョンヒャンギュン）、東京都管理職裁判、提訴（一九九七年、東京高裁勝訴。二〇〇五年、最高裁逆転敗訴）
一九九五年	村山富市内閣総理大臣談話「戦後五〇周年の終戦記念日にあたって」（村山談話）
一九九八年	小渕恵三内閣総理大臣・金大中大統領「日韓共同宣言——二一世紀に向けた新たな日韓パートナーシップ」発表
二〇〇〇年	公明・自由両党、「地方参政権法案」を国会へ提出
二〇〇一年	与党三党のプロジェクトチームが法務大臣への届出だけで日本国籍を取得できるとする「特別永住者等の国籍取得の特例に関する法律案」（仮称）の要綱案をまとめる 石原慎太郎都知事、「三国人」発言 「在日コリアン法律家協会」設立（二〇〇二年、「在日コリアン弁護士協会」に改称）

二〇〇二年
FIFAワールドカップ日韓共催
日朝首脳会談
　日朝平壌宣言。拉致問題が議題に
在日コリアン障害者無年金訴訟、提訴（二〇〇五年、大阪高裁が憲法違反ではないとして請求棄却。最高裁で敗訴確定）

二〇〇三年
江東区枝川の朝鮮学校に対して、東京都が土地明渡請求訴訟、控訴（二〇〇七年、和解により解決）
「冬のソナタ」、NHK衛星で放送開始
在日コリアン一世の五人が、老齢年金に関し旧国民年金法の国籍条項は憲法一四条に反するとして提訴（二〇〇五年五月二五日、大阪地裁は憲法違反ではないとして請求棄却。二〇〇七年一二月二五日、最高裁で敗訴確定）
神戸家庭裁判所、梁英子（ヤンヨンジャ）の調停委員就任を日本国籍のないことを理由に拒絶

二〇〇四年
李俊煕（イチュニ）、入居差別裁判、提訴（二〇〇六年、大阪高裁は、大家に対する請求を一部認め、仲介業者に対する請求を棄却した）
「コリアNGOセンター」設立
　在日韓国民主人権協議会、民族教育促進協議会、ワンコリアフェスティバル実行委員会の三団体が統合。二〇一〇年、コリア人権生活協会と合併
外国人地方参政権法案、国会で審議入りをするが、成立せず
在日コリアンの女性五人が、老齢年金に関し旧国民年金法の国籍条項は憲法一四条に反するとして提訴（二〇〇七年二月二三日、京都地裁は憲法違反ではないとして請求棄却。二〇〇九年二月三日、最高裁で敗訴確定）
大阪府高槻市の子どもたち五〇名が、市を相手取り、「学校子ども会」の廃止等による損害賠償請求訴訟（高槻マイノリティ教育権訴訟）を提訴（二〇〇八年一月二三日、大阪地裁で請求棄却。二〇一〇年二月一九日、最高裁で敗訴確定）

二〇〇五年
小泉純一郎内閣総理大臣終戦六〇年談話

二〇〇六年
民団・総連、五・一七共同声明（後に民団が白紙撤回）

二〇〇七年
ウトロ地区問題で韓国政府が一部支援し、住民が土地を購入することで地権者と合意
中高一貫校「コリア国際学園」の設立を決定
在日コリアン九人が、老齢年金に関し旧国民年金法の国籍条項は憲法一四条に反するとして提訴（二〇一〇年九月八日、福岡地裁は請求棄却、後に上告棄却）
韓国憲法裁判所、在外国民の国政選挙権や国民投票権を認め、二〇〇八年一二月三一日までに公職選挙法を改正するよう国会に命じる決定

二〇〇八年
一月　民主党議員による「永住外国人住民法的地位向上推進議員連盟」の結成。五月二〇日、永住外国人に地方選挙権を認める提言の発表
二月　本書初版刊行
四月　橋下徹大阪府知事が（財）アジア・太平洋人権情報センター（ヒューライツ大阪）に対する財政的・人的支援の打切りを示す

二〇〇九年
四月　神戸市立中学校が、市教委の指示により、韓国人教員の学年副主任の任用を取消し
司法修習生の国籍要件が採用要項から削除
一二月四日、在特会等のメンバー十数名が、旧京都朝鮮第一初級学校にてヘイトデモ。二〇一〇年一月、三月にもヘイトデモが行われた

二〇一〇年
ウトロ地区の約三分の一の土地の買入れ
三月「公立高等学校に係る授業料の不徴収及び高等学校等就学支援金の支給に関する法律」（高校無償化法）成立（朝鮮高級学校一〇校が申請するも、二年以上も審査結果が出ない状態が続く）
四月　在特会による徳島県教職員組合襲撃事件
六月　旧京都朝鮮第一初級学校でのヘイトデモに対して損害賠償請求訴訟を京都地裁に提訴（二〇一三年一〇月七日、京都地裁、原告らの請求認容判決。二〇一四年一二月、最高裁で確定）
八月一〇日　菅直人内閣総理大臣韓国併合一〇〇年談話

二〇一一年
八月三〇日　韓国憲法裁判所、従軍慰安婦の問題と本件原告ら韓国人原爆被害者の問題の二件について、韓国政府が日本政府との外交交渉を怠ったことによる基本権侵害を認める決定

二〇一二年
五月二四日　韓国大法院で、戦時中「徴用工」として働いていた原告が新日鐵住金等を相手取った損害賠償請求訴訟で、原告敗訴とした第二審判決を破棄・差戻しとする判決（二〇一三年、ソウル高裁の差戻審で、原告の請求を認容する判決。新日鐵住金（現日本製鉄）が大法院に上告。二〇一八年一〇月三〇日、差戻上告審で、原告の請求認容判決が確定）
六月二二日　ニコンサロンでの「慰安婦」写真展の中止通告に対し、東京地裁が、契約に従ってニコンサロンの使用を認める仮処分決定（二〇一五年一二月二五日、東京地裁で、ニコンサロンの使用を認める原告請求認容判決）
七月九日「外国人登録法」廃止、改正入管法施行
一二月　日本政府、朝鮮高級学校を就学支援金支給対象として指定しない（無償化の対象から外す）方針を固める

二〇一三年

一月　大阪朝鮮学園、高校無償化訴訟を提訴

二月　下村文部科学大臣が、各地の朝鮮高級学校に対して高校無償化の対象としない不指定処分

三月　旧京都朝鮮第一初級学校が廃校

二〇一四年

八月一八日　李信恵（リシネ）、①在特会と元代表、②保守速報サイト運営者を相手取り、名誉毀損・侮辱等による損害賠償請求訴訟を大阪地裁に各提訴（二〇一六年九月二七日、訴訟①について、大阪地裁で、原告の請求を一部認容する判決。二〇一七年一一月二九日、最高裁で確定。二〇一七年九月二七日、訴訟②について、大阪地裁で、原告の請求を一部認容する判決。二〇一八年一二月一一日、最高裁で確定）

一一月一三日　「群馬の森公園」に設置された朝鮮人強制連行犠牲者追悼碑「記憶反省そして友好の追悼碑」を管理する市民団体が、群馬県の設置更新不許可処分に対し、前橋地裁に処分取消しを求めて提訴（二〇一八年二月一四日、前橋地裁で、追悼碑設置更新不許可処分を取り消す原告請求認容判決。二〇二一年八月二六日、東京高裁で、原告の請求を棄却する逆転敗訴判決。現在、上告審係属中）

二〇一五年

八月一四日　安倍晋三内閣総理大臣終戦七〇年談話

八月三一日　フジ住宅株式会社従業員が、同社に対する損害賠償請求訴訟（ヘイトハラスメント裁判）を大阪地裁堺支部に提訴（二〇二〇年七月二日、大阪地裁堺支部で、原告の請求を一部認容する判決。二〇二一年一一月一八日、大阪高裁で、損害賠償請求の一部に加えて文書配布差止の追加請求を一部を認容する判決。現在、上告審係属中）

一一月八日　ネット上で予告されていた「反日汚染の酷い川崎発の【日本浄化デモ】」決行

一二月二八日　日韓「慰安婦問題合意」

二〇一六年

ウトロ地区「町づくり事業」の開始

一月一八日　「大阪市ヘイトスピーチへの対処に関する条例」公布・施行

四月二五日　徳島県教職員組合襲撃事件について、高松高裁が、在特会関係者らに対し損害賠償を命じる判決（最高裁で確定）

五月二四日　「本邦外出身者に対する不当な差別的言動の解消に向けた取組の推進に関する法律」（ヘイトスピーチ解消法）成立

六月二日　横浜地方裁判所川崎支部が、川崎市桜本地区でのヘイトデモ禁止を認める仮処分決定

六月五日　川崎市中原平和公園前を出発地点として「川崎発日本浄化デモ第三弾」決行

二〇一七年

五月　韓国で、朴槿恵（パククネ）大統領の弾劾による罷免に伴う大統領選挙で文在寅（ムンジェイン）が大統領に当選、文在寅政権が発足

二〇一七年
七月二八日　朝鮮高級学校無償化訴訟で、大阪地裁が、原告の請求を認容する判決（二〇一八年九月二七日、大阪高裁が逆転敗訴判決。二〇一九年八月、最高裁で確定）

二〇一八年
韓国・平昌冬季オリンピック開催
朝鮮学校に対する地方自治体からの補助金停止に反対する弁護士会声明をめぐり、在日コリアン、日本人弁護士に対する大量懲戒請求
三月六日　「世田谷区多様性を認め合い男女共同参画と多文化共生を推進する条例」公布（四月一日施行）
四月二〇日　元在特会幹部を朝鮮学校に対する名誉毀損罪で略式起訴
一〇月　大阪市、「慰安婦像」をめぐり、アメリカ・サンフランシスコ市との姉妹都市解消
一〇月一五日　「東京都オリンピック憲章にうたわれる人権尊重の理念の実現を目指す条例」公布・施行
一一月二一日　韓国政府、二〇一五年「慰安婦問題合意」による「和解・癒し財団」の解散の表明
一二月　日韓「レーダー照射問題」をめぐる対立
一二月　川崎市、ヘイトスピーチに対する全国初の罰則付き条例が成立（二〇一九年七月施行）
一二月二一日　在日コリアン少年への匿名のヘイトブログに対し、侮辱罪による略式命令
一二月二五日　辛淑玉（シンスゴ）に対するヘイトツィートに対して、東京地裁が、損害賠償を命じる判決
一二月二七日　「国立市人権を尊重し多様性を認め合う平和なまちづくり基本条例」公布（二〇二〇年四月一日施行）

二〇一九年
四月二七日　南北首脳会談
七月　日本政府、半導体素材の対韓輸出規制→韓国国内での日本製品不買運動
八月　「あいちトリエンナーレ」で「表現の不自由展」中止。一〇月八日、展示を再開
一一月一日　「大阪府人種又は民族を理由とする不当な差別的言動の解消の推進に関する条例」公布・施行
一二月二四日　大阪地裁で、大阪市鶴橋においてヘイトビラ配布等の禁止を認める仮処分決定

二〇二〇年
一月　多文化交流施設「川崎市ふれあい館」に在日コリアンの虐殺を宣言する「年賀はがき」が送付される（同年一二月三日、犯人に対し威力業務妨害による懲役一年の実刑判決）
六月一八日　「神戸市外国人に対する不当な差別の解消と多文化共生社会の実現に関する条例」公布（二〇二一年四月一日施行）
一一月一日　大阪市の再編に関する住民投票に、外国人住民の参加が認められず

二〇二一年

一月八日　韓国・ソウル中央地裁が、「慰安婦」被害者らが日本政府を相手取った損害賠償請求訴訟で、原告らの請求を認容

四月二一日　韓国・ソウル中央地裁が、別の「慰安婦」被害者らが日本政府を相手取った損害賠償請求訴訟で、原告らの訴えを却下

DHC会長が会社ウェブサイトにおいて人種差別表現

六月　「表現の不自由展」の東京都での開催が、街宣車などによる抗議行動等により中止

七月八日　「表現の不自由展・その後」（名古屋市）の開催が、会場に届いた郵便物に仕込まれた爆竹が爆発したことを受け、会場が臨時休館したため、中止

七月九日　大阪地裁で「表現の不自由展」の会場使用を認める仮処分決定。同月一六日から一八日まで開催

あとがき

　在日コリアンに関する裁判はこんなにあるのか……、これがこの本の概要を知ったときの私の第一印象でした。刑事事件から民事事件、身近な生活上のトラブルから法制度に対する抗議、戦後ずっと続いている問題から今差し迫っている被害を防止する問題等、広い範囲に及んでいます。そして、すべての事件の根底にあるのが〝差別〟です。裁判なんて、できるなら一生関わらないでいたい、多くの人がそう思うと思いますが、在日コリアンは、日本社会に生きていくなかでいろんな差別に遭い、それが背景となって、時には裁かれ、時には救済を求めて裁判になっているのです。

　裁判になっても必ずしも救済されるとは限らない、むしろ、「負け」が多い……、これもこの本を読んで感想に持たれることかもしれません。残念ながら、在日コリアンにとって、裁判所が人権保障の最後の砦になっていないと感じる事件は少なくありません。それでも、参政権のない在日コリアンにとって、裁判は日本社会で生きていくための重要な法的ツール（道具、手段）です。差別をなくすために、その望みをかけて、私たちはこのツールを使います。裁判は、時に法廷の中だけでなく、裁判を通じて社会に訴えを響かせることもあります。裁判が、裁判以上の効果をもたらすこともあるのです。

　この本を読んで、在日コリアンの戦後の歴史を感じた方もいるかもしれません。戦後、在日コリアンが日本社会でどのように生きてきたのか、その暮らしが裁判の背景の中に見えるとともに、生きてたどり着いた結果やひずみが裁判で現れています。さらに、今回の増補改訂版は初版から一四年を経て出版されることになりましたが、この間に、教育とヘイトスピーチの章が新たに設けられるほど、裁判の蓄積がありました。これは、この分野で差別が問題になってきている、ということです。残念ながら、在日コリアンに対する差別は、減らないどころか増えている/あるいは一部で強くなっているのです。より根源的に言うならば、歴史認識やそれを踏まえた日本とコリアンの関係に大きな溝が深まっている、ということでもあると思います。戦時中や終戦直後に、事実認識に大きな隔たりがあったり感情が反発し合うのは、ある意味仕方のないことです。けれど、戦争が終わって平和に向かうならば、事実や歴史のとらえ方を近づけ、相互に理解し合っていくことが必要です。それにもかかわらず、理解し合う場が奪われ、対話を拒んで一方的に決めつけ、史実に対する認識がかけ離れていく、そのような現状を私は深く憂慮します。

それでも、この十数年の間に、在日コリアン以外のいろんなマイノリティの人たちが、あるいは理不尽を感じた人たち一人ひとりが声を上げる場面が増えたこと、そこに私は希望を持ちます。置かれた立場は異なっていても、感じる苦痛、怒り、求めるもの――平等や人としての尊厳――は在日コリアンと同じではないかと思うからです。この本は在日コリアンの裁判を集めたものですが、裁判を通じて求めているのは在日コリアン独特のものではありません。自分の尊厳やアイデンティティをどのように考え、どのように維持していくか。それは、在日コリアンでなくても、誰でも直面しうる問題です。

この本を通じて在日コリアンについて知っていただくとともに、この本が、あなたの近くにいる在日コリアンの、そしてあなた自身の尊厳やアイデンティティについて、考えるきっかけになればと思います。

姜　文　江

[執筆者]

在日コリアン弁護士協会　会員（五十音順）

林範夫（いむ・ぼんぶ）　大阪弁護士会
殷勇基（いん・ゆうき）　東京弁護士会
姜文江（きょう・ふみえ）　神奈川県弁護士会
金哲敏（きむ・ちょるみん）　東京弁護士会
金奉植（きむ・ぼんしく）　大阪弁護士会
金英哲（きむ・よんちょる）　大阪弁護士会
金星姫（きん・そんひ）　埼玉弁護士会
金喜朝（きん・よしとも）　大阪弁護士会
金竜介（きん・りゅうすけ）　東京弁護士会
具良鈺（く・りゃんおく）　大阪弁護士会
崔宗樹（さい・むねき）　東京弁護士会
宋惠燕（そん・へよん）　神奈川県弁護士会
張界満（ちゃん・げまん）　第二東京弁護士会
韓雅之（はん・まさゆき）　大阪弁護士会
邊公律（ぴょん・こんゆる）　兵庫県弁護士会
裵薫（ぺぇ・ふん）　大阪弁護士会
安原邦博（やすはら・くにひろ）　大阪弁護士会
梁英子（やん・よんじゃ）　兵庫県弁護士会
尹徹秀（ゆん・ちょるす）　第二東京弁護士会
尹英和（ゆん・よんふぁ）　大阪弁護士会
李武哲（り・たけのり）　福岡県弁護士会
李博盛（り・ぱくそん）　福岡県弁護士会

在日コリアン弁護士協会　顧問

高木健一（たかぎ・けんいち）　第二東京弁護士会
一九四四年、中国・鞍山市生まれ。東京大学法学部卒業。長年にわたってアジア・太平洋地域の戦後補償問題に取り組む。著書として『従軍慰安婦と戦後補償——日本の戦後責任』（三一書房、一九九二年）、『サハリンと日本の戦後責任〔増補改訂版〕』（凱風社、一九九二年）、『戦後補償の論理——被害者の声をどう聞くか』（れんが書房新社、一九九四年）、『今なぜ戦後補償か』（講談社現代新書、二〇〇一年）など。

※　所属弁護士会はいずれも執筆当時

[編者]

在日コリアン弁護士協会（Lawyers Association of ZAINICHI Koreans: LAZAK）

二〇〇一年、定住外国人の地方選挙権法案が日本国会において審議されていたところ，この法案に反対する国会議員らが届出による日本国籍取得法案を提唱したことを契機に、同年五月、在日コリアン弁護士二八名が「在日コリアン法律家協会」を結成。

翌二〇〇二年、「在日コリアン弁護士協会」に改称。

在日コリアンへの差別撤廃、在日コリアンの民族性の回復（民族教育の保障等）、政治的意思決定過程に参画する権利（参政権・公務就任権）の確保、あらゆるマイノリティの権利自由の擁護などを設立の趣旨とする。

二〇〇七年一二月、在日コリアンの人権擁護への貢献が認められ、韓国の国家人権委員会より大韓民国人権賞を授与される。

【ウェブサイト】https://lazak.jp/

【刊行書籍】『韓国憲法裁判所 重要判例44 社会を変えた違憲判決・憲法不合致判決』（日本加除出版、二〇一〇年）、『憲法裁判所 韓国現代史を語る』（日本加除出版、二〇一二年）、『Q&A 新・韓国家族法〔第二版〕』（日本加除出版、二〇一五年）、「ヘイトスピーチはどこまで規制できるか』（影書房、二〇一六年）、『在日コリアン弁護士から見た日本社会のヘイトスピーチ——差別の歴史からネット被害・大量懲戒請求まで』（明石書店、二〇一九年）

裁判の中の在日コリアン 増補改訂版
日本社会の人種主義・ヘイトを超えて

2022年3月20日　第1版第1刷

編　者　在日コリアン弁護士協会
発行人　成澤壽信
編集人　西村吉世江
発行所　株式会社 現代人文社
〒160-0004　東京都新宿区四谷2-10八ツ橋ビル7階
Tel: 03-5379-0307　Fax: 03-5379-5388
E-mail: henshu@genjin.jp（編集）　hanbai@genjin.jp（販売）
Web: www.genjin.jp
発売所　株式会社 大学図書
印刷所　株式会社 平河工業社
装　幀　Nakaguro Graph（黒瀬章夫）

検印省略　Printed in JAPAN
ISBN978-4-87798-787-9 C0036